JONY IVE

The Genius Behind Apple's Greatest Products

[美] 利恩德·卡尼◎著　汪琪 岳卉 王文雅◎译

乔纳森传

苹果首席设计师

中信出版社 · CHINACITICPRESS · 北京 ·

图书在版编目（CIP）数据

乔纳森传 /（美）卡尼著；汪琪，岳卉，王文雅译.
—北京：中信出版社，2014.2（2025.9重印）
书名原文：Jony Ive:the Genius Behind Apple's Greatest Products
ISBN 978–7–5086–4318–2
I. ①乔…　II. ①卡… ②汪… ③岳… ④王…　III. ①艾夫，J. –传记　IV. ①K837.126.16
中国版本图书馆CIP数据核字（2013）第258137号

乔纳森传

著　　者：[美]利恩德 · 卡尼
译　　者：汪　琪　岳　卉　王文雅
策划推广：中信出版社（China CITIC Press）
出版发行：中信出版集团股份有限公司
（北京市朝阳区东三环北路27号嘉铭中心　邮编　100020）
（CITIC Publishing Group）
承 印 者：北京通州皇家印刷厂

开　　本：787mm×1092mm　1/16　　印　　张：20　　字　　数：260千字
版　　次：2014年2月第1版　　印　　次：2025年 9 月第14次印刷
京权图字：01–2013–7134　　插　　页：16
书　　号：ISBN 978–7–5086–4318–2 / K · 348
定　　价：49.00元

服务热线：010–84849555　　服务传真：010–84849000
投稿邮箱：author@citicpub.com

献给我的妻子特蕾西和我们的孩子

——内丁、米洛、奥林和莱尔

● JONY IVE The Genius Behind Apple's Greatest Products ● 目　录 ●

第一次遇到乔纳森 · 艾夫，他就帮我保管了一整晚的背包。

那是在 2003 年 Macworld 大会期间一个傍晚的聚会上。作为一名为《连线》杂志（*Wired*）东奔西跑的临时记者，我当然清楚他的身份：乔纳森 · 保罗 · 艾夫（Jonathan Paul Ive）——全球设计界的顶尖人物。

他竟然乐意和我聊天，这让我很惊讶。

我们很快发现了彼此的一些共同点：都爱喝啤酒，都为文化冲击感所困扰，还都是住在旧金山的英国移民。乔纳森的妻子希瑟 · 佩格（Heather Pegg）也在场，我们三个人共同追忆了那些英国的小酒馆，谈论了那些了不起的报纸，还一起对英国音乐[尤其是时尚舞曲（electronic house music）]唏嘘不已。然而，几杯酒下肚，我突然意识到自己还有一个约会，而且已经晚了。我匆匆离开，完全没有意识到背包落在了那里。

过了午夜，我在城市另一头的一个酒吧里找到了乔纳森。看见他时，我发现他的肩膀上竟然挂着我的背包，这让我又惊又喜。

全球最著名的设计师竟然会把一个丢三落四的记者的背包随身携带了一整晚，这着实让我吃了一惊。然而今天再次回想这件事，我明白这就是乔纳森·艾夫的行事风格。他专注于整个团队、他的合作者，尤其专注于苹果公司。对于乔纳森来说，工作就是一切——然而，每当他谈论起工作时，提到的总是团队，而不是自己。

几个月之后，2003 年 6 月，在苹果全球开发者大会（Apple's Worldwide Developers Conference）上，我再次遇到了乔纳森。当时，史蒂夫·乔布斯正在推广Power Mac G5——一款采用了铝制外壳的高性能台式电脑，而乔纳森正在和两三个看起来很八卦的女公关代表聊天。乔布斯的发言结束之后，我走到了乔纳森的身边。

他微微一笑，然后对我说："很高兴再次见到你。"

我们握了握手，他用和善的语调问我："最近不错吧？"

而此时此刻，我实在不好意思再提及那个背包。

最后我问他："我能采访你一下吗？"听到这句话，站在一旁的公关代表们齐刷刷地摇了摇头——苹果一向是以保密性著称的，而乔纳森却说："当然可以。"

他带我去了一个附近的展台，并给我展示了一个模型。实际上，我只不过是想做个简短的片段式访谈而已。然而，乔纳森就自己最近的成果，做了长达 20 分钟热情洋溢的独白，这期间我几乎一句话都插不上。他滔滔不绝，因为设计正是他的热情所在。

Power Mac G5 的外壳由一整块巨大的厚铝片制成，看起来就像一个用灰色金属制成的隐形轰炸机。这种准军事化的外表非常切合那个时代：那时正逢"兆赫战争"（Megahertz Wars），苹果和英特尔正为高速芯片互相竞争，制造商们纷纷推广自己产品的计算能力，而苹果则声称自己的这款卓越产品是其中最强的。但乔纳森却没有提到芯片的问题。

"这一款可费了我们不少劲儿，"他说，简约是设计这些机器时要遵循的总原则，"除了绝对必要的配件，其他的东西我们一概不要，但是，消费者们不会留意到我们为之付出的努力。”

“我们一次又一次地重新回到起点：我们需要这个部件吗？能让这个部件行使四个部件的功能吗？就这样，我们一遍一遍地重复着简化的过程。如果这种设计可以达到预期效果，不仅设备的生产过程能够得到简化，人们使用起来也更方便了。”

简约与简化？在当时的高科技行业里，这可不是轻松趣谈。在新产品中，生产商们都在努力添加一些花里胡哨的东西，而不是把它们都去掉。但是，乔纳森的想法却完全相反。虽然简化并不是什么新鲜的方法，而且是设计的基本理念之一，但在 2003 年，乔纳森的想法听起来有点不切实际。后来我才意识到，在旧金山 6 月的那个早上，乔纳森向我透露了揭开苹果创新秘密的重要线索。正是基于简化理念，苹果才完成了这么多奇迹般的突破，变成了领航世界的企业之一。

当史蒂夫 · 乔布斯将两人的合作成果——包括苹果的标志性产品 iMac、iPod 和 iPad 推广给大众时，乔纳森从来都只是心满意足地站在一旁。他的思维与设计方式给苹果带来了巨大突破。作为公司工业设计部的高级副总裁，他已经变成了塑造信息化社会，重新定义人们工作、娱乐和交际方式的无与伦比的力量。

那么，这个毕业于英国艺术院校、患有阅读障碍的英国少年是如何变成世界顶尖的技术创新者的呢？在接下来的文章中，我们将看到一个才华横溢又不失谦逊的人，一个沉溺于设计以至于废寝忘食的人。毫无疑问，他深远的洞察力让你我的生活模式焕然一新。

JONY IVE

The Genius Behind
Apple's Greatest Products

第一章
学生时代

投影仪的液压式吊架装配得非常完美，折叠的设计几乎让人惊叹。我能看到乔纳森身上散发出最初的才华之光。

——拉尔夫 · 泰伯尔

传说中，辛福特（Chingford）是西冷牛肉的发源地。17 世纪后期，辛福特当地的一个庄园主在自己的豪宅用过晚宴之后，对宴席上的膳食赞不绝口，他甚至因此为一大块牛外脊肉授予了爵位。

辛福特的另一名产就是乔纳森 · 保罗 · 艾夫了，他出生于 1967 年 2 月 27 日，比西冷牛肉的出现要晚得多。

辛福特就像这个近代出生的孩子一样，安静而谦逊。这片富裕的居民区处于伦敦东北角埃平森林区的南部，毗邻埃塞克斯的乡村。辛福特人在选举中支持保守党，是保守党前领导人伊恩 · 邓肯 · 史密斯（Iain Duncan Smith）的忠实选民。众所周知，温斯顿 · 丘吉尔（Winston Churchill）爵士也曾坐过这个位置。

乔纳森 · 艾夫的童年生活环境轻松，家境一般。他的父亲迈克尔 · 约翰 · 艾夫（Micheal John Ive）是个银器匠，母亲帕米拉 · 玛丽 · 艾夫（Pamela Mary Ive）是一名心理医生。他的父母在大儿子出生两年后，又迎来了他们的第二个孩子，这次是个女儿，他们为她取名为艾莉森（Alison）。

后来，乔纳森去辛福特基金会学校上学，成了著名足球明星大卫 · 贝克汉姆的校友（贝克汉姆比乔纳森晚 8 年入学）。在学校的时候，乔纳森被诊断出患有阅读障碍（他的这一情况和一位拥有左脑式思维的同事史蒂夫 · 乔布斯相同）。

当乔纳森还是个小男孩儿的时候，就对物品的工作方法和原理表现出了极大的好奇心。他对它们的组装方式也非常着迷。他仔细地将收音机和录音机拆开，想知道它们是如何组装起来，零件又是如何搭配的。虽然他尝试着将设备重新组装好，但并不是每次都能成功。

“印象中，我总是对制造物品感兴趣。”他在伦敦设计博物馆举办的 2003 年度访谈中回忆道，“在儿童时期，我记得我拆了能接触到的任何东西。后来这就演变成了对于物品如何制造出来，物品的工作原理、形式以及组成材料的兴趣。”[1]

迈克尔 · 艾夫支持儿子的兴趣爱好，并且不断地与这位年轻人进行设计方面的交谈。虽然有时乔纳森看不出他的玩具中隐含着更大的意义（“这些东西的设计一开始并未引起我明显的兴趣，或者说根本就没引起我的兴趣，一开始我并没有发觉这些东西是经过精心设计的，或者说，我根本不关心那些。”2003 年他对伦敦的听众这样说道），但父亲对他设计方面的培养贯穿了他的整个童年。

有其父必有其子

迈克尔 · 艾夫的巨大影响不仅表现于在自己家里培育出了早熟的孩子。许多年来，他在埃塞克斯的工作既是银器匠也是教师。他的同事将他描述成一个“文雅的大个子”，他因为手艺好而深受人们的喜爱和敬佩。[2]

他在制作物品方面的技巧，使得他最初决定将教授手艺作为自己的一项职业规划，但是后来教育的社会地位的提高给予他更广泛的影响力。教育部从日常教学活动中选拔出一些杰出教师，并授予他们“女王陛下督学”的头衔，迈克尔就是其中之一。他肩负着监督所在社区的一些学校教学质量的责任，特别注重设计和技术。

当时，英国的学校正在努力改进职业教育。学术学科和像设计这样的动手科目之间的差距逐渐扩大，木工手艺、金属制造、烹饪等工艺课程实际上地位低下、可用资源有限。更糟糕的是，就像以前的一位教师所说，由于没有公认的教学标准，学校“想教什么，几乎就可以教什么”。[3]

迈克尔·艾夫将名为设计技术（DT）的课程提升到了一个新的高度，他奠定了这门学科的地位，使其成为英国学校核心课程的一部分。[4]迈克尔参与设计了具有前瞻性的设计课程和技术课程，将孩子们的学习重点从工艺技能转变为如何将理论与实践相结合。

“作为一名教育工作者，他已经远远领先于他的时代。”拉尔夫·泰伯尔（Ralph Tabbere）说。拉尔夫是他以前的同事，也是一位学校教师，后来在新世纪到来时还成了首相托尼·布莱尔政府的学校总干事。迈克尔参与撰写的必修课程，后来成了全英国学校的教学大纲，英格兰和威尔士成为世界上首批对所有 5~16 岁儿童提供设计技术教育的地区。

泰伯尔说：“在他的影响下，设计技术从一门边缘学科变成了主要学科，占到了学生在校学时的 7%~10%。”迈克尔·艾夫从前的另一个同事马尔科姆·莫斯（Malcolm Moss）归纳了迈克尔对设计技术教育的贡献：“迈克尔因为大力倡导设计技术教育而成绩斐然。”[5]实际上，这就意味着迈克尔将一门几乎是混日子的课程，改造成了一门实实在在的设计课程。在此过程中，他为培养出一代才华横溢的英国设计师奠定了基础。他的儿子后来也成为这支优秀人才队伍中的一员。

泰伯尔记得迈克尔·艾夫说起过乔纳森在学校取得了进步，还说他对设计的热情越来越高涨。但迈克尔并不是一个爱出风头的父亲，不会像网球明星维纳斯·威廉姆斯（Venus Williams）和塞蕾娜·威廉姆斯（Serena Williams）的父亲那样，非要将孩子变成神童。泰伯尔说："迈克尔只是单纯地培养儿子的才华，不断地和乔纳森谈论设计方面的话题。如果他们一起走在街上，迈克尔就会指着安置在不同地点的不同类型的路灯，问乔纳森为什么他会认为这些灯是不同的：光线如何向下扩散，什么样的天气状况可能会影响人们对路灯设计的选择。他们不停地就身边的建筑环境、周围出现的物品……以及如何将这些物品制作得更精良进行交谈。"[6]

泰伯尔接着说："迈克尔这个人身上有一种安静的力量，并对自己的工作有不懈追求。他的性格非常温和，不仅博学多才，而且为人慷慨大方、彬彬有礼。他是个典型的英国绅士。"当然，他的儿子乔纳森也继承了他的这些优秀品质。

举家北迁

在乔纳森将满 12 岁时，他们全家搬到了斯塔福德。斯塔福德是一座中等规模的城镇，位于英国西米德兰郡以北几百公里处，夹在南面的伍尔弗汉普顿工业城和北面特伦特河畔的斯托克中间。斯塔福德是个美丽的地方，沿街道两旁排列着古老的建筑。城镇的尽头是斯塔福德城堡的石头废墟。这个城堡最早由 11 世纪英国的诺曼征服者建造而成，如今它仍守卫着这座城市。

20 世纪 80 年代初，乔纳森考入了沃尔顿高中。沃尔顿是一所大型的公立学校，位于斯塔福德城边。他和其他当地的孩子一起学习常规的学校科目，他似乎轻而易举就适应了新故乡的生活。同学们都记得那个黑头发、身材微胖、为人谦虚的少年。他人缘很好，受到同学们的欢迎，朋友很多，还参加了学校的许多课外活动。曾在这所学校教授德语的退休教师约翰·哈顿（John Haddon）说："他是个意志坚定的人，而且能快速适应新环境。"[7]

沃尔顿高中虽然有个计算机实验室，里面摆满了那个时代的早期计算机（橡果、BBC微机和克里夫·辛克莱尔最著名的ZX光谱机），乔纳森却从来不觉得那儿有家的感觉，这可能是因为他患有阅读障碍的关系。当时的计算机都需要编程，在命令行闪烁的光标中将编码一个键一个键地敲击进去。[8]

当地的教会组织怀尔德伍德基督徒团体是个跨教派的福音派教会，集会地点在当地的社区中心。它为乔纳森和他在怀尔德伍德遇见的其他音乐家提供了一条新的出路。和他同一年考入沃尔顿高中的同学克里斯·金伯利（Chris Kimberly）说："他在一个名叫白乌鸦的乐队里担任鼓手。乐队的其他成员比他年龄大得多……他们常在教堂大厅演奏轻摇滚乐。"[9]

从很早开始，乔纳森就表现出了精湛的绘画天分和设计能力。绘画和设计是他摆脱枯燥学习任务的另一种必要慰藉。他和父亲之间亦师亦友的关系仍然是他灵感的源泉。乔纳森长大成人后回忆说："我的父亲是个非常优秀的手工艺人，他会做家具、银器，他在制作东西方面有着不可思议的天赋。"[10]

圣诞节的时候，迈克尔·艾夫会送给儿子一份非常私密的礼物：自由出入他的创作室。没有旁人在场，乔纳森可以在父亲的支持下做自己想做的任何事。"他送给我的圣诞礼物，就是在圣诞节放假期间其他人不在的时候，留出一天的时间陪我待在他的创作室，帮助我制作出我设计的东西。"[11]唯一的条件就是乔纳森必须手工绘出他们计划制作的东西。乔纳森对史蒂夫·乔布斯的传记作者沃尔特·艾萨克森（Walter Isaacson）说："我一直都深知手工制作东西的美妙之处，我逐渐认识到真正重要的是要对产品倾注心血，我十分鄙视那些反映出创作者粗心大意的产品。"

迈克尔·艾夫还带着乔纳森去伦敦的设计工作室和设计院校参观。一次去伦敦汽车设计工作室拜访时，乔纳森遇到了他一生中的关键时刻。"那一刻，我觉得用我的一生去大规模生产雕塑该是一件非常有趣的事。”后来乔纳森这样说。[12]13岁时，乔纳森就清楚自己想要“绘图和制造”，但是他还没确定自己究竟想做什么。他开始思考设计每一件物品——从汽车到产品，从家具到珠宝甚至是轮船。

也许我们无法估量迈克尔·艾夫对儿子设计才能的发展有着多大的影响，但这种影响的存在却是毋庸置疑的。他大力倡导经验式教学（内容主要是制造和测试）[13]和直觉设计（“想到就去做，边做边完善”）[14]。在老艾夫的幻灯片演示中，他形容“绘画、素描、谈话、讨论”四大行为是创作过程中的关键。他主张设计师要勇于承担风险，自觉接受设计师“不能通晓一切”的观念。他鼓励设计专业的教师用讲述“设计故事”的方式控制学生的学习过程。他认为这对培养年轻人坚韧不拔的品格很有必要，“所以永远没有懈怠的时候”。在他的儿子为苹果公司开发iMac一体机和iPhone手机的过程中，这些因素都充分体现了出来。

乔纳森每天自己驾车去沃尔顿高中上学，他给自己的小型菲亚特500取名为梅布尔。在20世纪80年代初期的英国，许多喜欢后朋克和哥特风格的青少年都穿着黑色系服装，乔纳森也不例外。他把一头黑色长发梳成了几英寸高的钉子头，看起来就像当红的The Cure乐队的主唱罗伯特·史密斯(Robert Smith)，只差画上史密斯的浓重眼线了。乔纳森的头发梳得特别高，几乎都要被他的菲亚特车顶压平了，所以他要打开汽车天窗。老师们还记得那辆亮橘色菲亚特驶进学校时，车顶会露出一团张扬的黑色乱发。

汽车是乔纳森当年重要的伙伴，现在也是一样。那时他和父亲正在修理另一辆车，那是一辆老式的“蛙眼”——奥斯汀希利小精灵，汽车引擎盖上突出的两个球形大灯，看起来就像一对睁大的眼睛。这个设计并不常见，却很有趣。它为这辆小型的两座跑车赋予了一种亲切可人的外形。小精灵的车身采用了半硬壳式结构，也就是说，汽车的外部涂层也是可以被看作是一种结构。

在校期间，乔纳森的设计才能开始初露端倪。他在校时的一个朋友，设计专业的同学杰里米·邓恩（Jeremy Dunn）还记得乔纳森设计制作的一款智能时钟。时钟采用哑光黑色漆面，黑色指针，没有数字标识。有了这个设计，时钟可以从任何一个方向挂起来。虽然时钟是木质的，但是黑色漆面完美无瑕，他的朋友们都看不出它是用什么材料制成的。[15]

为了有机会接受大学教育，乔纳森开始准备中学生高级考试，这是英国大学入学的标准化资格考试。他的学习重点是设计技术，然后是两年的综合课程。在第一年，学生们要探索不同材料的特点和性能，材料的范围从木头、金属到塑料、纤维，几乎无所不包。这种安排是为了让学生们在第二年前有机会发展自己的想法并学习实用技能；然后在第二年学习更多的理论，专注于自己的专业科目。

当时和乔纳森一同学习这些课程的设计师克雷格·芒西（Craig Mounsey）回忆说："这种课程需要亲自动手做，我们能同时学习操作能力和设计过程中需要的技巧。"[16]

乔纳森的作品特别出色，绘画也非常优秀。据他的老师们回忆，他们从来没在他这个年龄段的人中看到过这么高标准的作品。那时他才只有17岁，设计作品就常常能达到工业生产的标准。"他画的图棒极了。"老师戴维·怀廷（David Whiting）这样说，他教过乔纳森几年设计和技术课程，"他经常用白色和黑色水笔在棕色牛皮纸上画出设计草图，这种方法前所未见，效果却很好，他提出意见的方式也与众不同。而且构想都很新颖、富有创新精神、新奇有趣。"[17]

怀廷又说："乔纳森非常优秀，我们通过观看他的作品，从他身上学到了很多东西。"

乔纳森不只在工艺方面非常熟练，还特别擅长与人交流他的想法。怀廷说："他做的事情，别人都没做过。当你成为一名设计师的时候，就必须能够将自己的想法传达给不懂设计的人。这些人将来可能会为你提供资金或者生产这种产品，你必须得让他们对产品的性能以及产品的生产产生兴趣。而乔纳森就具备这样的能力。"

乔纳森的老师们认识到他的作品十分复杂，班主任的办公室里还挂着乔纳森的一些素描和油画。怀廷说："这些画描绘了教堂、拱门、正在拆毁的教堂及其废墟的部分景观，有极为精确的铅笔素描，也有水彩画。"20世纪80年代的一段时间，因为办公室需要重新装修，素描就不见了，但人们还记得他的绘画技巧。怀廷在一次采访中说："我听乔纳森说过他不擅长绘画，但显然那只是谦虚的说法。"

"甚至在很早以前，乔纳森就认识到了产品线条和细节的重要性。比如，还在学校上学的时候，他就设计出一些像现代手机那样轻薄精致的机器。"乔纳森对手机的兴趣不仅仅是年少时期的摸索尝试。他在后来的求学生涯中也继续设计出新的手机（当然，在苹果公司也是一样）。

乔纳森选择设计一台OHP（高射投影仪）作为第二学年的毕业项目。学校要求设计技术专业的学生拿出初步的想法，进一步完善，绘出演示图纸，制作模型，如有可能还要制作实体产品。这项任务不只是书本上的理论练习，而是从概念到成品完成的全部设计过程。

项目还需要做市场调查。乔纳森知道OHP是当时学校和商业公司的标准配置。他们坐在老师的办公桌前，将透明的幻灯片图案投射到墙上和白板上。这种随处可见的机器体积都很庞大，但是在对OHP市场进行调查之后，乔纳森认为便携式机型具有广阔的市场前景。

乔纳森设计了一台轻量级的OHP，折叠后可以装在一个无光泽的黑色小箱子里。仪器非常方便携带，而且外形很有现代感，和当时笨重实用的台式

OHP完全不同。打开箱子的盖子，就能看到菲涅耳透镜[①]、放大镜和最底部的光源。传统的OHP是把透明的胶片图案投放到屏幕上，然后通过一套平光镜和放大镜投射到墙上。

拉尔夫·泰伯尔既是迈克尔·艾夫的老师，也是他的朋友，他回忆起第一次看到这款便携式OHP时感受到的震撼。"投形仪的液压式吊架装配得非常完美，折叠的设计几乎让人惊叹。我能看到乔纳森身上散发出最初的才华之光。"

沃尔顿高中的老师们喜爱乔纳森的设计方案，决定将它和其他几名学生的设计一起送去参加一项全国性的竞赛。那年，由英国设计委员会发起的年轻工程师颁奖礼邀请了国际知名建筑师、室内设计师特伦斯·康伦（Terence Conran）做评委。在第一轮比赛中，参赛者必须提交设计草图、制图和照片。然后在竞赛的下一阶段选出最有趣的设计。

乔纳森的便携式OHP也进入了第二轮竞赛。在将作品送去参加下一阶段的评判之前，他把机器拆开清洗最后一遍。但是，当他将零件组装回去的时候，不小心将镜头的位置插得靠后了一点。结果，投影仪没能投射出清晰的图像，菲涅耳透镜将光线散射到各个方向，使得最后的图像无法辨别。提交的作品被判定无用，评委们否决了乔纳森的设计。尽管如此，他的想法必定是独一无二的。虽然他没有赢得胜利，但类似的便携式OHP不久后便投入了市场。

珍贵的赞助人

16岁时，乔纳森的才华已经开始引起设计界的注意。

伦敦知名的设计公司罗伯茨·韦弗集团（Roberts Weaver Group）的总经理菲利普·J·格雷（Philip J. Gray）在一次教师会议上发现了乔纳森的作品。

① 菲涅耳透镜（Fresnel Lens），是一种微细结构的光学元件，用来聚焦和分离探测区域。——编者注

迈克尔·艾夫作为女王陛下的督学，组织了一年一度的教育年会，以促进国家课程计划。当菲利普·格雷到大会做主讲嘉宾的时候，他第一次注意到了乔纳森的作品。

年会的门厅里举办了一个小型展览，摆放着高中生的一些设计作品。展品中就有乔纳森的一些作品。格雷的目光立刻就被乔纳森的牙刷草图吸引住了。很久以后，格雷回忆说这位年轻的设计专业学生设计的作品中体现出了“铅笔和蜡笔的流畅线条”和“思维与分析的缜密”。

格雷说：“他的作品对于十六七岁的少年来说非常成熟，在众多作品中脱颖而出。我当时就评价说这个孩子天赋过人。然后，迈克尔回答说，‘太好了，因为那是我儿子乔纳森设计的。’”[18]

几天后，这对父子参观了格雷在罗伯茨·韦弗集团的办公室，该集团办公地位于伦敦中心区。吃午餐时，格雷给艾夫父子推荐了工业设计专业比较优秀的学校。“我给他提了一些建议。”格雷回忆说。他的最佳推荐是纽卡斯尔综合性工程技术学院。

当时，迈克尔·艾夫还向格雷提出了一个有些冒失的问题：他的公司是否可以资助乔纳森读完大学呢？如果公司每年给乔纳森提供一定数额的助学金（共四年，每年大约1 500欧元），乔纳森就承诺毕业之后到这家设计公司上班。尽管当时很少会有公司赞助大学生，然而格雷却一口答应了。

“乔纳森是我在罗伯茨·韦弗集团资助的唯一一个学生，”格雷说，“有些大学生会在暑假期间来我们这里实习，但是我们只资助了他一个人……当时，我也没费多大力气就征得了其他董事的同意，因为在乔纳森的身上，人们确实可以看出一些不折不扣的才华。”

尽管从表面上来看，是迈克尔·艾夫在推动着他的儿子追求设计生涯，但是格雷却不这么认为。他觉得迈克尔只不过是在回应乔纳森对设计越来越深的迷恋。“迈克尔利用职务之便能和设计精英们打交道，他希望这些人中有人能够影响到乔纳森。”格雷猜测说，“乔纳森是个相当高明的设计者……父子俩都很有激情，而且一家人都非常热爱设计。”[19]

在随后的几年中，格雷有了更多的机会观察这对父子。“他们太像了：害羞，但非常专注，从来都是不声不响地就把任务完成了。”他说，“在我的印象里，他们从来没有争吵过！和他们相处时，也很少有吵嚷和喧闹的时候，有的只是微笑的脸庞和欢乐的回忆。能看得出来，迈克尔非常自豪，但是他从来不把这挂在嘴边。能同时具备天赋和谦虚的品质，真是了不起。”

迈克尔对儿子的影响，不仅体现在乔纳森的性情里，还有他们对设计共同的热爱。“迈克尔·艾夫是个真正的设计爱好者，而且他钟爱自己的作品。”格雷说，“他确实是个充满活力的人，并对儿子的成功寄予厚望。迈克尔也相当关心乔纳森，他尽了自己最大的努力，确保自己的儿子拥有成为一名设计师的所有条件。”

在沃尔顿高中的几年里，乔纳森和大多数艺术生不一样，他不仅选修了高级设计技术课程，还选修了化学和物理课程。1985 年，当他从沃顿高中毕业时，三门高级考试的成绩全部是A。两年的辛苦准备终于有了回报，因为取得这个成绩绝非易事：根据英国官方的统计数据，他的成绩在英国的中学生中排名前 12%。[20]

这份成绩单让他有资格申请英国赫赫有名的牛津大学或剑桥大学。由于他当时热衷于学习汽车设计，因此他也考虑了世界上领先的艺术和设计学校之一——伦敦的中央圣马丁艺术与设计学院。但是参观了这所学校之后，他感觉这个地方似乎并不适合自己。乔纳森认为这里的学生“太奇怪了”，他说：“他们在绘图时，会发出‘呜隆隆’的噪声。”[21]

有着傲人的学习成绩和设计才华，乔纳森有很多选择的机会。最后，他听从了菲利普·格雷的建议，选择了位于英格兰北部的纽卡斯尔综合性工程技术学院。从此以后，产品设计变成了他生活的重心。

JONY IVE

The Genius Behind
Apple's Greatest Products

第二章

英国的设计教育

在英国有一个概念叫T形设计师。他不仅要对一个设计领域的方法有深入的了解，还要在广度上对其他设计领域的方法略知一二。

——亚历克斯·米尔顿

乔纳森的新家纽卡斯尔以啤酒（纽卡斯尔麦芽酒）、足球队（纽卡斯尔联队）和恶劣的天气著称，是一个充满活力的工业型港口。当他到达这座位于泰恩河畔的城市时，首相撒切尔夫人正在执政，并且纽卡斯尔的经济支柱造船业和煤炭业都在下滑。

除了降雨和撒切尔夫人（她确实对矿工相当苛刻），临近英格兰东北海岸的纽卡斯尔还素来以“派对小镇”著称。城市中大约六分之一的居民是当地的学生，而且市中心开有大量的酒吧和夜店。1985年，乔纳森刚上大一，英国乐坛一如既往地生机勃勃，尤其是在北方，史密斯乐队（The Smith）和新秩序乐团（New Order）获得了全国上下的瞩目。没过几年，这座城市的夜店就开始掀起锐舞风潮，到处充斥着狂欢的气氛和乔纳森喜欢的动感电子舞曲。

纽卡斯尔综合性工程技术学院如今被称为诺森比亚大学，其工业设计专业一度（至今仍然如此）位列英国所有大学该专业的榜首。当时，纽卡斯尔综合性工程技术学院的设计学院大约有 120 名教职员工，并且在超过 65 个国家里录取了大约 1 600 名学生。[1] 设计系一直设在一幢名为斯夸尔斯楼（Squires Building）的高大建筑物内。“那幢楼非常大，但却是个适合创作的好地方。”戴维 · 汤奇（David Tonge）说，“隔着一条走廊，这座楼里还有艺术专业、时装设计专业和工艺设计专业。当时，工业设计还没流行起来。”[2]

这座建筑的每一层楼都分布着不同的设计学科：工业设计、家具设计、时装设计、平面设计和动画制作。设计系配置了各种各样的工具和工艺资源。“有很多材料可以供设计者们使用——木材、纸、塑料、金属、皮革、纤维、棉花，应有尽有。”保罗 · 罗杰斯（Paul Rogers）教授说，罗杰斯教授在诺森比亚大学讲授设计课程，但是他从来没有教过乔纳森，“他们还可以使用各种各样的机器——钻孔机、锯床、拧紧机、缝合机、蚀刻机、焙烧机——什么机器都不缺。在技术人员的支持和帮助下，设计者们可以在车间中得到很好的锻炼。”[3]

纽卡斯尔综合性工程技术学院的工业设计系成立于 1953 年，在 20 世纪 60 年代它就获得了一定的知名度，部分原因在于它与英国工业紧密的纽带关系。比乔纳森早一年完成学业的校友克雷格 · 芒西说：“纽卡斯尔综合性工程技术学院名声在外，人们都把它视作顶尖的学校……它包揽了很多大奖，几乎所有学校设计系的老师都把纽卡斯尔的作品看作范本。”[4] 芒西如今是澳大利亚顶级设计工作室CMD公司的CEO（首席执行官）。

纽卡斯尔综合性工程技术学院享有盛名还在于学生的素质较高。芒西说，在提交申请的学生里，只有 10%能够被成功录取。1984 年，仅仅 25 个名额就有 250 位申请者。“我们实际上是新一波学校课程培养的设计师中的佼佼者。”芒西说，“这真是震撼人心。”

纽卡斯尔综合性工程技术学院的学生的第一学年是在交替学习实用技能

和学术课程中度过的，重点学习设计心理学。“第一学年是快速技能培训计划。”罗杰斯说。

“学生们开始学习像设计师一样思考。最开始的项目中，有一个项目是要求我们使用简单的几何模型：一个球、一个立方体、一个四面体和一个圆锥体来设计两个房间。一个房间要将用户吸引进去，而且给他们一种不想离开的感觉。”芒西回忆说，“另外一个房间则要让人望而却步，进去了马上就想走。这是两个极端。”这项工程最重要的一个环节是要做一个报告，学生们要给出自己设计方案的理由。“第一学年教你如何思考、做研究，以及学习抽象的设计语言。”芒西说。

学生们还需要掌握动手设计的能力。学校将项目化的学习视为教学中心的同时，也一直将重点放在学生动手设计能力的培养上。诺森比亚大学的学生通常要花很长一段时间学习自己动手制作物品。学校教给他们制图、绘画、操作钻孔机、钉板条以及操作电脑控制的切割机等技能。他们也有足够的时间和自由，可以拿学校的材料和资源做试验，以期对材料使用达到更深层次的理解。在这个阶段，学习的重点在于创造和制作。

“确实如此，”罗杰斯教授说，“我们也教授最基本的操作，因此，很大一部分教学重点放在了材料处理上。”

计划的另外一个关键点在于，学生要在校外的公司完成两次“就业”——实际上就是实习。在这个四年制课程的中间两年，即大二和大三学年，所有的学生都要在岗位上实现“就业”。这种学术结构被称作“三明治”课程。[5] 很多的专科院校也都需要实习经历，但是大多数学校都只需实习一次。诺森比亚大学之所以吸引了全国最优异的学生，就是由于这种双层“三明治”课程结构。学生们到各大公司实习，包括飞利浦（Phillips）、建伍（Kenwood）、彪马（Puma）、乐高（Lego）、阿尔派电子（Alpine Electronics）、伊莱克斯（Electrolux），或者有的被安排到设计公司和咨询公司进行实习，包括西摩鲍威尔设计咨询公司（Seymour Powell）、奥克设计（Octo Design），以及DCA国际设计公司（DCA Design International）。[6]

乔纳森在校时这个项目仍在持续。“这个项目的与众不同之处在于，”乔纳森的同学兼好友戴维·汤奇说，“就业经历会让你重返学校时变得比以前更聪明、更审慎。每一位学生都到校外就业，积累大量的经验，这种累加的效应是极其庞大的……当然，这也让他们相比其他大学的设计毕业生，具有很大的优势。”

对课程培养和就业经历的苛刻要求使毕业生在行业设计的技能和专业知识方面获得了优势。罗杰斯教授说：“当你将诺森比亚大学的项目和英国其他学校的设计项目进行对比时，你就能发现，诺森比亚对细节和工艺制作非常注重。那些作品……每一个物品的制作，在细节上都非常细致和完善。”

戈德史密斯学院——伦敦著名的艺术人文院校，与诺森比亚大学的区别就很能说明问题。戈德史密斯学院以聚集了备受瞩目的所谓“青年不列颠艺术家”一代而著称，这群艺术家包括了达米安·赫斯特（Damien Hirst）和特蕾西·艾敏（Tracey Emin）。[7]这群年轻人以引起争论和激起民愤而闻名，赫斯特曾经将死蛇泡在甲醛里，而艾敏用自己乱糟糟的床创建了一个类似艺术展厅的装置，床上还有一个用过的避孕套。

戈德史密斯学院坐落于伦敦南部的新十字区，散发着大城市、知性、艺术性的气息。相比而言，纽卡斯尔综合性工程技术学院则是个散发着工人阶层气息、略显土气的地方。“在戈德史密斯学院，设计者们关注的是思想和理念，”一位不愿透露姓名的诺森比亚大学教授说，“而诺森比亚大学则专注于物品本身，以及加工工艺。我认为，粗略地看，诺森比亚大学的毕业生专注于细节和产品生产的加工制作，而戈德史密斯学院的学生则更关注于从某个特殊的理念和背景探寻一种概念式的产品。粗略地比较一下，戈德史密斯学院的学生总是思考自己在做的是什么东西，而诺森比亚大学的学生则正在动手把它做出来。”

金斯顿大学的副校长兼设计方面的作家佩尼·斯帕克（Penny Sparke）教授认为，乔纳森在纽卡斯尔所接受的设计教育是一种基于德国的教学法。“20 世纪 20 年代德国的包豪斯建筑学派理念，在 20 世纪 50 年代被英国设计界采纳并使用，”她说，“例如，在包豪斯，有所谓的基础学年，而英国的设计专业也有。基础学年就是指，学生从零开始学习设计，与以往的知识没有关系，完全从头开始。”[8]

设计的简约原则，即设计者应该只设计用户需要的东西，也是从德国教学传统而来。而在艾夫的设计哲学里，似乎对这一点有清醒的意识。像很多德国的厨房设备公司和电力公司一样，艾夫和博朗①都继承了同样的包豪斯传统——在德式设计的最终技术层面，这是根深蒂固的。这也是高品质、高科技和简约主义的特色。艾夫在自身的教育经历中或许受到了这些影响。

亚历克斯·米尔顿（Alex Milton）教授是位于爱丁堡的赫瑞瓦特大学的研究部主管。他描述起德国对英国设计界的影响，似乎与旁人略有不同。“英国的设计教育一向比包豪斯学派更具有颠覆性——以一种好的方式。”他说。米尔顿认为对乔纳森影响更大的是，在诺森比亚期间，他一直受到不同设计方向——从图形设计到时尚设计——的熏陶。各个设计方向的同学在同一幢大楼中共同学习，深深地影响了他之后在跨学科设计团队中的工作方式，包括他后来在苹果公司的工作方式。米尔顿说：“他或许曾经和艺术家、时装设计师和平面设计师们打过交道……这是英国所有设计专业学生都要接受的——一种非常开阔的设计教育方式。”[9]

“在英国有一个概念叫T形设计师。”米尔顿说，“他不仅要对一个设计领域的规则有深入的了解，还要在广度上对其他设计领域的方法略知一二。因

① 博朗（Braun），德国知名品牌。——编者注

此，英国设计或艺术专业的氛围能透露出乔纳森是如何在服务类产品设计、多媒体展现、产品包装以及产品宣传几个流程之间进行互动的。”[10]

乔纳森·艾夫所处的20世纪80年代正处于艺术与工艺的融合期，其中，文化和历史因素占了一席之地。当时，整个国家从有着强大工会的半社会主义状态，转变成了里根模式下的完全资本主义社会状态。有很多青年人具备反叛精神，英国的年轻一代开始崇尚朋克——一种鼓励实验、非传统和无畏精神的运动。在乔纳森后期的设计中，能看出他受到了朋克所追求的独立性的影响。

“另外，在美国，”米尔顿解释说，“设计师们大多都在设计工业领域所需要的产品。而在英国，设计文化则更倾向于花园棚屋式的、家庭实验室式的、有特定目的的或实验性的设计。乔纳森·艾夫将这两种方式进行了互动……（他）只是抓住了这个时机，而不是创造了新的设计方法——如果硬将艾夫的设计限制在某个类别中，他就不会成功了。”

学校教育还让乔纳森将自己的职业方法和工作重点在很大程度上实现了扬弃。他将在纽卡斯尔获得的经验变成了自己工作流程的一部分，包括他所保留的动手制作和生产样品的习惯。他所接受的设计教育提倡并鼓励尝试和冒险，甚至为失败的尝试做出补偿。这种环境将乔纳森置于与一般美国设计学院完全不同的模式中：美国模式往往更规范，而且以工业需求为导向。如果说美国的设计教育倾向于将学生培养成一名员工，那么英国的设计专业学生们则更喜欢追求激情，并能够自行组建团队。这听起来似乎很耳熟，可能是因为乔纳森在苹果的职业生涯就是得益于在诺森比亚打下的基础。

乔纳森以一种不同寻常的方式来到了纽卡斯尔综合性工程技术学院：他错过了开学的第一天，因为当时他要去领一个设计奖，这多多少少让一起入学的同学感到震惊。“新生入学的前两天，他都不在——他带着自己高中时的作品去领取一个设计奖。”汤奇回忆说。[11]

在纽卡斯尔的教室里，乔纳森也受到了很多个人风格的熏染。在第一学年，他选修了一门雕塑课。那位教授对石膏粉末过敏，上课时需要佩戴口罩和橡胶手套，但是仍然坚持每周给大家上课。这位老师的敬业精神，尤其是他对待学生作品的态度让乔纳森印象深刻。他对学生的雕塑非常尊重，在谈论每一个作品之前，即使这个作品再差，他也会仔细清除雕塑上的粉尘。

“必须要尊重工作，”乔纳森说，“这非常重要——如果你自己都不去尊重它，又如何要求别人呢？”[12]

纽卡斯尔或许是个派对小镇，但是对于乔纳森来说，那却不是一段寻欢作乐的时光。“在某种程度上，我在这里度过的日子苦不堪言。”他说，“在这里我除了工作就是工作。”[13]

在所有老师的印象里，他都是个很勤奋努力的学生。“他对工作极其投入，”工业设计的主讲教师尼尔·史密斯（Neil Smith）说，“不管他设计的是什么产品，他总觉得不够完美，总是精益求精。他是个极其敏锐和勤奋的学生，做起事来从不敷衍了事。”[14]

“他看起来像个毛刷！”

在纽卡斯尔的第二学年，乔纳森在他的赞助商——伦敦的罗伯茨·韦弗集团开始了长达两个学期的第一次实习。

在罗伯茨·韦弗集团，乔纳森遇到了自己未来的挚友——克莱夫·格尼耶尔（Clive Grinyer），一位对艾夫的一生都有很大影响的高级设计师。格尼耶尔的设计职业生涯漫长且收获颇丰，他甚至坐到了英国设计理事会设计与创新部主管的职位。[15]

尽管年龄差异很大（乔纳森小他 8 岁），而且乔纳森还梳着一头怪异的发型，两人却非常投缘。当时乔纳森留着齐肩的鲻鱼头，刘海梳到后面直直地竖起来。“他有一张小圆脸，头发乱蓬蓬的。”格尼耶尔说，“他看起来像个毛刷！”[16]

除了这奇怪的发型之外，格尼耶尔还发现，尽管乔纳森是办公室资历最低的实习生，他却插手了几乎所有正在进行的日常项目。“有意思的是，回头想想，尽管当时那里已经有8到10位有经验的设计师，但是工作室里所有的工作都是这个学生做的！所以乔纳森在我加入罗伯茨·韦弗集团之前就已经很有名了。”[17]

乔纳森和格尼耶尔都很有幽默感，而且格尼耶尔喜欢这个年轻人的沉着自信，尽管刚开始的时候，艾夫表现得既害羞又谦虚。“我们很快就成了好朋友，”格尼耶尔说，“他从不自大，这在学设计的学生中是难得的优点。大多数学设计的学生尽管没多少才华，但是却很自负，而乔纳森完全不一样。做设计的时候，他是真的热爱自己的工作，对于自己的任务，他向来都是全身心投入。”

格尼耶尔当时刚刚在旧金山的ID Two公司工作了一年，该公司是莫格里奇公司的美国分公司，他的创始人就是于2011年去世的传奇设计师比尔·莫格里奇（Bill Moggridge）。莫格里奇是个谈吐优雅、擅长辞令的英国人，他因设计了第一台笔记本电脑GRiD Compass而闻名于世，这台笔记本有着现代电脑标志性的翻盖式铰接构造的屏幕和键盘。

乔纳森对克莱夫·格尼耶尔在美国的经历深深着迷，并且不停地向格尼耶尔追问关于美国的问题。“乔纳森对加利福尼亚真的超级感兴趣，”格尼耶尔回忆说，“他被那里的机遇和生活方式深深吸引。设计师们向来都十分了解那些将项目交给他们来做的客户的文化修养，因为客户们对工具加工等生产过程的态度能够直接对设计师们产生影响，或是被激发，或是被抑制。并且，美国对于乔纳森而言代表着无数的机会。在20世纪80年代的时候，旧金山湾区对于欧洲设计者们是极具吸引力的。”

乔纳森富有想象力的设计很快让他青云直上，成为公司的“金童”，并且被任命负责日本市场。20 世纪 80 年代的日本就像现在的中国一样，是个不断崛起的新兴经济体。据罗伯茨 · 韦弗集团设计师彼得 · 菲利普斯（Peter Phillips）回忆，罗伯茨 · 韦弗集团作为当时伦敦顶尖的设计公司之一，通过向一家日本销售公司支付费用来拓展业务。雇用这种比较自由的职业公司的费用是很高昂的，大约花掉了公司总支出的 40%。但是物有所值，罗伯茨 · 韦弗集团迅速获得了日本市场的各种类型业务的佣金。

乔纳森被指派负责为日本斑马有限公司（Zebra Co. Ltd）设计一系列皮革制品和钱包，这是一家位于东京的钢笔制造商。乔纳森用纸做出来的复杂的钱包模型具有典型的乔氏特色。“我记得他摆弄着那些用纸做出来的漂亮的白色钱包，都是两面的，上面有一些花瓣。”彼得 · 菲利普斯回忆说，“他在边角上剪出来一些像是浮雕图案的小细节。真是漂亮极了。那是我见过的最不可思议的模型，简直美得令人窒息。”[18] 这些钱包是乔纳森设计的第一批白色产品，也标志着这位设计师对于这个颜色终生偏爱的开始。

菲利普笑着说乔纳森是个致力于老板的“宠物工程”的小孩子，而他和其他那些领着薪水的设计师们却埋头苦干着那些“脏兮兮的活儿”。

乔纳森很快被委任了一项新的“宠物工程”：为斑马公司设计一系列钢笔。在画出了数不清的图纸后，乔纳森最终完成了一项具有独特格调的优雅设计，这让他立刻在伦敦设计圈内声名鹊起。罗伯茨 · 韦弗集团的设计主管菲利普 · 格雷曾同意资助乔纳森上大学，他对乔纳森为这个项目所画的图纸印象深刻。

“他创造了一种奇妙的表现技巧，完全是由他独创的。”格雷说，“他在薄膜上作画。他在薄膜的背面涂了一些水粉颜料，然后把薄膜翻转过来，在另一面画出一些细细的线条，这能让画展示出一种半透明的效果。这当然能够精妙地传达出他所构想的材料的特质。他是个十分优秀的绘图员，以至于当他画图的时候，你根本分辨不出来他是徒手作画还是使用了圆规。他就是这么一个一丝不苟的人。”[19]

乔纳森的钢笔是由白色塑料制作而成的，侧面装饰着橡胶铆钉，就像一些小牙齿，这样更有利于抓握。这个产品仍然是白色的，但是，让这种钢笔在同类产品中脱颖而出的是一种非本质性的特征。

在设计这款钢笔的时候，乔纳森选择将重心集中于钢笔的“消遣功能”。他观察到人们总是爱摆弄他们手中的钢笔，因此决定为钢笔使用者们设计另一种功能，让他们在不写字的时候能够摆弄钢笔来消遣。他很聪明地在钢笔顶端添加了一种由圆球和夹子组成的装置，专门供使用者无聊时消遣。这个“消遣功能”在某些人看来或许没什么特别的，但是，把圆球和夹子结合在一起的装置却让这款钢笔成为一款非常独特的产品。[20]

“在钢笔上设计一些专门用来消遣的东西，这在那个时候可是个崭新的理念。”格尼耶尔说，“他的想法真是与众不同。这款钢笔的设计不仅仅关乎外形，而且在里面倾注了一种感情。不管你是否相信，这个设计让人瞠目结舌，而且还是出自一个年轻人之手。”

乔纳森做出了一个样品，他的老板巴里 · 韦弗（Barrie Weaver）非常喜欢，他一有空就不停地摆弄这支钢笔。罗伯茨 · 韦弗集团其他的设计师注意到人们开始用“乔纳森式”这样的词语来形容那些拥有一种不可知的特质、让人们想要去触摸并且摆弄的东西。[21] 艾夫具有一种能够在设计中添加触觉元件的天赋，这已经慢慢成为这个年轻人的商标之一（他后来在苹果公司的许多设计都有一些控键或是其他能够支持触摸的元素）。这款不同寻常的钢笔预示了一种忠诚，这将激发乔纳森后来的设计作品灵感。这款钢笔“迅速成为拥有者们的骄傲，一种你总是忍不住就想去摆弄的东西”，格尼耶尔这样回忆。[22]

乔纳森这款型号为TX2 的钢笔迅速投入了生产，对于一个实习生的设计来说，这是前所未有的。这款钢笔在日本热销了好多年，根据乔纳森在罗伯

茨 · 韦弗集团的同事回忆，这是这位年轻设计师很典型的作品。就像格尼耶尔所说的："他的设计总是简洁优雅得令人难以置信。当你看见它们的时候，总是会觉得出乎意料，但却又在情理之中。你会质疑为什么之前从未见过这种产品。"[23]

重返校园

完成了罗伯茨 · 韦弗集团的实习之后，乔纳森回到了北方，为了拿到学位继续他的学业。该年年末，他赢得了一项享有声望的游学奖学金，这是由英国皇家艺术、制造和商业奖励会，也就是人们所熟知的英国皇家艺术学会（RSA）提供的。[24] 英国皇家艺术学会于 1754 年在科芬园的一个咖啡店里成立，是一个历史悠久的英国慈善团体，也是推进英国社会变革最资深、最出色的机构之一。[25]

这些竞争相当激烈的奖学金项目吸引着英国成百上千的学生参赛，并且每一笔奖金都是由特定公司提供赞助的。英国皇家艺术学会助学金实际上是一种招募工具，是替企业招募优秀设计人才的一种方法。在第一学年中，乔纳森参加了办公和家用器材助学金挑战赛，赞助方是索尼公司。

他的获胜参赛作品是他大学的主要设计项目之一，一部用未来主义概念设计而成的电话。这部电话不是一个热门产品，是未来主义设计的练习，安排这种设计任务是为了让学生们能够熟练运用"如果怎样，那么会怎样"的一种思维方式。在当时，纽卡斯尔市是十分重视新型技术的，那时索尼公司的随身听产品改变了人们听音乐的方式。尽管那些早期的设备在如今看来是十分原始的，但是在当时，便携式技术已经开始成为每个人生活的一部分，每个学生都要拥有一部随身听。[26]

纽卡斯尔综合性工程技术学院的学生们都明白，科技将会定义他们的职业生涯。“我们这些学生的任务就是要把科技带入主流社会，”克雷格·芒西说，他是乔纳森的同学，“这真的是课程文化的核心部分，这也是我们的课程如此成功的原因。我们被鼓励采纳或是探索一切新兴技术，整合并运用到我们的设计里面。然后，我们还会被鼓励去猜想未来技术的发展方向，以及这些技术都能带来什么样的影响。”

为了迎接挑战赛，乔纳森设计了一款电话，它是对传统的固定电话设备的一项革新。移动电话在这之后很多年才普及。这款设计颠覆了人们普遍认为的一部电话应该有的样子。那个时候的电话用被一圈缠绕的线连着的耳机作为听筒，但是乔纳森的电话却像一个独特的白色问号。

他煞有介事地将其命名为“演说者”（The Orator）。这个纯白色的电话是用一根直径一英尺的塑料管制作而成的。底座上有个扬声器，可以握住问号的杆或腿部来使用电话，问号的曲线造型从听筒一直延伸到了扬声器部分。[27]

这个设计或许并不实用，但仍然是一项出色的设计。乔纳森凭借这个设计赢得了500英镑的游学奖金，他把这笔钱暂时放在了一边。至于那部电话，成龙功夫电影的一位布景设计师得到了消息想要将其用作电影道具。乔纳森拒绝了，因为他觉得自己的模型非常精美，用作电影布景太可惜了。[28]

RSA并没有从乔纳森的生活中消失。一年以后，他和朋友戴维·汤奇组队参加了另外一项助学金挑战赛。这次竞赛的主要赞助商是贸易服务商必能宝公司（Pitney Bowes），比赛的获胜者能够得到去公司总部参观的机会，公司总部位于美国康涅狄格州的斯坦福。

在学校的最后一个学年里，乔纳森和汤奇都需要完成一项重点项目，在很大程度上要自主完成，并且要写一篇工业设计课程规定的专题论文。汤奇设计的是一些铝制的办公椅，而乔纳森设计的是一种与麦克风相结合的助听器，供课堂上存在听力障碍的学生们使用。[29] 这部助听器最终在1989年举办的青年设计师中心展览会上展出，展会地点位于伦敦干草市场（Haymarket）

的设计中心。但是对于这次竞赛，这两位即将毕业的学生志在必得，因此共同设计完成了另一项作品。[30]

“坦白地说，我们认为我们的技术结合起来是能赢得比赛的。”汤奇说，“那时候我正在制作两个使用方便的铝制办公椅模型作为毕业设计，而乔纳森正在制作他的助听器。我们都觉得通过这两个设计和我们的技术联合，可以实现一个更大的目标。我们野心勃勃。”

乔纳森和汤奇为赢得RSA游学奖金竞赛进行的准备极具战略性。他们回顾了各种项目简介，评估了可能进入竞赛的提案计划书，最终决定选择设计一个“智能自助取款机”。设计未来主义概念的自助取款机，应该是一个很有趣的挑战，并且能够将两个人的技术完美地结合起来。

他们想到了要一起设计什么样的作品才能赢得比赛，那就是既要有审美愉悦感又要实用的东西。汤奇对于这次合作感到非常高兴。“乔纳森热爱的、能够掌握的并且非常擅长的东西太多了，”汤奇说，“相关的人看到他完成的作品没有不感到惊讶的。大家虽然也都有这些想法和创造力，但是真正能够把作品完成的人太少了……这仍然是其作品的杰出之处。”

乔纳森和汤奇共同完成了一个显示器样式的自助取款机：干净、简洁，并且秉承了乔纳森·艾夫的一贯风格——用白色塑料制作而成。这个作品赢得了必能宝公司的沃尔特·惠勒附属奖，奖金比上一个要丰厚得多：1 500英镑。

多年之后，汤奇已经是艾迪欧公司（IDEO）十分成功的设计师，并且现在在伦敦经营着自己的工作室——The Division。时至今日，他仍为他们的项目以及为之付出的努力而骄傲。“我们切实地考虑过这个自助取款机与使用者的关联，包括它的缺陷及其所放置的空间。可以毫不夸张地说，这真的是一件非常耀眼的作品，无论是在视觉效果上还是细节上，都远远超过了当时大部分学设计的学生和许多专业设计者们的作品。所以，我猜想那些评委们肯定都对它感到惊讶。”

乔纳森也对这件大学时代的作品引以为傲。在做大学最后一个学年的发言陈述时，他简明扼要地提到了那部为奖学金竞赛而设计的电话。当他准备好最后一个学年的发言时，他邀请了罗伯茨 · 韦弗集团的朋友克莱夫 · 格尼耶尔前来旁听。格尼耶尔开了5个小时的车从伦敦赶到了乔纳森的家——那个位于纽卡斯尔市环境恶劣的盖茨黑德地区狭小的公寓。当他到达后，格尼耶尔惊讶地发现这间公寓里摆满了上百件塑料泡沫做成的模型，这些都是乔纳森的设计作品。大部分学生或许制作过十几个模型，然而乔纳森却做过一百多个。[31]

"我从来没见过任何像这样的东西：那种纯粹的、想要做到完美的欲望。"格尼耶尔回忆道。

格尼耶尔说一个模型和另一个模型之间的差别是微乎其微的，但是一步接一步的进展却显露出他想要彻底、全面地探索设计理念的努力，以及想要做到最好的决心。大量模型和样品的制作将会是乔纳森在苹果公司职业生涯中的另一个商标。"他制作了那么多的模型，这真的令人难以置信，每一个模型都与其他模型有着细微的差别，"格尼耶尔说，"我猜想它们就像查尔斯 · 达尔文的进化论一样。这些模型看起来真的就像是一场进化。乔纳森对完美的渴求，意味着每一个新的模型都会有一点微小的改变，似乎只有把设计稿真正做成模型后，他才能够确定这个改进是否正确。"[32]

乔纳森同时邀请了罗伯茨 · 韦弗集团的赞助人菲利普 · 格雷，这位先生对于那个优美的电话最终版模型印象深刻。"这是一项非常精致的设计，它的构思非常巧妙，"格雷说，"它具有逻辑性，从细节上来看非常优美。这个模型太不可思议了。你要知道，那时还没有移动电话。所谓的电话都是那种放在桌子上的盒子，盒子上有一个拨号盘或是按键盘，上面有一个听筒。因此乔纳森的设计是十分前卫的。并且，无论是它的逻辑性，或是人体工程学方面的合理性，以及它不可思议的简洁性，都很精巧地呈现了出来。"

纽卡斯尔综合性工程技术学院的教授们同样表达了对这件作品的欣赏：乔纳森的毕业设计展示为他赢得了第一枚全英国最高等级的学位勋章。

他赢得了领域内专业人士的赞赏和尊敬，并且在20岁出头的时候就赢得了同龄人的尊敬。“他的展览作品太杰出了。”格雷说。

乔纳森也是第一个两次赢得了RSA游学奖学金的本科生。RSA档案保管员梅拉尼·安德鲁斯（Melanie Andrews）数十年来一直负责学会的授奖管理工作，在回忆这段往事时，他准确地指出了才华横溢的乔纳森早期的一个特色。他说：“在他所有的设计作品里，他对于每项设计的软件和硬件都倾注了浓厚的兴趣，这也是苹果公司产品的制胜法宝。”[33]

钟情第一代苹果电脑

两段决定乔纳森人生命运的关系都是在大学期间建立的。第一段是指他的婚姻，他与妻子在1987年8月份进行了婚姻登记，当时他还是大学二年级的学生，新娘是他青梅竹马的挚爱希瑟·佩格。希瑟是当地学校一位督学的女儿，在沃尔顿高中时比乔纳森低一年级，但他们是在怀尔德伍德基督徒团体里认识的。他们在斯坦福结婚，随后两个儿子出生了：查理和亨利。

差不多同时，乔纳森发现了他的另一个挚爱：苹果公司。

在他的校园生活里，自始至终都没展现出对于电脑的任何兴趣。他坚信自己在科技方面是一窍不通的，他觉得十分沮丧，因为很显然电脑正在生活的各个领域显示出它的重要性，而且这个趋势有着十足的动力。最终，在校园生活接近尾声的时候，乔纳森与苹果公司结缘了。

一开始，乔纳森感到非常震惊，使用苹果电脑比他尝试过的任何一件事情都要容易。这台机器的设计者为了调整用户体验所做出的努力深深地影响了他；他感觉立刻就和这台机器产生了关联，而且更重要的是和这个企业的灵魂产生了关联。他第一次感受到了产品的人性化。“那真是个戏剧性的时刻，清清楚楚地印在我脑海里。”他说，“你能够切实感受到产品制造者的存在。”[34]

“我开始了解更多关于苹果公司的内容，包括它是如何建立的、它的价值和构造。”乔纳森后来说道，“对于这家大胆的，甚至有些桀骜不驯的公司，了解得越多，我就越被它吸引。它从不认错的态度，指明了一个自满的、随时可能破产的行业的另一种可能性。苹果公司象征着某种东西，而且有理由拥有除赚钱之外的其他成就。”[35]

JONY IVE

The Genius Behind
Apple's Greatest Products

第三章
伦敦的生活

乔纳森非常善于改进产品并使其更加易于使用。他对人性化科技非常感兴趣。

——彼得·菲利普斯

1989 年夏天，乔纳森·艾夫和戴维·汤奇动身前往美国。这两个刚刚从纽卡斯尔综合性工程技术学院毕业的年轻人，口袋里装着RSA的奖金，打算在美国康涅狄格州的必能宝公司待上 8 周。

对于位于曼哈顿东北部 40 英里处的斯坦福的公司总部来说，如果乔纳森期待能够在这里看到令他印象深刻的东西的话，那么他要失望了。“他没觉得那里有什么意思。”格尼耶尔笑着回忆道。对于到旧金山市的旅行，乔纳森明显要激动得多，因为他在那里可以去参观旧金山湾区发展迅速的设计工作室。

当他们在必能宝公司的参观结束后，乔纳森和汤奇分道扬镳。汤奇前去参观赫曼米勒（Herman Miller）、诺尔（Knoll）以及其他几家从事办公室设备生产的公司，乔纳森却希望能飞去加利福尼亚游览一下硅谷。他在旧金山租了一辆车，驾车沿着半岛去参观了几个工作室，其中就包括ID Two（现称作艾迪欧），也就是格尼耶尔曾经工作过的地方，还有位于圣何塞市的月光设计公司（Lunar Design），该公司由迅速崛起的设计明星罗伯特·布伦纳

（Robert Brunner）经营。他与布伦纳几乎是一见如故。

布伦纳出生于1958年，在硅谷的圣何塞市长大。他的父亲是一名机械工程师，母亲是一位艺术家。布伦纳的父亲拉斯是IBM的老员工，他发明了第一个硬盘驱动器[1]的大多数核心部件。上大学之前，布伦纳根本不知道什么是产品设计。一个偶然的机会，他看到了圣何塞州立大学艺术系举办的模型和手绘展览。

他高兴地回忆道："我当即决定，那是我想要做的事情。"

在圣何塞州立大学攻读工业设计学位时，他在GVO公司实习。GVO公司是当时硅谷规模最大、发展最快的设计机构。毕业之后，布伦纳于1981年进入了这家公司，但是工作得并不愉快，他觉得这家公司缺乏野心和远见。

他说："GVO公司没有编辑的风格，他们只是想让你机械地完成手绘，以取悦客户。"[2]

1984年，他尝试了一种策略，与GVO公司的另外两名员工杰夫·史密斯（Jeff Smith）和杰勒德·弗伯萧（Gerard Furbershaw）以及另外一位设计师彼得·洛（Peter Lowe）合作。他们四个人凑了大概5 000美元的资金，在曾是一家直升机厂的地方租赁了场地。他们租借了一台影印机，共用一台Apple IIc电脑。他们给新公司起名为月光设计，这是布伦纳在GVO公司从事第二职业时使用的绰号。

他们创业的时机正合适。在20世纪80年代中期，硅谷开始进军消费品市场，对月光这样的设计机构的需求量很大。GVO公司也加入这一市场当中——当时硅谷的大部分公司都由没有专业设计技术的工程师来经营。

布伦纳说："我们并没有水晶球或是别的先知，但是，事实证明我们的确抓住了好时机。那段时期是硅谷黄金时代的开端。当青蛙设计公司（Frog）、ID Two、方矩（Matrix）和艾迪欧公司的创始人戴维·凯利（David Kelley）加入到这一市场时，我们就已经抢先一步开始了。这一切都发生在我们的起步阶段。那是在硅谷工作和创办企业的一段非常愉快的时光。”[3]

到1989年，月光已经拥有众多颇具声望的大客户，并且野心勃勃。这些大客户就包括苹果公司。布伦纳为苹果公司完成了几个特殊的项目，包括为史蒂夫·乔布斯最初的麦金塔电脑设计后续产品，麦金塔上市四年来没有什么重大改变，现在已经过时了。[这个项目代号为美洲虎（Jaguar），最终转型为PowerPC平台。]

当乔纳森来拜访布伦纳时，他向布伦纳展示了自己的管状电话概念机，这是他为在纽卡斯尔最后一年的毕业项目而设计的。

这个模型并不像大多数学生的设计作品那样徒具外形，它还具备所有的内部组件，而且乔纳森还解决了如何将它生产出来的问题。布伦纳说：“它给我留下了深刻的印象。这项设计完全就是一个可用的设备，这的确是一种进步，但是真正打动我的，是他将模型拆卸……露出全部内部零件的时候。我从来没有见过哪个学生拿出一件出色的作品，然后能将它彻底拆掉，逐一解释它工作的原理，这简直令人难以置信。”乔纳森甚至算出了每一个零件的厚度，以及如何用注模机生产出这些零件。

布伦纳说，乔纳森的设计不仅是他见过最棒的学生设计，而且也可以与当时硅谷的一些最棒的设计作品相媲美。他说：“一个刚刚走出校门、年纪轻轻又没有工作经验的学生，不仅表现出了自己的天赋，更显示出了对操作原理的兴趣。这实在太令人吃惊了。大多数刚走出校园的学生主要对形式和想象感兴趣，少数人会对操作原理感兴趣，但是，只有极少数的人能够设计出既刺激又惊人的东西，并研究出制作的办法。”

布伦纳说：“作为一名工业设计师，你必须得有高见，还得把它完美地制作出来，呈献给世人。如果你仅仅制作了一个美丽的外形，然后就对它置之不理，那么你并没有真正地进行工艺实践。”[5]

布伦纳对此印象非常深刻，他问乔纳森是否愿意到月光设计公司工作。

布伦纳说那并不是正式的工作邀请，更像是闲聊。比如说：我们觉得你很不错，为什么不来和我们一起工作呢？无论布伦纳怎样说，乔纳森的回答都是“谢谢，但是我已经答应罗伯茨 · 韦弗集团去伦敦工作了，因为在我上大学时，罗伯茨 · 韦弗集团曾资助过我”。在乔纳森的加利福尼亚之旅中，类似的对话发生过许多次，因为其他的几家公司也试图引诱这个刚刚毕业、前途无量的学生。

在未来的几年里，布伦纳将成为乔纳森的一个重要人脉。在乔纳森拜访的几个月之后，布伦纳被招募到苹果公司。在那里，他建立了公司的第一个内部设计工作室，为使苹果公司成为设计领域的霸主拉开了帷幕。所以，布伦纳试图第二次聘请乔纳森。

乔纳森回到英国之后，给RSA[6]上交了一份旅行报告。在报告中，乔纳森说参观旧金山是他此行中最精彩的部分。他写道：“我立刻爱上了旧金山，非常希望将来可以再回到那里。”

罗伯茨 · 韦弗集团

乔纳森履行了自己的诺言回到了罗伯茨 · 韦弗集团，他和妻子希瑟从纽卡斯尔搬到伦敦。他的新老板菲利普 · 格雷对于乔纳森加入罗伯茨 · 韦弗集团感到很惊讶，因为他知道乔纳森还收到了许多其他的工作邀请。格雷说：“乔纳森已经被大家公认为一位才华横溢的‘年轻设计师’，但是他是个可敬的人，虽然那时还有许多别的公司也向他伸出了橄榄枝，最终他还是接受了我们的邀请。”

加入罗伯茨 · 韦弗集团绝不仅仅是个安慰奖，该公司是伦敦顶尖的设计公司之一。乔纳森加入了一个精英队伍，并很快结识了很多朋友，他与其中一些人的友谊维持至今。他的朋友格尼耶尔在那个时候离开了公司，加入了剑桥附近的另一家设计公司，而罗伯茨·韦弗集团在20世纪80年代末赢得了几项设计大奖。

像众多同类的咨询公司一样，罗伯茨·韦弗的经营项目十分广泛，从消费品到高科技产品，为包括美国、欧洲、日本和韩国在内的全世界客户提供服务。主要客户包括应用材料公司（Applied Materials）、斑马公司和一家割草机生产商Qualcast。罗伯茨·韦弗集团的管理和生产结构在那个时代非常典型，由三个不同的工作团体共同组成：产品设计、室内设计和生产车间。乔纳森被分配到产品设计团队。

他的同事包括设计师、工程师和平面设计师，共20人，工作地点是在一个开放式工作室。乔纳森和他的同事们可以快速进入工作室正下方的一个车间。车间里有一套装备齐全的模型制作设备，还有5名模型工人。室内设计团队由设计师、建筑师和电脑专家[7]共23人组成。

据公司合伙人巴里·韦弗说，罗伯茨·韦弗集团主要从事两类基本的产品设计项目。第一类是全面的设计与开发项目，是专为英国客户准备的。此项目包括开发产品概念、生产成品模型、承担大量工程开发任务和监督工具加工，简而言之，此项目贯穿全部的生产过程。第二类项目限制性更多，重点是开发新想法或新产品，通常是为外国客户——主要是日本和韩国的客户——准备的。在大多数情况下，客户有自己的设计团队，但是要从外部寻找新鲜的概念或不同的方法。

韦弗谈到这一时期的罗伯茨·韦弗集团时说："我们是在时间和费用非常紧张的条件下完成项目的，理解这一点很重要。如果我们不能有效地开展项目，那么公司就会遭受损失。因此，这使得我们决策迅速，也限制了我们在分析方法、研究过程、人文调查和社会机遇等方面花费的时间。"

乔纳森在新的工作场所工作和在纽卡斯尔时一样高效。韦弗说："一些设计师认为做的研究越多，解决方案越好。我个人更相信常识和直觉。乔纳森的优势就在于他能迅速地抓住挑战的本质，并设计出直观的解决方案，这些方案精妙可行、注重细节，这在年轻人中十分少见。”

合伙人对其信心十足，在他们眼中，他是个热情、勤劳又有团队精神的队友。格雷回忆说：“他性格安静，极具幽默感。在工作室里，他从来都不是一个爱招摇的人。他工作高效，能够很好地完成自己的任务。他工作特别努力、特别勤奋。工作量大得惊人，同时完成质量又极高。他是个非常多产的设计师，常常能够在很短的时间内想出很多好主意，而且他不仅能口头讲述这些好主意，还能通过完美的制图术将它们清楚地表达出来。”[8]

尽管乔纳森的风格似乎很适合罗伯茨·韦弗集团，但是却不适合一家以做生意为本质的咨询公司。作为外部厂商，罗伯茨·韦弗集团经常不得不对客户做出让步，这让乔纳森很抓狂。韦弗解释说：“身为一个顾问，重要的是你要了解还有其他方面的因素在起作用。客户拥有最终决定权，因为出钱的是他们。”

另一方面，韦弗很理解旗下设计师们的挫败感。他说：“可悲的是，客户的营销团队经常和我们意见相左，而且他们会施压让我们更改设计。结果是，你最终会拥有一些自己引以为豪的项目，但也有一些妥协的项目。”

作为设计团队的一员，乔纳森要与其他的设计师合作。他为英国制造商Qualcast进行户外花园照明系统和割草机的设计，并为另一家英国公司Kango的工业机械钻做了几个概念设计。

在罗伯茨·韦弗集团工作仅仅几周后，他信心倍增，他要求格雷为其大幅加薪：他才华横溢，觉得自己理应得到更高的工资；但是他同时也很年轻，刚刚走出校园。格雷不得不教导这些自命不凡的年轻人接受关于加薪的现实。

格雷说：“我必须权衡公司的利益，必须跟他艰难地讨论这个问题。我必须向他解释，他正处在职业发展的道路上，周围还有其他的人。每一个人都有不同的优势和劣势，我们必须平衡收支，以确保每个人都能得到公平的机会。这个责任落在了我的身上。这种经历并不愉快，因为我们都不想让别人感到失望。但我们还是进行了理智的讨论。然后他走了，我认为他觉得自己没有从这场交易中得到最好的结局。另一方面，他没有生气，而是继续努力工作。”

但是，他的才能给罗伯茨 · 韦弗集团的经理带来了其他的挑战。1989 年，在英国设计委员会举办的备受瞩目的年轻设计师展览中，乔纳森的教室助听器项目成了主角。这一未来主义的设计引起了英国浴室和卫生间设备巨头理想标准（Ideal Standard）公司的关注。理想标准的销售总监对乔纳森的设计作品印象深刻，他与罗伯茨 · 韦弗接洽，并要求委托乔纳森为其公司做一个特别的设计项目。罗伯茨 · 韦弗觉得有必要拒绝这一要求。[9]

格雷说：“我们的工作室由 12 名设计师组成，此时根本不可能派乔纳森这样一个刚毕业的新人去为客户工作。所以，我们给理想标准的回应是，他们可以提出一个我们能力范围内的设计纲要，但是我们有权决定任命哪个设计师来做这项工作。但他听到这话之后就走了。他特别想让乔纳森做这个项目。”

后来，理想标准的总经理再度在乔纳森的世界里出现。但是在 1989 年，储蓄和信贷机构危机对罗伯茨 · 韦弗集团的生意产生了负面影响。这个公司的室内设计组接到了许多委托，为英国、西班牙和澳大利亚的银行设计交易室。但是由于金融危机在全球蔓延，银行取消了这些项目。韦弗回忆说：“由于金融危机爆发，银行终止了这些项目，导致我们的设计师无事可做。与此同时，资金缺乏意味着英国制造商要撤回他们新产品的发展计划。”[10]

罗伯茨 · 韦弗集团不得不停止在伦敦的室内设计业务。韦弗的商业伙伴乔斯 · 罗伯茨（Jos Roberts）离开公司去了澳大利亚，产品设计组也被重新改组。作为改组的一部分，韦弗为所有的设计师起草了新合同。

除了乔纳森，没有任何一名设计师会签这份新合同。他签这份合同只是为了让那份旧合同失去效力。因为在上大学时受到罗伯茨 · 韦弗集团的资助，那份旧合同让他“嫁”给了罗伯茨 · 韦弗集团。鉴于这个法律漏洞，他得以提前结束自己的义务。他从罗伯茨 · 韦弗集团辞职，职业生涯的第一个阶段结束了。

橘梦乐团

乔纳森去拜访他的朋友克莱夫 · 格尼耶尔。一年前，格尼耶尔和另外一位伦敦设计师——马丁 · 达比锡（Martin Darbyshire）创立了橘子设计公司（Tangerine Design）。

这对合伙人是老朋友了。格尼耶尔和达比锡是伦敦中央圣马丁学院的同学，随后一起在莫格里奇公司的伦敦工作室工作。格尼耶尔离开那里后加入了罗伯茨 · 韦弗集团，遇到了乔纳森，然后在英国的硅谷——剑桥的科学园工作。在科学园工作时，Commtel电话公司找到格尼耶尔，想让他设计一些新电话。Commtel想聘请他为正式员工，但是格尼耶尔说服他们让他做一个自由职业者。他用从Commtel那里获得的两万英镑和达比锡成立了一个工作室。

“当我有机会成立一家设计咨询公司的时候，我邀请马丁吃咖喱饭菜。”然后，他们去了一家印度餐馆。“他立刻决定要和我一起干，我们这一生似乎都连在一起。”[11] 他们来到达比锡位于伦敦北部芬斯伯里公园的中产之家，在前面的卧室成立了工作室。格尼耶尔带来了办公用品，包括一台麦金塔电脑和一台激光印刷机，还有从Commtel带来的钱。[12]

刚开始的时候，他们的工作室起名叫地标（Landmark），以地标信托（Landmark Trust）命名，达比锡喜欢在家庭度假时待在这里。他们认为这个名字听起来相当响亮，但是一家早已使用这一名字的荷兰公司很快将他们告上了法庭。格尼耶尔悲伤地说：“我们试图让他们给我们一笔钱来重新起名，但是他们没给。”双方不欢而散后，这场诉讼结束了。然后，合伙人们想出了一个新名字——橙子，当他们都同意这个新名字后，才知道这个名字也已经被丹麦的一群设计师使用了。

那是在圣诞节期间，有个人看到了用来点缀圣诞树的橘子。这个名字足够抽象，可以表达很多东西，这正是设计师所需要的。这也让他们想起了“橘梦乐团”（Tangerine Dream）——格尼耶尔之前喜欢的一个实验电子乐队①。

达比锡说：“回忆起来，这是在我们身上发生的最好的事，因为橘子这个名字更棒。这个名字很好记，在一些主要的欧洲语言中也可以理解，对于我们的主要目标市场亚洲市场来说，橘色也是一种带有积极象征的颜色。”[13]

20 世纪 80 年代，像橘子设计室这样的设计合作伙伴关系并不常见，自由设计师更倾向于独自经营。亚历克斯 · 米尔顿教授解释说：“80 年代末期，设计专业的毕业生会加入所谓的‘一个人的产业’。这是属于设计制造者或设计艺术的产业。”但是，格尼耶尔怀揣更大的野心。

格尼耶尔说：“伙伴关系更像是实实在在的生意关系，有趣的是，马丁和我总是意见不同而又互相补充。”

以达比锡的家为根据地，格尼耶尔继续开拓他在剑桥工作时的门路。他们设计了电视机附件和高保真组件。而且由于之前的一些工作，他们被邀请到底特律做了一个关于车内娱乐的专题演讲。

格尼耶尔说：“我也为一些设计杂志写文章，我们渐渐有了些名气。”

为了推销自己，格尼耶尔和达比锡做出了大胆的决定。他们巧妙地将公司的声势造得比实际规模更大。在为设计类杂志写文章的时候，他们还获得了利用该杂志的广告来宣传自己工作的机会。这些广告获得了关注，传达了橘子设计室正在获得大合同的讯息。

---

① 实验电子音乐（Experimental electronic），是西方的作曲家和演奏家及一些工程师们利用当代最新技术（如计算机）作出的音乐。——编者注

格尼耶尔和达比锡也开始在圣马丁授课，一周教1~2天，这帮助他们宣传了这家羽翼未丰的公司[他们的学生中有一些日后非常有名的设计师，包括萨姆·赫克特（Sam Hecht）和奥利弗·金（Oliver King）]。他们也生产宣传手册，手册中称他们的工作是'为人类制造产品'。"[14]

他们描述说橘子设计室的重心是最终用户，而其他的设计公司常常忽视这一点。达比锡说："没有人谈论最终用户，人们总是在谈论'怎样可靠地传递事情'，而不是在谈论'应该传递什么或可以传递什么'。这是橘子设计室的本质，我相信这也是我们应该铭记并努力发扬的精神。"

这种组合营销策略很管用。格尼耶尔说："我们的目标是与艾迪欧和西摩鲍威尔齐肩，成为三大最受欢迎的产品设计咨询公司之一。"到了1990年，他们拥有了足够稳定的业务，于是搬出了达比锡的卧室，搬到了伦敦东区霍斯顿的一间真正的办公室。这个改造后的仓库只有半层大小，是他们认识的一名女建筑师租给他们的，当时搬出来的时机正合适。达比锡说："我们的第一个儿子就要出生，所以我们正需要用那间大卧室。"

这间工作室是一个典型的后工业化的阁楼，有着又大又长的房间、未加工的石灰墙和粗糙的木质地板。这些设计师用一些菲利普斯达克椅子、宜家的桌子和架子为房子设定了装饰基调。现在的霍斯顿街区是伦敦市中心的时尚区，但是20年前的艰难使这里遗留了许多废弃的轻工业建筑。霍斯顿也是午间脱衣舞俱乐部的聚集地——在伦敦，这种俱乐部更像是脱衣舞酒吧——为伦敦附近金融区的上班族服务。格尼耶尔的车总是被撬，收音机被偷，轮胎被划开。[15]在霍斯顿大街尽头工作室附近，有家"伦敦学徒"酒吧（London Apprentice），它是当地的一家大型同性恋酒吧，经常组织ABBA乐队主题夜，吸引了大量身着银色连衣裤的客人。不得不说，这是个很可爱的邻居。

橘子设计室刚搬到伦敦后，乔纳森便成了这家公司的第三位合伙人，尽管他只有23岁，而且刚刚走出校园。但格尼耶尔知道，"乔纳森虽然是个年轻人，但是工作绝对没有问题”。乔纳森和妻子希瑟在距伦敦东南部布莱克希斯不远的地方买了一间小公寓。

乔纳森加入橘子公司时，格尼耶尔和达比锡都感到非常高兴，不仅是因为他们拥有了一个具有非凡设计天赋的人才，还因为他们获得了一个大客户：乔纳森带来了英国卫浴产品巨头“理想标准”——乔纳森在罗伯茨·韦弗工作时它曾向他发出过个人邀请。但是在橘子公司，乔纳森凡事亲力亲为，从重型机床到梳子，从电视机到卫生间。在这里，设计师们在每件事情上都会通力合作。

他们的工作持续不断，但并不是非常具有挑战性或声望。橘子公司偶尔也会从大公司接到一些委托业务，比如日立集团和福特，但是大多数工作仍旧是一些名不见经传的企业委托的不定时的小项目。“对于设计公司而言，现在是竞争时期，”英国诺森比亚大学的教授罗杰斯解释道，“公司的发展趋势不再局限于专业化。他们尝试去做任何事情。他们的业务涵盖了方方面面——洗发水的包装、新型摩托车以及火车的内部装潢。他们必须什么都做。”[16]

许多小型公司的预算有限，并且缺乏甚至没有同设计顾问合作的经验。典型的情况就是，他们期望只花费数千英镑的成本。但是，橘子公司正处在事业积累期，并且需要大量的资金投入。通常橘子公司的提案费都高达数万英镑，远远超过其客户的预算。因此设计师们得不到工作合同。

几个合伙人几乎没有选择，被拒绝时只能冷静地接受。“那个时候，英国大多数工作都是与土木工程相关的，而不是关于用户的研究或者设计理念的工作，因此我们有点超前于市场。”达比锡说道，“我们一方面不得不灵活变通，同小型公司合作，负责小型产品生产的整个过程，同时我们也尝试从亚洲和美国获得生意，并谋求发展。”

为了吸引并留住客户，橘子公司的设计师们看起来比实际情况更忙碌。

他们记得罗伯茨 · 韦弗集团曾经使用过的一个策略：当一家汽车公司的总经理来访时，韦弗集团的设计师们把他们自己的车开进工作室，再把它们排成一排，声称他们正在进行一项秘密任务。[17] 这个策略成功了，罗伯茨 · 韦弗集团获得了生意。借鉴罗伯茨 · 韦弗集团的例子，如果有客户拜访橘子公司在英国霍斯顿的办公室，乔纳森和他在橘子公司的伙伴们会确保工作室里堆满了他们之前为其他项目制作的蓝图和泡沫模型。客户离开之后，他们便会把这些模型重新放回仓库。[18]

乔纳森、格尼耶尔和达比锡为博世（Bosche）设计了重型机床，为金星轮船（Goldstar）设计了电子设备。这三位设计师还为苏格兰著名美发沙龙布莱恩德拉姆一把简单的理发师专用梳子倾心尽力。乔纳森的想法是在柄部安装一个水平仪，这样理发师就可以在为顾客修剪头发的时候方便地抓住梳子。这种梳子也适用于修剪齐平短发和其他要求精准的发型，目前该产品仍在销售中。这项任务只有少量的预算，但是设计师们仍旧竭尽全力。“布莱恩德拉姆选择了乔纳森关于这款梳子优雅的设计理念，但是我却不辞辛苦地将它转换成产品设计。”达比锡说道。一切都是值得的：梳子于 1991 年获得了权威性的德国行业论坛颁发的奖项，并为橘子公司赢得了声誉。

霍斯顿周围的环境也非常适合橘子工作室。乔纳森和格尼耶尔加入了当地的健身俱乐部（现在乔纳森每天仍然坚持进行大量的体育锻炼）。“那是过去的霍斯顿，不是现在的。”格尼耶尔说道，“在健身馆里有一些人练习拳击，而我和乔纳森则通过在跑步机上锻炼和练习举重来保持身体健康。”乔纳森大学时期的老朋友邓恩就在街道拐角处工作，所以他经常来访。根据他的记忆，这个地区“类似于旧金山现代化的南方公园一带，靠近环境恶劣的地方，但是却云集了众多的高端人才，到处都呈现出一片工作和艺术蓬勃发展的景象。此外，这里还有许多硬件商店和原材料供应商，从而为培养本地的年轻设计师提供了更便利的条件”。包括罗斯 · 洛夫格罗夫（Ross Lovegrove）和朱利安·布朗（Julian Brown）。[19]“20世纪80年代末期是绝佳的制造时期，当时工业设计并不是那么普遍，所以有很多人做设计师是出于正当的理由，即做出最好的设计，而不是成为明星。”

自乔纳森加入橘子公司一年以后，第四名成员彼得·菲利普斯加入了这支团队。在之前的工作经历中，他们早已互相认识：菲利普斯于1982年毕业于英国中央圣马丁艺术与设计学院，获得了工业设计学士学位；他在大学遇见了格尼耶尔，和达比锡都在艾迪欧工作，并且在罗伯茨·韦弗集团工作的时候结识了乔纳森。

“我第一次见到乔纳森的时候，他才刚刚起步，”菲利普斯说道，“我对他的印象就是，他人真不错，是个讨人喜欢的绅士。他的外表就跟他本人一样，非常安静并且有风度。他非常慷慨，但是并不严肃，经常会因为一些事情大笑起来。但是在他的领域里，他绝对是个顶尖人物。”[20]

像乔纳森一样，菲利普斯也带来了他的一些客户，包括两个电子产品巨头——日立集团和LG电子。在经济萧条时期，LG却大获全胜。这家韩国巨头把第一个欧洲设计中心设立在爱尔兰的都柏林，并且希望与一家欧洲设计公司合作。“我们早期就对LG产生了极大的兴趣，我们对一切都充满热情。”菲利普斯说道，“这真是太棒了，它让我们设计出了一些非常好的东西。”

四位设计师都是公司的共同商业合伙人，并且享有平等的待遇。尽管他们也有分歧，这些分歧多数时候出现在格尼耶尔和达比锡这对老朋友之间，但是他们都克服了。“有时候事情会严重到有人大声喊叫的地步，但我们总是可以找到和平友好的解决方式，”菲利普斯说道，“我们隔几分钟后就会嬉笑如常了。我们以前总是说乔纳森和我是团队的外交官。”对于刚起步的事业，必须要多加小心财政情况。“我们都是理智的人，所以我们从来不会让财政承受过多的压力。”菲利普斯说道，“如果我们有小额的透支或者到月底没有足够的钱支付我们自己的薪水，我们愿意少赚一点钱，并理智地对待这种情况。”

有一段时期，橘子团队制作了大量详细的草图和模型。其中有许多是在乔纳森父母的车库里完成的，因为模型制作会把办公室弄得一团糟。不过，其他的任务都外包了。“我们有一个非常棒的模型制作商，就在制作室附近，它可以确保我们的模型质量上乘又美观。”菲利普斯说道，“英国大多数的模型制作厂家现在都破产了，但是它们曾经风靡一时。它们大部分是纯手工制作的，我们经常在进一步讨论细节。”

技术正在成为设计过程的一部分，但是进展缓慢。有一台放在房间中央的麦金塔电脑，菲利普斯说：“我们轮流使用它。”这是橘子公司非常典型的工作模式，因为计算机辅助设计（简称CAD）还没有成为大多数设计师的必要工具。

风格凸显

作为一名求知欲极强的读者，乔纳森的品位延伸到了设计理论方面的书籍，包括行为主义者博尔赫斯 · 弗雷德里克 · 斯金纳（B. F. Skiner）的作品和 19 世纪的文学。[21] 他还非常喜欢去博物馆，他和父亲几年来曾多次参观伦敦的维多利亚和艾伯特博物馆（Victoria and Albert)，它是世界领先的艺术和设计博物馆之一。

他研究艾琳 · 格蕾（Eileen gray）的作品。格蕾是 20 世纪一位最有影响力的家具设计师和艺术家。现代主义的设计大师都很欣赏乔纳森，其中包括米歇尔 · 德 · 卢基（Michele de Lucci)，他是意大利孟菲斯集团（Memphis group）的一员，他尝试让高科技产品更柔和、人性化和友好，并让其更容易理解和使用。[22]

格尼耶尔记得乔纳森爱上了家具设计师贾斯珀 · 莫里森（Jasper

Morrison）的设计学院，那里充满了纯净的艺术，都是没有任何曲线形状的直线。乔纳森也对迪特·拉姆斯（Dieter Rams）着迷，他是博朗的一位传奇设计师。“我们都被迪特·拉姆斯所鼓舞。”格尼耶尔说道，“拉姆斯的设计原则在我们就读设计学院的时候就深入内心——但是我们并没有在橘子公司设计任何类似博朗的产品。乔纳森就是喜欢简约。”[23]

四位设计师都对设计理念感兴趣，尤其是乔纳森。因为格尼耶尔和达比锡还从事教学工作，所以他们正尝试着将公司的设计理念明朗化。格尼耶尔和达比锡都同艾迪欧的比尔·莫格里奇合作过，并深受其设计风格的影响。其中最关键的一点就是不要采用“具有强烈意识形态的思想观念”。格尼耶尔回忆道。莫格里奇对他们另外一点重要的影响就是合作。

“艾迪欧有一套共识（体系），要求所有人都表示赞同，当格尼耶尔和达比锡的设计得到大家的一致认可时，他们会充满动力。因此，他们一起对即将发布的设计进行多次的审查。这非常好，因为它意味着你一直在检验自己。”菲利普斯说道，“这种方式很有效，你可以在让客户满意的同时推动自己前进，因为你开始觉得这是件令人兴趣的事情。”

美学对设计有一定的影响，但是橘子团队从来不会为了美学而局限于一种风格。“这对我们而言很重要，包括乔纳森，我们是为了某个理由进行设计的。”格尼耶尔说道。

“乔纳森非常喜欢改进产品并使它更加易于使用。他对人性化技术非常感兴趣。他设计时总是会先追问一样东西应该是什么样的。他拥有去除或无视某些东西的能力，他不关心一个产品的现状是怎样的，或者一个工程师说它必须是什么样的。他可以从基础开始对任何一样产品或用户界面进行设计。我们在橘子公司共享这一理念。我们不应该受限于我们接受的设计教育，而且应对其他人的设计方式给予更多的回馈。”

对于乔纳森而言，这代表了一个转变。在大学，他执行的项目表现出自己独特的设计语言，或者至少开创了自己的独特风格，因为他的大多数设计使用的是白色塑料。但是在橘子公司，乔纳森不再按照自己的方式在他的作品上贴上自己的标签。“跟他的同代人不一样的是，乔纳森没有把设计视为展现自我或者创造新的风格的机会。”保罗 · 昆克尔（Paul Kunkel）写道。他为写作《苹果设计》（*Apple Design*）一书专门对乔纳森进行了采访，该书概括了20世纪80年代苹果设计部门的状况。“与此相反，他用一种近乎变色龙的方式接近每个项目，让他自己去适应产品（而不是让产品来适应他）……因此，乔纳森早期的作品缺乏‘独特的风格’。”

之后直到现在，乔纳森的美学越来越趋向极简主义，这大概是他对20世纪80年代中期的追求的繁冗趋势的回应。那曾是一段有着“设计师十年”美誉的时期，文化俱乐部和咔加咕咕合唱团（Kajagoogoo）使用的引人注目的颜色被视作有品位的表现。据昆克尔所述，乔纳森避免让自己的产品因追随潮流而快速淘汰。“在一个迅速变化的世界里，乔纳森了解风格对设计有侵蚀作用，它很容易让一件产品看起来落后于它的时代。通过避免风格的固化，他发现产品不仅可以有更长的寿命，他还可以专注于设计的真实性，这是所有设计师都在追求却很难做到的东西。”

乔纳森并不是唯一一个这么做的人。格尼耶尔、达比锡、菲利普斯也都是极简主义者，还有许多公司的其他设计师也在逐渐往这个方向发展。极简主义开始席卷全球，橘子公司采取的风格也开始被其他设计师使用，其中有日本的深泽直人（Naoto Fukasawa）和萨姆 · 赫克特——他们为“零品牌、高质量”的消费者以及家居产品的制造商无印良品做了大量的设计工作。“20世纪80年代的文化中充斥着过度设计的陈腐思想，所有东西都色彩缤纷，奇形怪状，”亚历克斯 · 米尔顿教授解释道，“这是一种视觉疲劳。物体都在朝着你咆哮。”

“乔纳森毕业时恰逢这段时期，过度设计极其盛行。产品无法反映设计师的性格，它们是品牌。所以设计师们想要变得更酷、更镇定且更有影响力，并且想要回归功能主义和功利主义。”

达比锡用这种方式解释橘子公司的基本理念：“我们努力尝试让事物变得更好一点，并考虑到我们所设计的一切产品的视觉效果、实用性和市场前景。”

格尼耶尔将这种工作方式同其他公司相比，那些公司试图将他们风格烙印在每个委托他们设计的产品之上。“我同比尔·莫格里奇在一起的时候，见过许多非常优秀的设计师，他们只能设计特定的办公室用的产品。”他说道，“当他们尝试将自己的美学理念应用于大众市场如日常产品时，他们却失败了。他们设计出非常奇怪的科技产品。这让我感到疑惑。我认为，设计应该根据每个不同的目标表达出不同的设计语言。”

制造技术的进步让乔纳森和他的同事们逐步挑战极限。“20 世纪 90 年代是我们可以装饰产品的时期，”格尼耶尔说道，“它们的形状可以变得更有趣。不再仅仅局限于用金属包裹电子产品或者把按钮安装在正确的位置。我们可以让形状更加多元化，并使用注塑成型技术探索产品的多边性。我们可以创造出远比专注于产品功能更加美丽的事物。”

需要再次强调的是，这也有潜在的不利的一面，格尼耶尔在艾迪欧亲眼见证了。“设计师们通常想出来的都只是一个形状，”他说道，“他们不会去思考电脑显示器和电视机的功能有什么不同。我觉得这是一个错误。我们不想制造一个徒具美丽外形的东西。我们希望我们的设计适应人们的家庭。我们非常关注产品的用户界面。”

就乔纳森而言，他对格尼耶尔的看法有自己独到的见解：对他而言，最重要的就是产品的创新，它让产品变美丽而不是仅仅只具有功能。他总是不断质疑产品到底应该是什么样的。“他讨厌丑陋、黑色和庸俗的电子产品，”格尼耶尔回忆道，“他讨厌为电脑取一个类似于 ZX75 的名字，并还有一大堆的字节。他讨厌用 20 世纪 90 年代的方式进行设计。”在设计大变革的时期，乔纳森在寻找自己的道路。

沮丧

理想标准想要直接与乔纳森合作时遭到了罗伯茨 · 韦弗集团的拒绝，但是，橘子公司却很乐意满足这家公司的要求。乔纳森在橘子公司的早期，理想标准曾委托他设计一套全新的浴室设施，包括洗手间、坐浴盆和水池，以替代公司长时间运营的米开朗基罗产品系列。

出于凡事都要尽心尽力的性格特征，乔纳森、格尼耶尔和达比锡全身心投入到了新浴室的配套设施的设计之中。这项工作对这个年轻的公司而言似乎是一根救命稻草，不过却很快变成了一场噩梦。现在回头想想，这一项目或许为乔纳森的最终离开埋下了祸根。

乔纳森全身心地投入到理想标准的工作之中，他买了一些关于海洋生物的书籍来激发灵感，并试图从中找到大自然的影响力。“乔纳森对水非常痴迷，而且他经常会观察水的流动。”格尼耶尔说道，“他把所有的灵感都投入到他设计的一个马桶缸上，它很像一件希腊宗教艺术品。”

“他会谈论自己对水的崇拜。水在未来会成为罕见的资源。水是必须被赋予荣耀的物质。所以他制作了一个椭圆形的马桶缸，支撑它的柱子非常有艺术气息。这一设计非常激进，但美丽无比。”[26]

乔纳森、格尼耶尔和达比锡向理想标准展示了三件作品，每件都是根据忍者神龟的代号——同时也是文艺复兴时期的艺术家命名的：他们是拉斐尔、多纳泰罗和莱昂纳多。[27]他们去了乔纳森父母的车库——乔纳森一家那时候已经搬到了郊区的萨默赛特——并且手工制作出了水池和卫生间的泡沫模型。它们“难以置信地出色”。格尼耶尔说道。

三位设计师开车到达位于赫尔的理想标准总部去展示他们的设计。他们搭建起一个很大的房间，这样每个产品经理都能仔细研究这些产品并进行评定，看它们是否可以推上市场。当他们被带去同总裁以及其他几位总经理见面的时候，却没能给对方留下好印象。

总裁在风暴般的争议中拒绝了他们的设计。他说，这些产品的制造成本太高，并且也不适用于已有的产品线。经理们担心乔纳森引以为傲的艺术化的柱子会倒塌并伤到孩子。

“那次设计展示非常糟糕，”格尼耶尔说道，“我们针对这个设计的想法变了…… 问题是我们的设计同理想标准平常的设计区别很大。”

更糟糕的是，那天是英国的喜剧节，全国的筹款人都为了给慈善行为筹集资金而戴着红色的小丑鼻子。理想标准的总裁当时也戴着一个红色泡沫做的小丑鼻子。在那种情景下，他的拒绝就像个冷笑话。

格尼耶尔说乔纳森开车回到伦敦的时候非常沮丧。“他既失望又郁闷，”格尼耶尔回忆道，“他在为那些根本不关心他设计的人而倾尽心力工作。”[28] 达比锡也记得那一天：[11]“乔纳森因为他们完全不满意他的设计感到很不愉快。”

乔纳森良好的幽默感总是可以让他对这些挫折一笑了之，但是在理想标准的失败并不那么容易被忘记。尽管沮丧的乔纳森还要继续进行设计，但他总是感觉过程中有什么不对劲的地方。据达比锡所说：“问题是他们想要‘产品化’，并且，这么做的同时还要扼杀它的心气和灵魂。”

尽管同理想标准的合作失败了，橘子公司还是开始同越来越多的大客户合作。据格尼耶尔所说，这个团队感觉自己正在“坐过山车”。他们不断用智慧的方式展现自我。“他们做了许多概念的设计，基于这些设计，我得出了一些理念，乔纳森则做出了出色的设计，我们将这些理念交给媒体，伴随着嗡嗡声让他们印出来，”格尼耶尔说道，“5 年之内，我们从伦敦一个在房子后屋里运营的小公司发展成了一家拥有国际大客户的公司。”

乔纳森不喜欢这个事实——他的工作也包括宣传他的公司。“在橘子公司，四个合伙人都是创意顾问是很重要的，”格尼耶尔解释道，“我们为自己骄傲，并且我们想继续进行设计，而不是成为接受任务的傀儡，然后把任务交给幕后的雇员去做。但是尽管如此，作为一个公司，我们90%的时间仍然都花在出售我们的服务上。乔纳森比我们年轻，他想把所有时间都贡献于设计伟大的作品。他有时候也会感到沮丧。”

乔纳森逐渐意识到他不适合做设计咨询工作。他热爱设计，但是他发现通过必要的让步来实现任务非常苦恼，他一直在抵制一个事实——那就是在小规模的合伙人关系中，每个设计师都要扮演推销员的角色。

“我太天真了，”乔纳森说道，“我刚从大学毕业不久，但是我通过设计一系列不同的产品学习到了很多：从发梳和陶器到重型机床和电视机。重要的是，我找到了我擅长的和不擅长的事情。我终于清醒地知道了自己想做什么。我真的只对设计感兴趣。我对创立事业既不感兴趣，也不擅长。”[29]

他的作品被委托人毁掉的时候他感到非常失落。他在罗伯茨·韦弗集团的老板菲利普·格雷曾在2012年与乔纳森谈了一次话。“乔纳森告诉我他之所以在设计咨询中如此失落，是因为他无法充分控制一个项目从开始到完成的整个过程。”格雷说道，“客户会选择他的一些产品设计的片段，然后按照他们自己的想法告诉他如何把这些片段组合起来。他脑子里想的任何项目都无法付诸实践。对于那个时代来说，他的思想太超前了，客户往往不明白他在做什么。”[30]

格尼耶尔也看出了乔纳森对客户的无奈：“他常常会做出漂亮的设计，但设计出来的产品往往达不到客户的预期。”

布伦纳在召唤

鲍勃·布伦纳（即罗伯特·布伦纳的昵称），是几年前乔纳森在加州之旅时认识的。他在1991年秋天拜访了位于霍斯顿街的橘子公司。三年前，布伦纳离开了月光设计公司，现已在苹果公司扎根，并且已经成了设计部门的主管。他建立了一个由高级设计师组成的精英团队（包括那些后来在iPod、iPhone和iPad的开发中起到至关重要作用的人）。

布伦纳在整个欧洲物色外部设计公司，希望能够找到一家公司可以与苹果公司合作一个秘密项目，名为“Juggernaut”。即便对于苹果这样的大公司来讲，使用外部委托任务招募人才也是官方的一大禁忌，但布伦纳后来承认，这只是他的目标之一。

他承认：“我试图得到乔纳森，我希望能让他接手这个项目，我认为这也是让他加入我们公司的另一种方式。”[31]

1991年，苹果公司依旧春风得意。该公司已经从一个在史蒂夫·乔布斯的车库中刚刚起步的工作室发展成了快速增长的个人电脑行业中最大的公司之一。史蒂夫·乔布斯已经不在苹果公司了，他在6年前辞职，现在正在为他新公司NeXT的成功而努力拼搏。他的另一家公司皮克斯虽说也在苦苦挣扎，但四年后，该公司发行了第一部电影《玩具总动员》(*Toy Story*)，该片一度轰动一时。

苹果公司当时由百事可乐前高管约翰·斯卡利（John Sculley）掌舵，史蒂夫·乔布斯用他那句不朽的名言“你想一辈子都卖糖水吗？还是想来同我一起改变世界”[32]将约翰·斯卡利引诱到苹果公司。虽然最近对斯卡利的说法褒贬不一，但在那时，他前进的方向还是正确的。苹果公司十分庞大，计算机行业也在迅速膨胀。台式机革命将麦金塔电脑的业务推广到了世界各地。这家公司首次季度收入达到20亿美元，他们刚刚对此进行了庆祝。《*MacAddict*》杂志将这个时代称为“麦金塔电脑的第一个黄金时代”。那时，Windows 95还要等上几年才能实现，人们尚且不知道微软公司的操作系统将完全重塑个人电脑行业，并且几乎让苹果公司破产。

由于资金十分充裕，苹果公司开始扩大其产品线。斯卡利为苹果的研发团队投资了21亿美元的公司积蓄，以加快新产品的开发。他因宣扬创新型超便携电脑新生产线而得到了很多的关注，他称之为“个人数字助理”(Personal digital assistants，简称PDA)；在拉斯维加斯举办的消费电子产品展[33]上，斯卡利发表了重要讲话，在讲话中他创造了这个术语。虽然斯卡利的个人数字助理还需要十几年才能作为牛顿掌上电脑（Newton MessagePad）真正投放市场，但这时工业设计团队正在努力进行研发。

布伦纳的设计团队负责的不仅忙着设计掌上电脑，还负责一条新的PowerBook产品线。尽管第一台Power Book尚未投放市场，但布伦纳的设计团队已经在致力于第二代产品的研发了。这是一场革命：因为它是新兴的个人电脑产业中第一款“真正的”笔记本电脑，在此之前，个人电脑产业更侧重于台式机。然而，第一台PowerBook又大又重：它不像一台真正的便携式电脑，而更像是一台靠电池供电的台式机。对于设计团队来说，这就是一场噩梦。布伦纳和他的团队不得不同时进行创造、制造、设计以及测试机器等工作，时间紧迫，任务繁重。

面对下一代产品的研发工作，布伦纳担心团队过多注重此时此刻的情况，而没有花足够的时间去关注未来可能发生的情况。很显然，移动性是一种新的趋势，布伦纳想要了解移动性的发展方向的发展情况。

“随着产品设计的日程表变得越来越紧面向未来，难度级别越来越高，首先遭殃的就是创新了。”布伦纳说，“我想看到的设计……是能预测到未来的设计，而不是基于我们所知所见的设计”[34]。

为了保持活跃的创新精神，布伦纳已经开始进行离线项目①，他称之为“并行设计调查（Parallel design investigation）”。

---

① 离线项目（offline），指相对较少依靠互联工作的项目。——编者注

“我们的想法是在没有截止期限压力的前提下，开发处理新技术所需的新型因素、新的表现水准和策略。”他解释说。更重要的是，布伦纳想使这种类型的调查处于“离线”状态，因为这意味着允许他的团队犯错误，允许他们远离生产过程的折磨，这样创意的灵感才可能会持续涌现。“因为离线产生的想法往往是我们最好的想法，并行设计调查是极具价值的。”他说，“这种信息不仅丰富了我们的语言，它还可以给你一个明确的目标，可以让你指着说‘这就是我们前进的方向’。”[35]

这是他欧洲之旅的一个原因：布伦纳特别喜欢与外部的顾问一起工作（毕竟，在加入苹果公司前，他自己也是月光设计公司的一名外部顾问）。“我决定从咨询领域雇用人才，这样，工业设计团队就能够像一家拥有独立设计公司的速度和灵活性的咨询公司了。”他还说，“以我的经验，顾问想要拓展自己的业务，因为他们还会争着做最有趣的工作。所以我将自己的搜索集中在当地最好的顾问和有这方面天赋的刚毕业的人才身上。”这些话恰如其分地描述了乔纳森和橘子公司。乔纳森刚刚从纽卡斯尔毕业三年，他的概念手机给布伦纳留下了深刻的印象。

一走进霍斯顿工作室，布伦纳就因他的所见而感到兴奋。他第一眼先看到了格尼耶尔为一家英国公司SodaStream设计的苏打制造机。它有一扇摇摆式门，靠一个巧妙的锁闩控制开和关——布伦纳认为这种机关也许可以适用于便携式产品的屏幕。布伦纳激动地说：“这正是我们正在寻找的创造性思维。”[36]

布伦纳自己有一些东西要展示给这四位伦敦设计师。他从包里拿出一台PowerBook原型机。菲利普斯被震惊了，他说：“我从来没有见过这种玩意儿，它真是让人难以置信。”事实上，这第一台PowerBook有着嵌入式的键盘、中央定点设备以及前倾的手腕放置区（掌托），足以为未来20年笔记本电脑的设立下基本标准，这一事实至今仍然令大家震惊不已。“我们的PowerBook十分成功，”布伦纳说，“这太让我惊讶了。那台机器和设计本身还有那么多的不足之处。我本以为那将成为一次巨大的失败。但今天回过头来看，基本上所有的笔记本电脑都是那样设计的：嵌入式键盘、掌托以及中央定点设备。”

在布伦纳的设计问世之前，笔记本电脑的键盘一直是向外突出的，也没有定点设备。大多数笔记本运行的都是微软的MS–DOS，这款系统依赖于命令行界面，而不是麦金塔这样的图形界面，因此它们还需要使用四个方向键。它们没有必要使用定点设备。因为随着Windows逐步站稳了脚跟，制造商们开始使用夹式轨迹球。

“现在回想起来非常有趣，从PowerBook到今天的苹果笔记本电脑，这几乎是完美的设计，”布伦纳说，“没有人能够再进一步改善它……（我们）并没有意识到我们已经拥有了非常难以超越的东西。”

在伦敦参加会议期间，布伦纳和橘子公司交换了意见。作为测试，乔纳森制造了一个鼠标样本。他们的谈话进展顺利。最后，橘子公司获得了“Juggernaut项目”的咨询合同。

乔纳森既兴奋又害怕。苹果公司的这项任务对橘子公司来说是一个巨大的突破，他同样意识到，对于他自己来说也是一个巨大的突破。他后来回忆说：“我还记得苹果公司描述这个绝佳机会的情形，当时我特别紧张，怕把这一切搞砸了。”[37]

正如布伦纳所说，“Juggernaut项目”是一个范围广泛的并行设计调查。他们当时的想法是，在未来甚至是更遥远的未来探索出一套移动产品。布伦纳和他的团队很有信心，认为新的PowerBook和牛顿便携设备将揭开所有移动产品的序幕。他们开始构想非电脑类产品，包括数码相机、个人音频播放器、小型个人数字助理和更大的手写平板电脑。(这些东西现在听起来很熟悉，但在那个时候，实现这些梦想至少还要再过10年，而且还是在一个全新秩序的领导下。)

他们希望手写数字助理、数码相机和笔记本电脑可以通过红外线、无线电波和蜂窝网络连接在一起。布伦纳也希望设计组准备几款移动产品，以防苹果公司的高层管理人员突然决定开始制造移动产品。

布伦纳也曾找过除了橘子以外的其他一些外部设计公司，他让苹果公司一些内部设计师在概念上下工夫。"我们知道某些事情即将发生，"布伦纳解释说，"我们知道无线设备将会变得十分重要，图像采集将会变得更加重要。东西会变得越来越小。电池会变得越来越好。"[38]

苹果公司在加利福尼亚州的一支团队正致力于开发几款便携式产品的概念，同时，橘子公司的团队设计了四款理论性产品：一台平板电脑、一款平板电脑的键盘和一对"便携式"台式电脑。布伦纳想要这些产品具有可转换性——平板电脑应该可以变形成笔记本电脑，反之亦然。"具有讽刺意味的是，由于某些原因，我们认为可转换性将会非常重要，"布伦纳解释说，"这样，你就可以从传统键盘和鼠标的模式转换成手写模式，这正是现今一些小型笔记本电脑所努力追求的。"[39]布伦纳指出，这些想法，在20世纪90年代似乎有点奇怪和激进，但它们与今天市场上出售的最新的平板电脑和混合型笔记本电脑并不是相差万里。

布伦纳让乔纳森和他橘子公司的同事扩大设计的范围，但必须保留苹果当时设计语言的主要元素（多为暗灰色的塑料和一些软凸起）。这些设计必须依据于真正的技术，这样人们才能相信它们在不久的将来会成为真正的产品。

在格尼耶尔和达比锡的协助下，乔纳森开始设计一款名为麦金塔弗里欧（Macintosh Folio）的平板电脑。这是一台矮胖的笔记本大小的平板电脑，带有手写式屏幕和庞大的内置支架。它由苹果公司当时很常见的暗灰色塑料制成，几乎可被认为是iPad的前身，尽管比iPad厚了约5倍。

乔纳森独自设计了平板电脑上的一种特殊的智能键盘，名为弗里欧（Folio）键盘。但与今天现代平板电脑的可拆卸键盘不同，Folio键盘被看作是“智能键盘”，因为它拥有自己的中央处理器、网络插口和触控板。实际上，它是现在的笔记本电脑的一半，即键盘的那半。

格尼耶尔和达比锡则在一对“便携式”台式机上下工夫，它一半是台式机，一半是笔记本电脑。它们是像变形金刚一样的电脑。它有内置键盘和可旋转的屏幕，可以从台式机变成便携式电脑，反之亦然。

其中一款是SketchPad。它由浅灰色的塑料制成，特色是拥有铰接式可调整屏幕，可以调整高度和倾斜度。它可以折叠成钱包形状的包裹，带有一个把手，方便携带。(乔纳森后来在设计第一台iBook时借用了内置把手的想法。)

第二台便携式台式机被称为Macintosh Workspace。它有一个内置的可触控的屏幕，还有折叠在下面的分离式键盘，在不使用的时候可以置于两侧。Workspace可以折叠成平面形——像一台宽大的平板电脑——以方便携带，但打开使用的时候，键盘就像是一对粗短的翅膀。

“记得有一天我看到乔纳森和他办公桌上这种平板电脑的泡沫模型。”菲利普斯说，“他坐在离模型有一定距离的地方，双膝向上，在泡沫键盘上打字，嘴里说着‘这感觉很不错’。”[40]

“乔纳森的想法是最富有创见的，并且一如既往的细致具体，”负责弗里欧的达比锡回忆说，“他累得大汗淋漓，就是为了要把设计做好，他做到了。这让人十分震惊。”[41]

乔纳森和“Juggernaut项目”其他设计师以惊人的速度开发了约25款模型。在短短几个星期内，他们将作品呈递给布伦纳和他的团队，在接下来的几个月中，这些概念被提炼成四个主要设计。[42]

随着该项目接近完工，害怕搞砸的乔纳森却差点将项目搞砸。他们这个经验较少的公司并没有属于自己的能制作出最终原型机的模型制造车间，这样的车间需要特殊的技能、工具和人员，通常只有最大的设计工作室才能驾驭。(今天，甚至像苹果公司这么大的公司也都使用外部车间制造成品模型)。

所以，橘子公司的四个设计师带着他们的“Juggernaut项目”的实物模型去了一家本地模型制作商那里，它曾经承接过很多电影和广告业的业务。

这家模型制作商非常有才华，制作的模型看起来如“梦幻般不可思议”，格尼耶尔说。这些模型可以完美地将他们的想法展现给客户。然而，这些模型的寿命却不长。“当我们把模型拿回来的时候，它们看上去非常漂亮，不可思议，但往往用完一次后模型就碎掉了。”格尼耶尔说，“苹果拿到这堆破碎的模型，但却派不上任何用场。这确实是一场灾难。”[43]

尽管模型十分脆弱，但布伦纳被乔纳森的贡献深深地打动了。

“乔纳森真的制造了非常出色的平板电脑，”布伦纳说，“真是太神奇了。不愧为乔纳森，真是实至名归。这台平板电脑毫无瑕疵，非常精致，十分注重细节。但它仍然有其他吸引人的特质……它的表面非常先进，十分精致、漂亮，光洁，美观，他们仍然能激起人的感情。他们并不枯燥，也不乏味。”[44]

布伦纳回忆道，乔纳森的“Juggernaut项目”设计脱颖而出，是因为他们没有参考任何苹果公司或任何其他电脑公司以往的工作成果。他们是完全原创的。“他们在情感方面很成熟，这对于乔纳森这个年龄的人来说是很少有的。”布伦纳补充道。[45] 乔纳森那时只有 26 岁。

经过对“Juggernaut项目”半年多的努力，乔纳森、格尼耶尔和达比锡被空降到苹果公司的库比蒂诺总部去做最终的演示。由于菲利普斯并未参与该项目的实际工作，他一直负责公司为LG做项目的事宜，以保证公司的生存，所以他留了下来。

乔纳森和格尼耶尔都很喜欢苹果公司的氛围，但达比锡发现苹果公司有些排外。“苹果公司文化底蕴深厚，”他说，“你不得不主动成为它的一部分。这几乎要达到狂热崇拜的状态，不得不说我觉得有点令人害怕。但这种文化也有很奇妙的方面：高度的自由不断鼓励开发和寻找新的东西，再将其完善。同时也略有排外的怪异一面，让我觉得这非常可能导致幽闭恐惧症。这种公司文化几乎成了一种宗教，我没法接受。”[46]

演示结束后，他们收拾东西准备要离开的时候，布伦纳把乔纳森拉到一边私下跟他讲了一些话。他告诉乔纳森，如果他真的想要“创造一些超前激进的东西”，他应该来苹果公司做全职工作。[47]

“我并没有将我的意图展现得非常明显，”布伦纳说，“这只是按照我的方式跟他提及以后机会依旧存在之类的话，他说，‘这倒是十分有趣，让我考虑考虑吧’。”[48]

乔纳森确实考虑了这件事。回到伦敦后，他十分痛苦地做着决定，备受煎熬。他与苹果公司的合作很愉快，但他不能确定是否要离开他的家乡和放弃他在橘子公司的工作。他也不能确定他的妻子希瑟是否想要搬到美国住。但“Juggernaut项目”已经为乔纳森打开了一扇新的窗口。

“尽管到那个时候为止，我做了很多有趣的工作，但我在此项目中遇到的问题与以往我处理过的有所不同，”他说，“一个最大的挑战让我特别感兴趣，那就是将个性和意义赋予一种被视为毫无个体特征的技术中。同样重要的是，苹果提供了一个良好的工作的环境。在这样的地方，设计者可以更多地集中于全力研究设计，而较少地关注日常事务。”[49]

但加州离伦敦很远。为了扭转局势，挖到人才，布伦纳邀请乔纳森和他的妻子希瑟坐飞机到加州进行第二次参观。然而，在马上要返回伦敦时，乔纳森仍然无法做出决定。

这个机会不是一个秘密。格尼耶尔、达比锡和菲利普斯都劝他搬到加州。“大家都说，‘这是一个很好的机会，乔，你怎么能放弃这次机会呢’。”达比锡说。[50] 菲利普斯指出，其他合伙人都有小孩。他们被“绑在伦敦了，但他（并没有被绑到这里），所以不用再犹豫了”。[51]

最终，该项目的设计无一问世。即便如此，它对于苹果走出先前米色盒子并继续向前迈进起到了一定作用。类似分离式键盘和扩充口（这个想法后来作为duo-dock外接硬盘底座产品上市）的主要想法，以及在20世纪90年代初让苹果公司声名鹊起的灰色和黑色工业设计，都是该项目创造性思维的副产品。

该项目不仅具有创造性思维，至少在一定程度上，此项目是布伦纳为招募乔纳森而精心设计的策略，这一点变得越来越明晰。“我们一直怀疑，这个项目给橘子公司来做是为了尝试引诱乔纳森到阳光明媚的加州，看看苹果公司是否能把他挖到美国工作。”菲利普斯说。

最终，乔纳森做出决定打通了那个电话。据他回忆，“出于对信仰的一种盲目追随”，他给出了同意去的答案。[52]

布伦纳曾三次试图聘用乔纳森：第一次是乔纳森作为一名学生首次参观月光设计公司的时候；第二次是布伦纳在苹果公司刚刚起步，乔纳森刚刚加入橘子公司的时候；第三次是参与“Juggernaut项目”之后。“他喜欢加州，”布伦纳说，“他喜欢有活力的地方。所以，我们再一次试图聘用他。你就得这样做。你先认准了你觉得优秀的人，然后努力将他们争取过来，最后你就会得到他们。”

乔纳森同意去的另一个因素无疑是对咨询感到沮丧。他已经得到了许多设计师做梦都想得到的东西：成功且自由的个人事业。但是，设计咨询工作也限制了他的能力，让他的才能无法真正发挥影响力。“作为公司外部的设计师们很难对产品计划产生深远的影响，也很难实施真正的创新。”他说。[53]在大多数情况下，当他接受设计委托的时候，许多关键性决策已经由内部做好了。乔纳森逐渐相信，要想成就一件史无前例的新事物，就需要从组织内部进行彻底的变化。

“虽然我从来没有想过我可以成功地成为一家公司的一部分——因为我总是认为我会独立工作——但在苹果公司这个大项目的工作接近尾声时，我决定接受苹果公司的全职职位，搬到加州。”[54]

没有他，橘子公司仍旧继续茁壮成长，承接苹果、福特以及LG公司的设计项目。这家公司目前仍由达比锡经营。近年来，该公司最负盛名的设计莫过于其为英国航空设计的躺椅项目，设计者创新性地将头等舱的座椅改装成了床椅两用。尽管如此，乔纳森·艾夫还是离开橘子公司，来到了苹果。对于此事，乔纳森之前的合作伙伴表现得很冷静，也表示了理解。布伦纳也曾尝试减少乔纳森离职给橘子公司造成的损失。菲利普斯对此表示："鲍勃人很好，乔纳森走的时候，他为了表示歉意，给了我们一个大项目作为好处费，那真是一大笔钱，用来说一声'对不起'足够了。"[55]

JONY IVE

The Genius Behind
Apple's Greatest Products

第四章
初到苹果

我无法让我的员工在地狱般的格子间里工作，他们是不会答应的。我得要一间有着高天棚的开放式工作室，这样，人们在里面才能迸发出精彩的想法。

——罗伯特 · 布伦纳

1992 年 9 月，27 岁的乔纳森接受了苹果公司的全职工作。他带着妻子希瑟一同飞到加利福尼亚州，搬进了位于旧金山双子峰上的一间普通住宅。双子峰是旧金山最高的山峰，从那里他们可以欣赏从市场大街沿线一直到市中心摩天大楼的城市美景。

房子的内部装饰反映了乔纳森个人的设计品位。几年后，为了写一篇人物专栏，《纽约时报》的记者约翰 · 马尔科夫曾造访乔纳森夫妇的住所。[1]“房间里有一个壁炉，室内装饰极其简约，高档唱片机上面摆放了一台小巧的电视机，几乎所有的家具底下都装有轮子，可以随意移动。”马尔科夫在报道中这样写道，“房间的照明灯采用的是未来主义风格，好像一个红色的星球悬挂在头顶。然而，在我目光所及的地方却没有出现一台个人电脑。”

苹果公司位于旧金山半岛以南 35 英里的库比蒂诺市，为了方便上下班，乔纳森购置了一辆橙色的萨博敞篷轿车。乔纳森的工作地点是位于绿谷大道上的工业设计工作室。从座落于Infinite Loop大街的苹果总部出发，只需步行一小段路程即可到达。工业设计工作室是苹果的第一个创意，更确切地说，是罗伯特·布伦纳的心血。在建立该工作室的过程中，布伦纳做出的诸多决定为苹果带来了好运，并对苹果日后的发展产生了广泛的影响（尤其是在乔布斯回归苹果之后）。

先前，苹果将自身的大部分设计业务都外包给了青蛙设计公司。该公司由德国著名设计大师哈特穆特·艾斯林格（Hartmut Esslinger）一手创办经营，是一家向客户提供全方位服务的设计咨询机构。艾斯林格为苹果建立了一种统一的设计语言，取名为“白雪公主”（Snow White）。正是这种设计语言帮助苹果一跃成为工业设计领域的翘楚。然而，到了20世纪80年代末期，青蛙设计公司的报价开始变得高昂，苹果一年需要支付给青蛙设计公司的账单额度迅速攀升，直至超过了200万美元。这个价格比其他大部分设计公司的报价高出了一倍，远远超过了苹果自己经营一家内部设计公司所需的费用。但是，由于史蒂夫·乔布斯在20世纪80年代早期与艾斯林格协商签订了一份合约，苹果公司不得不持续支付给青蛙设计公司高昂的设计费用，否则必须承担一大笔违约金。

但是，钱并非问题的关键。在那个时期，苹果的问题是有钱不会花。当时，借助苹果机独特的友好的图形式用户界面、优秀的软件设计以及价格低廉的激光打印机，苹果公司掀起了桌面出版的革命。大量的报刊杂志及图书出版商都购置了苹果机，使苹果公司赚足了钱。到1988年年底，公司旗下的三家工厂每天24小时、每周7天不间断地生产。但是，虽然有着2亿美元的研发经费预算，苹果却没有一条严谨有序的产品生产线。

诚然，外部设备、笔记本电脑、台式机等不同的产品组都在拟定开发下一代产品，但是除此之外，苹果没有制订其他计划。由于没有对各个产品组做出任何统筹，苹果又回到了“白雪公主”设计语言出现之前的日子，每个部门各自为政，各自遵循不同的设计理念。如此产生的结果就是打印机组的产品看上去与显示器组的产品毫无关联，从而使得苹果旗下的产品看上去不像是由一家公司而是由四五家不相关的公司生产的。因此，苹果迫切需要一条有组织的产品线和一种新颖、统一且能够赋予产品凝聚力的设计语言。

截至 1987 年，苹果内部达成了共识：公司需要一支内部的设计团队。但是，当时乔布斯已离开苹果，公司上下缺少一个像乔布斯一样具有远见卓识的人，再加上长期以来苹果的设计业务都交由青蛙设计公司负责，苹果内部并没有设计人员，所有这些因素使得工程师们根本无从下手。在这种情况下，苹果的管理层在第一时间想到的就是找个人来代替艾斯林格，而这个人必须是一位享誉全球的设计界超级巨星。

1988 年年初，为了寻找这样一位设计天才，苹果管理层展开了一场参观全球最具知名度的设计工作室活动。从欧洲到亚洲，他们面试了像保时捷设计工作室这一级别的设计公司，还专门走访了东京、伦敦、柏林等地的顶级设计师，依旧没找到一个完全符合他们标准的人。在意大利，他们拜访了马里奥 · 贝里尼（Mario Bellini，意大利设计界王子），却遭到了马里奥粗暴的拒绝。为了不浪费行程，他们又安排了一场与意大利另一位知名设计师乔吉 · 乔治亚罗（Giorgetto Giugiaro）的会面。在这之后的 10 年里，乔治亚罗被誉为“汽车领域的世纪设计大师”。乔治亚罗 17 岁受雇于意大利的菲亚特汽车公司，他的设计曾为多个汽车品牌加分，其中包括美轮美奂的布加迪、宝马、玛莎拉蒂以及法拉利。他在 20 世纪所做的汽车设计，超过了世界上任何一位设计师，其设计风格也成了意式设计风格的代名词。

乔治亚罗的工作室外观庞大，如工厂一般，位于都灵附近，是一家具备超级安保措施的意式设计风格工作室。苹果的高管们就是在这里与乔治亚罗会面的。他们看到，乔治亚罗一只手画着草图，另一只手打着电话，其间还不断地向他的下属们发出各种指令。这一幕给苹果的高管们留下了深刻的印象，他们决定与这位意大利设计师签订一份 100 万美元的合约，仅仅为了请他为 4 个产品进行设计，然后他们希望能将乔治亚罗的设计作为整个产品线的模版。然而，他们的这一希望不久便落空了。

习惯于设计汽车的乔治亚罗喜欢由外向内的工作方式。他会先凭印象画出汽车的大致设计草图，然后让他的模型制作人员照着图纸按照 1 ∶ 1 的比例用黏土做出汽车实物模型。这样最终做出的模型通常会跟设计草图存在巨大的差异。数月之后，苹果的工程师们就发现，对于这些意式设计的模型制作人员来说，乔治亚罗的草图更像是一种灵感启迪，而不是需要严格遵循的设计图纸，他们经常自己做出许多设计上的改动。这与加州的做事方式截然相反。因此，当乔治亚罗用同样的方法来设计苹果产品时，他的模型制作人员依旧照着制作高端意大利跑车的方式来制作苹果的产品。他们只顾着用黏土制作电脑外壳，却忽略了对内部构件的关注，这也就意味着这些模型根本无法用于批量化的产品生产。

正当这场寻找顶级设计师的活动看上去就要无果而终的时候，事情开始向闹剧发展。苹果团队去拜访了瑞士裔德籍设计师路易吉 · 科拉尼（Luigi Colani）。科拉尼是乔纳森眼中的设计英雄，提出了“拟物”的设计理念，并将其广泛地应用于汽车、摩托车以及日常用品的设计中，做出了许多古怪的设计。他曾在帕萨迪纳的艺术设计中心做过一次演讲，演讲结束后，科拉尼被问及未来键盘的问题。对此，他开始长篇大论地进行抨击，在这期间，他将键盘比作女人的臀部。他是这么说的，由于男人都喜欢摸女人的臀部，因此，键盘的设计应该从中间分开，以适应不同手掌的大小。为了说明他这种类似解剖学的理论，他画了一个女人的臀部，在上面画上了按键，还将这张草图给了苹果的一名员工。这名员工感到太过尴尬，差点儿没接这张图纸。这个故事在苹果总部广为流传，这名员工的一个同事买了一个女性人体模型，将按键安装在上面，用来代替他原来用的常规键盘。这一不当的行为引发了苹果女性员工的强烈愤慨，但是，值得注意的是，这一理念被保留了下来，不久，苹果的电脑就改换成了分裂式的人体工程学键盘。[2]

在苹果高层致力于寻找一个设计天才的同时，一些苹果公司的产品组正跟着鲍勃·布伦纳在他的月光设计室工作，其中包括离线的“蓝色天空产品研发项目”（Blue-sky Product exploration），这一产品类似于乔纳森曾参与的“Juggernaut项目”。据报道，月光公司为该产品开具的发票将其归类为“产品设计”，这指的是工程设计，而非工业设计。根据苹果与青蛙设计公司签定的独家设计合约，苹果的会计部门不会支付任何工业设计款项，除非发票抬头为青蛙设计公司或有供应商编号。

同时，随着苹果与艾斯林格的关系日趋恶化，交由其设计的苹果产品越来越少。由苹果公司支付的账单金额随之陡然下降，最终，苹果停止向青蛙设计公司支付预付金。这一时期，乔布斯向艾斯林格施压，要求他去NeXT工作，但这无疑会违反青蛙设计与苹果之间的合约。最终，苹果与青蛙设计公司达成共识，取消了双方之间的合约。

这使得苹果陷入了一种艰难的境地。苹果抛弃了原有的设计公司，而寻找新的设计公司的行动也宣告结束。就在那一刻，苹果公司的某位人士才意识到，其实他们要找的顶级设计师就在他们身边。长期以来，苹果的主要业务一直由布伦纳负责，而苹果对他的工作也都很满意。更重要的是，布伦纳这家外部承包商的参与度更高，他定期参加各种设计会议，即使是那些与合同规定的工作没有关联的会议他也会参加，他曾一度推动苹果进入了成熟的“白雪公主”时代，并过渡到了一种新的统一的设计语言。

苹果动了招募布伦纳的念头。他们曾两次邀请布伦纳担任苹果的设计总监，但布伦纳不感兴趣，因为苹果没有设计机构，他觉得设计总监这份工作没有出路。

“我不想在一家不能自行设计产品的公司里工作，”布伦纳说，“我不想管理人们去做创造性的工作，我想做的就是创造性工作本身。”[3] 直到 1989 年，苹果已渐渐陷入绝望中，他们再次向布伦纳发出了邀请，这一次，苹果能成功说服布伦纳吗？

布伦纳对苹果此次的邀约动心了。“在全世界所有的公司当中，这家公司有能力建立一支真正令人惊叹的内部设计团队。”布伦纳说道，“苹果应该拥有一间真正令人惊叹的工作室，因为它有着伟大的产品、知名的品牌和辉煌的历史。”

布伦纳做出了决定。他想在公司内部组建一个团队，使苹果成为世界一流的设计公司。他将自己的这一想法告诉了苹果高层。但是，布伦纳所说的设计团队并不是一支机构臃肿、人浮于事的团队，而那正是苹果这种规模的公司的典型做法。布伦纳曾与一些大品牌合作过，他发现那些大品牌的设计机构过于庞大，要承担的任务过于复杂，以致机构不能真正地去做创意项目。机构臃肿难免会形成官僚主义之风，而这正是通往卓越设计之路的又一块绊脚石。

与之相反，布伦纳想要对自己原来的小型设计机构月光设计室进行重组，并将其纳入苹果旗下。他想要的是一间“小而精悍”的工作室。“这间工作室的运营模式会参考小规模的咨询工作室，不同的是，这一切会在苹果内部操作。”他说，“精简、高效、灵活，有着才华横溢的员工和伟大的企业文化，[4] 这就是我对它的构想。”

在公司内部建立一家设计咨询公司似乎与苹果本身倡导的精神也是一致的，即不遵循常规、以创意为导向、提倡企业家精神。“其实，是我对其他操作方式都不了解，”布伦纳就此解释道，“这样的方式不是我灵光一现想出来的，因为，我只知道这一种做事的方法。”

苹果对布伦纳的要求表示同意。于是，1990 年 1 月，时年 32 岁的布伦纳以设计总监的身份加入了苹果公司。但这份工作与他想象的完全不一样。

没错，他是设计工作室的主管，但是，也是工作室的唯一成员。他的办公桌被安排在了硬件部门的正中央。

“我到了那儿，然后，有人指着一个小隔间告诉我，这就是你的工作室。周围全是工程师，我当时就在想，‘天哪，我这是做了什么？’”

布伦纳的梦之队

尽管布伦纳意在打造一支设计梦之队，但是，过了整整 18 个月后，他才开始正儿八经地着手招聘人才。他需要向苹果高管解释需要更多资源的理由，但也许更重要的是，他必须为未来加入的设计师们提供一个理想的工作环境。

“工作室对于人才招聘来说是至关重要的，”布伦纳说道，“我无法让我的员工在地狱般的格子间里工作，他们是不会答应的。我得要一间有着高天棚的开放式工作室，这样，人们在里面才能迸发出精彩的想法。这才是我的头等大事。理想的工作环境对于保证员工的工作质量来说是非常重要的，而设计工作最关键的就是让人们去专注于做产品。”[5]

布伦纳在一幢未被充分利用的大楼里找到了一部分答案。他发现，苹果在绿谷大道 20730 号租下了一幢大楼，名为“绿谷二号”，或简称VGII。整幢大楼占地面积广，采用的是西班牙式的低矮灰泥结构，周围有少量的绿树点缀，还配备有一个大型停车场。绿谷大道位于贯穿库比蒂诺中心的迪安萨大道的另一侧，距苹果的主园区不远，这一地区几乎所有的建筑物都被苹果租下来了，使得整个库比蒂诺看起来就像是苹果的一个园区。苹果在库比蒂诺的第一个办公场所，就在班德利大道上的拐角处。

布伦纳占用了这幢大楼的一半空间，那是一块广阔的空间，天花板与地面的距离超过了 25 英尺。大楼的另一半是苹果的创意服务团队，该团队以苹果的“内部设计顾问”闻名，主要负责宣传册、说明书、店内海报，以及展览和电视用的广告片的设计。

促使布伦纳选择这幢大楼的另一个重要原因是，它没有直接处在事事都爱干涉的苹果高管们的眼皮底下。“我喜欢它的冷清。”

布伦纳找来了旧金山一家大的建筑设计公司Studios，将大楼内部改建成了一间吸引人的设计工作室。按照苹果的惯例，办公室统一采用标准化的赫曼米勒办公设备，这家公司以发明格子间办公模式而闻名。但是，布伦纳没有把自己的工作室划分成若干个立方体，他将办公桌以一种特殊的形态进行排列。“在工作室的内部，我们用加高结构作为工作室的周边支撑，中心的空间则作为工作区域。”布伦纳说道，“人们不理解这种有利于合作的设计方案，他们说你不能这么做，但是，我们就是要这么做，以不同的方式将其组合。这把他们吓坏了。这实在是太有趣了。我们只是把它布置得少一些压迫感。”

布伦纳还装了一个CAD工作台，为的是可以用计算机数控铣床制作产品的3D模型，然后将其制成泡沫模型。此外，他还增加了一个油漆车间，以测试不同的颜色给产品带来的效果。

“苹果的这间设计工作室真的是一个不错的工作场所。”曾在20世纪80年代和90年代与苹果密切合作的摄影师里克 · 英格利希（Rick English）回忆道。在1997年，英格利希为保罗 · 昆克尔关于设计团队的著作《苹果设计》提供了配图。在为苹果工作的同时，英格利希与绿谷的其他多家设计室都有合作关系。在他的眼中，苹果似乎是与众不同的，这种不同不仅体现在他们的工具和关注点上。苹果的这间工作室总是充满着设计师们自己的小玩意儿，如极速自行车、滑板、潜水装备、一台电影放映机和成百上千部电影。“这一切都创造了一种真正创新、冒险的氛围，这是我在其他公司所没有见到过的。”英格利希如是说。

在布伦纳开始正式招揽人才之初，他发现吸引人才是困难的。苹果在自行设计方面毫无声望，因为此前公司的设计业务都是交由青蛙设计公司负责的，况且，拥有才华和抱负的设计师们更愿意投奔旧金山湾区的艾迪欧这一类有着优秀历史的公司。

为了促进招聘工作的顺利开展，布伦纳效仿橘子公司，开始在设计类杂志上推广自己的工作室。他设计出了苹果产品可能会有的实体模型，然后拍成有光泽的照片，放在国际设计界的圣经——《I. D.》杂志——的封底位置。布伦纳设计了两个模型，一个是一台大型的自行车导航计算机，屏幕采用黑白色调，上面显示的是地图和区域地标；另一个是一台香瓜大小的手表式计算机，看起来相当厚实。

“这两个模型都不是实际的产品，它们只是一种概念的表达，”布伦纳说道，“它们的出现引起了人们的注意，这完全是在招募人才。设计师们不需要其他理由，它们是粗糙的装置模型。有点开玩笑的意思，但是足以达成目的。”

随着时间的推移，布伦纳终于组成了他的设计天才梦之队。在这个设计团队中，一些人在苹果一待就是几十年，为推出包括iPhone和iPad在内的一系列苹果主打产品，立下了汗马功劳。队里的核心成员有蒂姆·帕赛（Tim Parsey）、丹尼尔·德尤利斯（Daniele De Iuliis）、劳伦斯·拉姆（Lawrence Lam）、杰伊·梅希特（Jay Meschter）、拉里·巴贝拉（Larry Barbera）、卡尔文·赛德（Calvin Seid）以及巴特·安德烈（Bart Andre）。

丹尼尔·德尤利斯（有趣的是，德尤利斯的的名字De Iuliis读起来很像英文的day-YOU-lease，因此，德尤利斯获得了一个绰号——“你出租的那一天”）或许是团队中最老成的一个。生于英国布里斯托尔的德尤利斯有着意大利血统，毕业于伦敦中央圣马丁艺术与设计学院。1991年，布伦纳聘请了他，那时他正在ID Two旧金山办公室工作，乔纳森的朋友克莱夫·格尼耶尔早前也在那里工作过。

布伦纳明确要求设计师应具有咨询方面的相关经验。“在经历过苹果内部的惰性工作方式之后，布伦纳意识到，雇用有顾问经验的人可以对自由职业团体的工作节奏和效率实施有效控制。”蒂姆 · 帕赛说道，“作为一个前顾问，布伦纳知道我们这些人可以按照顾问该有的方式思考和做事。”

同为设计师的巴贝拉瞬间就被德尤利斯的个性所吸引：“尤其是丹尼尔，他会释放出引起其他设计师关注的那种奇异的光环。我看了他一眼就知道，我们的工作很快就将取得巨大的进步。”

德尤利斯能将他强烈的个人性格呈现在他的设计中，这一技能也在之后对他产生了积极的影响。麦金塔彩色经典（Macintosh Color Classic）是德尤利斯早期的项目之一。这款机型是原始麦金塔电脑的升级版，特征鲜明，数年来，一直是苹果热心粉丝的收藏对象。接下来，他又相继参与了苹果笔记本、iPhone4 和 iPhone5 的设计工作，其间标注他名字的专利超过了 560 项。这些专利涉及范围广，类型多样，包含了 3D 相机、多点触控显示、位置跟踪、无线电射频识别装置、渗氮不锈钢、MagSafe 充电器、iPod 及改进版的扬声器等多个领域。

在之后的职业生涯中，德尤利斯又因其杰出的工作获得了设计界的最高奖项。乔纳森加入该设计团队后，二人建立了密切的关系。德尤利斯和乔纳森在旧金山的住所相距不远，他们结伴上下班达 20 年之久。

1992 年，布伦纳聘用了巴特 · 安德烈，他从位于长滩的加利福尼亚大学毕业，在苹果公司的个人智能电子部做实习生。他历年来都是美国专利持有人前五强（这多亏了他的姓氏，在苹果公司所有的重大专利中，他的名字总会出现：比如，美国专利申请安德烈等人）。2013 年，安德烈的名字出现在更多的专利申请上，比苹果其他所有的设计师都要多，甚至超越了乔纳森。仅 2009 年一年，他就获得了 92 项专利；2010 年，他的 114 项专利创造了在苹果公司的设计纪录。大多数的专利奖项都归功于他对手机、平板和笔记本电脑生产线的创新。

在工业设计部工作的时候，安德烈是个全才，从电路模块到射频识别系统他都了解。据2012年苹果与三星大战中公布的消息，他是苹果公司第一代iPad“035原型机”的设计师。和团队的其他人一起，他几次获得享有誉的德国北莱茵–威斯特法伦设计协会颁发的德国“红点奖”。

1994年6月丹尼尔·科斯特（Daniel J. Coster）继乔纳森之后加入这个团队。人们评价他是个“个子高高的，有点傻，但是超级有才的人”，1986年，科斯特从新西兰的惠灵顿理工学院获得工业设计学位。一开始只是签了三个月的工作合同，但是他对颜色的研究及对牛顿便携式电脑的颜色及饰面方面的工作效果让这个团队大吃一惊，之后就被聘用为全职员工。他设计出形式各样的放电脑的立式框，并且作为邦迪蓝iMac设计团队的领军人物获得了关注。和他的同事一样，科斯特很快就获得了多项专利，在过去的20年里，为苹果公司获得近600项专利。2012年，他因为“通过艺术和设计，为新西兰的经济、荣誉和民族认同做出了卓越的贡献”，而成为母校名人堂中的一员。[10]

当乔纳森加入设计团队时，大家都对他充满期待。“鲍勃知道一位强大的新设计师会对这个团队造成的影响。”梅希特说道，“当丹尼尔·德尤利斯和蒂姆·帕赛刚来的时候，我们的全部设计方法都改变了。但当乔纳森接手一切，整个团队……真的起飞了”。[11]

就像带领一个外部设计咨询团队一样，布伦纳在苹果公司内部创建了一个松散的管理结构，大部分管理方式都沿用至今天。设计师们总是共同致力于团队所做的所有项目。“我们同时做多个项目，项目之间同时进行，非常像（乔纳森）今天的管理方式。”布伦纳解释道。[12]

布伦纳为苹果的主要生产小组指定了大概6位设计师担任“产品线主

管”：CPU、打印机、显示器等等。产品线主管作为设计小组和公司之间的联系人，其运行方式和外部的设计咨询公司一样。“生产团队能够感受到在设计团队有一个可以联系的人，”布伦纳说，“他们负责各个团队之间沟通以及满足他们的不同需求，我不知道还有什么更好的办法。我模仿月光工作室的经营方式进行，对于每个项目会进行讨论、设计、制造，然后发货。”[13]

随着苹果公司的成长和繁荣，鉴于桌面出版革命的爆发，以及个人电脑市场的扩大，布伦纳团队发觉他们的工作量是巨大的。“生产线上我们有大量的产品，”布伦纳说，“两条台式电脑、显示器、打印机和移动产品生产线。这太多了，工作量太大，也超出了我们的工作能力。”

生产方面的时间安排也越来越短。布伦纳刚到苹果公司的时候，产品开发的循环周期为 18 个月或者更长。“时间充裕得让人疯狂，”布伦纳说，“你有大量的时间去完成这些事情。”但是几年之内，生产研发的循环周期缩短为 12 个月，然后是 9 个月，如果产品是急需的，周期甚至会缩短到 6 个月。

“突然之间，思考的时间被压缩了。”布伦纳说，“实施某件事情还是需要同样的时间，只是探索、测试以及消遣的时间都没有了。”

对于布伦纳和他的员工来说，另一个挑战就是：苹果的内部文化把重心放在生产团队中的工程师身上，设计的过程也是由工程驱动的。青蛙设计时代，工程师们使出浑身解数来帮助设计团队实现他们的野心，但现在，权力发生了转移。现在，不同的工程小组也会把要投入生产的产品交给布伦纳团队，但可能只是走走形式而已。

布伦纳想把权力从工程师的手中转移到设计部。于是他开始有策略地进行思考。离线的“并行设计调查”是其策略的核心。“我们开始进行更多的长远考虑，围绕类似‘设计语言’之类的事情进行研究，以及未来的科技如何被投入使用，移动的意义是什么等问题进行长远的思考。”这其实就是让设计团队在工程团队之前下手，使苹果公司更像一家由设计推动的公司，而不是市场或者工程推动的公司。“我们想超越他们，这样就会有更多的精力投入到设计过程之中。”[14]

布伦纳为工程部所做的每一项例行调查，都会启动10个不同的并行设计方向。有时候这些调查看起来像在互相竞争。他让团队内外的设计师都需要提交各自最初的构想。“这就像竞争一样，鲍勃鼓励他们这样做，”英格利希说，“然后，如果其中的一个设计被选中，将会成为设计师们的宠儿。他们这样做一直到竞争结束。”

布伦纳和乔纳森在橘子公司共同做的“Juggernaut项目”，就是一个这样的并行调查，还有几个和外部代理商如月光工作室和美国艾迪欧公司合作的项目也属于此类，只是没有公开。（这种模式在苹果公司一直延续到今天，尽管乔布斯和乔纳森都不愿公开承认。）这种并行设计调查允许超负荷工作的设计团队和有才能的设计师一起设计，当然工资另付。“有时候我们想在设计团队里雇用一些特别的设计师，把他们当作自由职业中的天才。”布伦纳说道。

布伦纳擅长吸引众人的目光，这无疑为他赢得设计大奖提供了助力。每个月他都会在工业设计类杂志的封底刊登广告，内容不仅仅局限于“蓝色天空项目”，还会刊登设计师们的照片，很多时候是为了让设计师们得到更多关注，这让他们感觉很好。这是一种非常昂贵的激励性手段（英格利希说最近他每年都要给公司开出25万美元的付款单），但是，这样可以使团队的工作成果及时得到展示，工作室的墙壁上也会挂上产品的大照片。

所有的事情都被记录了下来。英格利希和另外一个摄影师贝弗利·哈珀（Beverly Harper）把所有完成的设计和大量的创意都拍成照片。当他们从米黄色的箱子边走开的时候，设计师们意识到这些值得记录下来。“想法是这样的，应该有一个历史性的档案来记录他们所有的工作，”英格利希说，“他们完全相信他们的工作极具重要性。”这种习惯还在延续着，乔纳森的团队继续记录着他们每一天的事情。事后证明，布伦纳的这些选择是正确的，比如：制作室和工程团队的分离，松散的管理结构，工作流程中的合作以及向咨询模式的转变。苹果公司的设计团队之所以能做到如此高效，其中一个原因就是保留了布伦纳原始的结构。极具才能的设计师以小型的团队紧密联系起来，一起面对设计中的挑战。就像设计师们在月光设计、橘子公司和其它小型代理机构所做的一样。这种模式起作用了。

乔纳森的拯救

乔纳森在苹果公司的第一个艰巨任务就是设计第二代牛顿掌上电脑(Newton MessgePad)。第一代牛顿尚未上市，设计师们就开始厌恶它了。因为第一代牛顿紧促的生产时间安排，模型出现了很多严重的问题，而这些都是苹果公司的执行委员会以及设计师们迫不及待想要解决的。

就在牛顿产品发货之前，设计团队发现设计好的用来保护精致的玻璃屏幕的盖子不能避开插入顶部卡槽中的扩展卡。设计团队要负责开发便携盒，即一个简单的皮革套，才能让牛顿进入市场，而这受到了顾客广泛的诘难。除此之外，牛顿产品的扩音器也安错了地方，它位于掌托位置，也不美观，所以用户在使用时要挡住它。

硬件工程师希望二代牛顿（代号Lindy）能有一个稍微大一点的屏幕来方便加入手写识别功能。因为触屏笔别扭地安在侧面，组装部分增加了本身的宽度，他们希望新的版本看上去可以明显地瘦一些；原始的产品看上去像砖头一样，只有茄克衫上最大的口袋才能装下。

乔纳森在1992年9月至1993年1月之间致力于Lindy项目。为了理解这个项目，他从设计的创意开始着手，即反问自己这个产品出现的意义在哪里。牛顿是一个新产品，功能多样，与众不同，讲述着并不像想象中那样简单的故事。它既可以是一个袖珍型笔触式电脑，也可以是一个传真机。斯卡利把它称之为PDA，但是对于乔纳森来说，这个定义太随意了。

“第一代牛顿的问题就在于它没有跟人们的日常生活联系起来，”乔纳森说，“它没有一个人们可以寄托的隐喻概念。”他开始处理这个问题。[15]

对于很多人来说，那只是个手机盖子而已，但乔纳森对此给予了特别的关注。“这是人们首先看到、触摸到的东西，”乔纳森说，“打开产品之前，你必须首先打开盖子，我希望那个瞬间是特别的。”[16]

为了完善那个瞬间，乔纳森设计了一个精巧的、用弹簧承载的锁闩装置：当你按一下盖子，它就会自己弹开。装置采用一个细小的铜质弹簧，精确地矫正弹力。

为了使盖子避开手机顶部卡槽里多出来的扩展卡，乔纳森设计了一个双铰链，保证盖子避开所有的障碍物。盖子打开的时候，它弹起来，翻转到后面，以免挡住屏幕。这也给用户传递了一些意义。“按开盖子并翻转到后面是很重要的，因为这并不是为了适应某些特别的文化。”乔纳森当时强调说。

“像一本书一样从侧面打开会造成问题，因为欧洲人和美国人想从左边打开，然而日本人习惯从右边打开。为了让每个人用起来都舒服，我决定让盖子从上面翻开。”[17]

接下来，乔纳森把他的注意力转移到微小的影响因素上来，这细微的差别可以让产品个性十足并与众不同。牛顿的产品是以触屏笔为附属物的，因此乔纳森也把重点放在笔上，因为他知道用户喜欢玩弄这支笔。面对减小宽度使笔和机器本身融为一体的挑战，乔纳森的方法是在电脑顶部安放一个存储槽。“我强烈建议盖子用向上翻开的方式打开，就像速记员的记事本（notepad）一样，这样的话每个人都能理解，用户可以把Lindy看作是记事本。放置在顶部的笔的位置，也是速记员的记事本中的螺旋装订线的位置，这是一个恰当的连接方式。

"这就是构思产品意义的关键因素。"[18]

存储槽的长度放不下一个全尺寸的手写笔，所以乔纳森创造了一个可伸缩的灵巧的手写笔。就像盖子一样，笔可以自动弹出，用户摁一下机器顶部，笔能自动弹出。为了能使笔具有重量感，乔纳森看好黄铜材料。

他的同事都为此感到疯狂。"Lindy的成功是乔纳森辉煌闪亮的时刻。"他的设计伙伴帕赛说。[19]

最重要的是，乔纳森还面临着交货期日益逼近的重大压力。苹果公司的第一代产品——开拓性的掌上设备——因为《杜恩思比利》（*Doonesbury*）漫画的诠释而惨遭厄运。漫画家加里·特鲁多（Gary Trudeau）把牛顿产品的手写识别技术描绘成失望之举，这给从未露面的产品以重重一击。不过也得谢谢加里·特鲁多，正是因为他，第一代牛顿便携电脑才能如此快地被替换掉。

压力落到了乔纳森的肩上。"当你意识到一天天过去，流逝的不仅仅是时间还有金钱，你就会集中注意力了。"他用经典的英国式思维解释道。[20]

让同事感到惊讶的是，从最初的构想到泡沫模型的出现，乔纳森只用了两周时间，速度之快让所有人大开眼界。乔纳森下定决心要按时完成项目，他去台湾修复生产过程中出现的问题。他暂住于生产牛顿产品的工厂附近的酒店，在酒店房间里和一个硬件工程师修正了触屏笔弹出装置的问题。

帕塞记得乔纳森逼迫自己去创造一些特别的产品出来。"为了做出最好的设计，你必须对产品狂热痴迷，同呼吸，共命运。乔纳森就是在这种状态下工作，好像一段地下恋情一般。整个过程让人兴奋……也耗尽全力。但是只有你竭尽全力，设计成果才会出彩。"[21]

完成这一切之后，乔纳森的同事们都震惊了。他们不仅惊讶于他的新的牛顿产品，还有几个月之前才加入他们的乔纳森。苹果公司的高管加斯顿·巴斯蒂安斯（Gaston Bastiens，即牛顿产品的负责人）告诉乔纳森他可以赢得每一个设计奖项。他几乎做到了，Lindy于1994年上市之后，乔纳森赢得了业内的几个最高奖，包括：工业设计卓越金奖，工业论坛设计奖，德国设计创新奖，工业设计评论最佳类别奖，以及被放置在旧金山现代艺术博物馆永久收藏区的荣誉。

有一件事情让里克·英格利希费解，就是乔纳森不喜欢这些奖项。或者可以这样说，他讨厌在公众场合接受奖项。“即便在这之前，乔纳森·艾夫也曾说过他不会去参加这些颁奖活动。”英格利希说，“非常有意思的举动，因为他真的与众不同。他竟然讨厌走上舞台接受获得的奖项。”

乔纳森的牛顿MessagePad 110在1994年3月上市，仅仅在最早的牛顿产品出售6个月之后。但是再多的细枝末叶的修补也无力拯救“牛顿”，紧接着苹果公司又接二连三地在市场方面出错：首先是还没准备好就急于推出第一代产品，再就是大肆宣扬功能的强大。面临不切实际的期待，牛顿产品再没有突破它的临界状态。牛顿的两代产品都被电池问题和遭到特鲁多嘲讽的差劲的手写识别功能所烦扰。即便是乔纳森这样的伟大的设计也无力回天。

乔纳森以前在罗伯茨·韦弗集团的老板菲利普·格雷记得就在MessagePad 110上市不久他们在伦敦遇见过。“回想起来，那时的牛顿产品就像一块板砖，但在当时也是前无古人的。”格雷说道，“乔纳森很沮丧，因为他真的付出了心血，但是由于工程上的一些因素，他还是不得不做出让步。后来，他在苹果公司所处的位置不仅仅能影响工程，并且能管理控制工程。”

MessagePad 110也标志着苹果公司在制造策略上的重大转变。MessagePad 110是首次完全外包给台湾的一个产品。苹果公司曾经与日本公司合作过（和索尼合作显示器，和佳能合作打印机），但通常情况下都在他们自己的工厂里生产产品。比如Messagepad 110，苹果公司把牛顿产品外包给英业达集团（Inventec）。“他们真的做得好极了，产品用起来也很好，”布伦纳说，“经过事实证明，产品质量是很高的。这应归功于乔纳森。他基本上是拼了命地工作，花费大量时间在台湾把事情做好。它外观美丽，功能良好。运行得也很好，是一件了不起的产品。”

这个决定标志着苹果对外部承包商的依赖开始逐步加深，用这种方式生产苹果产品，10 年后也许会是一个非常有争议的话题。

就在完成Lindy项目不久，乔纳森有了简化苹果公司庞大的CRT（阴极射线管显示器）的想法，这也许是苹果产品中最不迷人的做法，生产起来也是最昂贵的。因为考虑到显示器的大小和复杂性，印压每一个塑料显示器外壳的模具——那时候大概有几十个模具——可能要花费超过 100 万美元。

为了省钱，乔纳森萌生了一个设计新的外壳的想法，用可互换的部件调整成不同大小的显示器。之前，显示器的外壳由两部分组成：一个底座（一个面朝上的框架可以容得下阴极射线管的前段）和一个空斗状的外壳（可以保护阴极射线管的背部）。乔纳森的想法就是把这个外壳拆成四部分：底座、中空斗和两部分组成的后空斗。这样设计的模子可以保证中空斗和后空斗在生产线上保持不变，通过调整大小不同的底座适应不同大小的显示器。

除了省钱之外，新的外壳也可以更好看，微调设计可以使外壳更加紧致地围绕在不同的阴极射线管周围，看起来更小巧，更像艺术品。乔纳森的设计为团队设计语言引入了几个新的元素，包括对排气孔和螺丝的处理办法。“新方法更加巧妙。”[22] 设计师巴特 · 安德烈说。他在乔纳森想法的基础上设计出真实的外壳，而他的工作似乎也吸引了所有人的眼球。

经营的开始

尽管他不是主管，但才智出众的他就像一个天生的领导者。“乔纳森 · 艾夫对待工作非常认真，”英格利希回想起早年的事情，“对工作，他有强烈的热情。他冷静又深刻。虽然非常严谨，但是又很和善。他不动声色地引导着、启发着人们为他工作。”[23]

乔纳森开始成为布伦纳的二把手。他不仅提供了想法和设计品位，还帮忙招募了下一批设计师。几年之内，他雇用了未来将继续致力于iMac、iPod和iPhone开发工作的团队成员，这些人中有克里斯托弗 · 斯特林格（ChristOHPer Stringer）、理查德 · 豪沃斯（Richard Howarth）、邓肯 · 罗伯特 · 克尔（Duncan Robert Kerr）和道格 · 萨茨格（Doug Satzger）。

克里斯托弗 · 斯特林格，1965 年生于澳大利亚，在英国北部长大。他曾经考入史丹福郡大学，校址位于特伦特河畔的斯托克；1986 年毕业于伦敦皇家艺术学院。作为美国艾迪欧公司的资深员工，他受雇于 1992 年，帮助研发了戴尔设计语言，并且因创新电灯开关获得了工业设计评论奖。1995 年，他作为一名资深工业设计师接受乔纳森的聘请。

斯特林格致力于早期的PowerBook和台式计算机的开发研究。在之后的 17 年的时间里，他将会参与所有的重要产品的发布（包括iPhone），周边产品的研发，甚至更小的项目，如产品包装设计。他也是在苹果对抗三星的“世纪审判”中出庭作证的第一位设计师。据路透社报道，在法庭上，“斯特林格头发齐肩，胡须黑白相间，穿一件泛白的西装，系一条细窄的领带，是一位彻头彻尾的设计师”。人们经常看到斯特林格在苹果发布会上与乔纳森坐在一起，相互交谈。他们都来自斯塔福德郡，都在英格兰北部上学。他们共同拥有的这些过去，更让人们觉得他们是亲密的朋友。

理查德 · 保罗 · 豪沃斯出生于赞比亚的卢萨卡，1993 年毕业于伦敦的雷文斯本艺术与传播学院。1996 年他从艾迪欧设计公司离开并被苹果聘用，成为这支团队的主要设计师之一。豪沃斯是第一代iPhone的主设计师，并对触控式iPod和iPad的研发做出了重要贡献。

邓肯 · 克尔是另一位来自英国的设计师，1985 年毕业于伦敦大学帝国理工学院，获得机械工程学学位和工业设计工程学学位。他也是从艾迪欧设计公司来到苹果。作为队伍中技术水平较高的成员之一，克尔对新产品及技术的开发和研究具有重大影响力。他协助开创了多点触控技术，该技术成就了iPhone和iPad。他参与研发的专利不胜枚举，包括各种部件的技术创新，如接近式传感器、显示组件和磁性连接器。

道格 · 萨茨格是第四位来自艾迪欧的员工。1985年，萨茨格毕业于辛辛那提大学，之后到汤姆逊家用电器公司（Thomson Consumer Electronics）设计电视机。1996年到2008年期间，他在苹果工业设计团队工作。萨茨格是俄亥俄州人，对制造工艺的材料和相关知识感兴趣，因而成为团队中在颜色、材料和涂饰方面的主设计师，从第一台iMac，到最新的iPhone、iPod、iPad和MacBook，他都有参与。萨茨格参与研发的专利有很多项，大多数是在电子设备、显示器、光标控制器、包装和连接器领域。（之后，萨茨格离开苹果，加入惠普-奔迈公司，成为工业设计部门的资深总监。后来他又跳槽到英特尔公司，成为移动通信集团的副主席和工业设计部门的总经理。）

设计团队需要招聘一名新的设计师时，会优先考虑懂得工程学和计算机技能相关知识的应聘者，但这些知识并不是必备的。“我们正在寻找的设计师应该有个性、才华横溢，并具备在一个小团队工作的能力。”德尤利斯说，“我们甚至希望会有设计师能让我们感到后生可畏，给我们留下深刻印象。”换句话说，这个团队更有可能招到一个有才华的汽车设计师，而不是只是懂计算机的平庸之辈。

20世纪90年代中期及之后的时间，这个团队里另一个重要的成员是卡尔文 · 赛德，俄勒冈州波特兰人。他于1983年毕业于圣何塞州立大学，毕业后在俄勒冈州以及硅谷的几家设计公司工作。1993年他加入苹果工业设计团队，设计和管理CPU项目。（2007年4月6日，他意外死于冠状动脉疾病，享年46岁。在世时他很受欢迎，因而他的去世使整个团队受到很大震动。）

显而易见，这个设计团队的成员组成很国际化。但即便如此，大部分依然是白人男性。除了菲律宾裔的赛德，团队大都是年轻的白人男性，大多数来自英国。20 世纪 90 年代有一位女性加入；到 2012 年，大约 16 名设计师的团队中有 2 名女性。

“从那以后，乔纳森身边便有了这几个核心人员。他们一起往返于旧金山和库比蒂诺之间，沿 280 高速公路上下班，到现在为止已经 20 年了。”萨利 · 格里斯戴尔（Sally Grisedale）说，她在 20 世纪 90 年代末期和乔纳森的团队在工作上有紧密联系。“他们亲密无间，就像一家人。很多人开始还是单身，后来他们成家了，而且都住得很近。”

在工业设计团队工作是件很棒的事情；几乎没有人提出辞职。但是缺乏新鲜血液的注入实际上是一个问题。乔纳森承认，对于团队拥有的稳定性，他可谓喜忧参半。“尽管我们不希望有成员离开这个团队，但是人员缺乏流动性，我们很难招进新的人才，”他说，“每隔一段时间，我们需要新的员工加入，来使我们避免停滞不前。但只有在其他成员愿意离开的情况下，才能有新员工加入。”

咖啡美学

有天赋的新设计师就位后，苹果工业设计团队开始为公司的产品研发一种新的设计语言。“白雪公主”设计语言已经行将就木，不再适应种类日益增加的苹果产品。灰白色或灰色的配色方案，以及在四周装饰水平线的设计，似乎很难适应多种新的打印机、掌上电脑、扬声器和便携式CD播放器。

团队想出了一个方案，他们称之为“咖啡”（Espresso）——一种欧式美学特点是流线型一体设计外加凸起，以及对色彩和纹理式塑料的大胆运用。相比起设计语言，“咖啡”从本质上更像是一组宽松的指导方针和最优方法，简而言之，它是一种美学。它并没有固定不变的规则。但是，就像人们无法准确区分色情文学一样，设计师们没法给这个方案下一个准确的定义。

“咖啡”这个名字可能有两个来源。官方的说法是灵感来自于团队在工作时用的欧洲现代咖啡壶的极简设计。非官方说法（更具可信性）来自唐·诺曼（Don Norman），20世纪90年代中期苹果先进技术团队的负责人。

“这个名字是给这个新的设计团队起的一个带有贬义的绰号，因为他们刚刚在工作室装了一个阔气的意大利浓缩咖啡机。一位资深工程师说它是苹果‘雅皮士化’的标志，并开始叫这个团队‘咖啡’。有趣的是，设计师们并不理解工程师的意思，却采用了这个词当作他们新的设计语言。”

麦金塔彩色经典是“咖啡”的第一批产品之一，也是史蒂夫·乔布斯的早期麦金塔的升级版，德尤利斯对此大加赞赏。和早期的麦金塔一样，它是一个一体化的机器，但是德尤利斯加长了它的屏幕，使它的通风口看起来像是鱼鳃；他给了它一个更高的前额，把软盘槽设计得更像一张嘴。麦金塔彩色经典比原版的麦金塔更像球形、更有曲线、个性独特。苹果的狂热爱好者为之疯狂，这台机器因此成为收藏价值很高的机器。

“咖啡”系列最具特色的地方，是前面有一对圆圆的小小的腿，看起来像小象的脚。这对胖胖的脚使计算机向上倾斜了六度。唐·诺曼说，他们给了机器这样的表情，“一个满脸渴望的宠物崇拜地仰视着它的主人”。事实上，那双脚是一个加装，是一次事故带来的意外惊喜。“（它们）来自一次糟糕的失败。”诺曼解释道。

“早期的比萨盒式的机器即将进行生产，（我们）都只关注如何让它细而平，却忘了前面还有个软盘槽。键盘放在机器前面的话，就没有足够的空间插入磁盘。所以我们在前面增加了一双脚，使盒子倾斜起来。这个意料之外的效果赋予了机器很多个性……（它）成为了一种设计特点，并在之后的5年时间里一直都是机器的显著特点。”即使在乔布斯回到苹果之后，这种外观依然会影响到下一代引起轰动的产品，iMac就起源于“咖啡”系列。

波摩娜项目

乔纳森的下一个大型项目是TAM机（麦金塔电脑20周年纪念版），这将会是他在设计团队而不是在苹果工程团队开启的第一个主要项目。“最好是工程团队和设计团队能够联手合作，”布伦纳解释道，“其他时候，他们会走过来对我们说，这就是产品，把它弄得漂亮点。外观已经有了明确的规定，你只需要按照样式做就可以。那个时期是苹果的低谷。”

布伦纳希望“波摩娜项目”（Project Pomona）标志着发展模式的转变。

“在这种模式下，发展完全不是由工程驱动，而是由设计驱动的。这源于一种特定经验，即我们所看到、想到的才是最重要的。”

“波摩娜项目”于1992年启动，是布伦纳的“并行设计调查”之一。和“Juggernaut项目”一样，整个工业设计团队和几个自由职业设计师参与了“波摩娜项目”。他们雄心勃勃：“波摩娜项目”致力于构想第一台为家庭，而不是为办公室设计的电脑。最终结果将会是一场胜利——也是一场灾难。

到20世纪90年代初，越来越多的人在家里使用电脑，但是当时的电脑大多数都是为办公室隔间设计的米黄色的盒子。布伦纳想改变这一状况。“很多年来，我都在思考电脑怎样从盒子进化到一种在外观上更吸引人的东西，而且更适合放在家里。”布伦纳说。他希望他的团队能够想出“鼓励人们用选择一件家具或家用立体音响的方式选择电脑的理念”。

布伦纳还想从台式电脑中移除沉重巨大的CRT显示器，这在台式机上本来是标准部件。另一方面，他想把台式机的CPU和一个平面显示器融合在一起。“我们觉得平面显示器会成为主流；它们在笔记本电脑上已经是主流配置了。”布伦纳在1992年10月的简报文件中阐述了他对高端的台式电脑的想法及其设计标准。对于团队的设计师和5个外来设计咨询顾问而言，想出来最好的理念的确是个挑战。

布伦纳放松了要求：他最基本的要求是一个高端的台式电脑，功能强大，但占用最小的空间。布伦纳坚持所有的理念都是以新的方法制作、用新的材料，包括打磨或刷过漆的金属、木材、薄木片和不同种类的涂层和抛光。不仅在其他方面也给予最小限制，事实上，布伦纳还请设计师跳出苹果既定的设计语言来进行设计。

布伦纳的确又给这个项目带来了另一丝有趣的波澜：他希望设计出来的机器能够不会随着更多的硬件和更多的内部组件而扩大。大多数家庭用户从来都不会费心去扩展他们的机器，所以他鼓励设计师们不要去管扩充插槽，以给他们更多时间去探索更小而轻的设计。

最初的设计理念差别很大。其中一个理念的灵感来自于一款经典的Tizio台灯的设计，这款机器的主要部件装在底部，显示器则安装在一只盘旋的手臂上。另一个理念是把主显示器和组件隐藏在一个金属的外壳内。

最有趣的一个理念是乔纳森和丹尼尔·德尤利斯想出来的，他们一起合作，极力宣扬设计一个中型电脑的理念。他们的设计外形并不美观，目标是创造一款中等收入家庭有能力购买的机器。他们称之为"家养麦金塔"。

为了降低价格，他们使用CRT显示器，而不是更贵的平面屏幕。它基本上还是一个经典的电脑，只是装进了一个外观新潮的容器里。容器像一只奇怪的鸭子，很像老式的衣柜，有三只脚，还有两扇相同的门用来遮住显示器。在门里面也有为了放多余的软盘而设置的插槽。乔纳森和德尤利斯还在其中一扇门内侧放了一个模拟时钟。时钟装置得很巧妙，会在开关门的时候翻转并报时。

布伦纳完成了他自己的"波摩娜项目"作品。他设想的未来电脑拥有小巧的外形和功能强大的组件，他的设计理念与这种设想紧密相连。布伦纳设计了一个宽宽的弧形外壳，里面包含一个平板显示器，两侧附有一对很大的立体声扬声器。这是一个电脑自带的立体声扬声器，对于只读光盘存储器所保证的多媒体体验来说堪称完美，对于市场来说也是新生事物。为了保持电脑体型小巧，他建议使用PowerBook笔记本电脑的内部组件。从所有的材料中，他独独选中了黑桃木，像一架音乐会上用的钢琴。

其他的设计师觉得他的设计看起来更像高端音频制造商Bang&Olufse的产品，而不像一台个人电脑。布伦纳对此的解决方法是将其称为“B&O麦金塔”。个人电脑和立体音响系统的结合在当时是一个新奇的想法，在设计工作室引发了不少人的兴趣。事实上，布伦纳的设计理念打败了1993年的夏天小组讨论的所有其他的波摩娜作品。在项目结束的时候，布伦纳即宣布该理念是波摩娜比赛的赢家。

这时，距离布伦纳发表他的简报已有近一年的时间，团队对项目的大体轮廓与业务范围也有了不错的想法。到目前为止，一切顺利。

为了把这个设计理念变成真实的产品，1993年夏天布伦纳把项目交给了乔纳森。乔纳森刚刚结束他在Lindy MessagePad 110的工作，布伦纳向他提交B&O麦金塔的方案时，乔纳森知道自己面临着一个艰难的挑战。他们谈回到基本问题时，他开始讲述设计要传达的故事。

“从技术层面上来说，我们理解把大量的组件塞进一个狭小的空间中带来的挑战有多大，”乔纳森后来回忆道，“但是从哲学上来说，这个项目更具挑战性。就像第一台麦金塔电脑一样，这个设计没有先例，这意味着我需要赋予这个产品一个新的意义。我希望这个设计是简单的，简单到让人感觉不到它的存在。”

最终，乔纳森保留了布伦纳的设计理念的精髓，但是其余的几乎都改变了。他重新设计了电脑的比例。布伦纳最初的设计是宽屏的弧形的，似乎能占据一整张桌子，乔纳森把它变得更高更窄。他改变了底座（被称为“稻草垛”）的脚的尺寸，并创造了一个铰链，使脚也能够兼做把手。把手是乔纳森的设计的显著特征。他重新设计了后盖，给CPU和主板留出了更多的空间。

1994 年 4 月，经过一个冬天的潜心工作，乔纳森把他的设计交给两个产品设计工程师，以制作工作模型。样品成型的时候，一个市场营销经理做出了一份内部产品简报。这台机器获得了官方编号“斯巴达克斯”（Spartacus）。18 个月之后，一切都准备就绪，可以把它变成一件实际的产品了。

“斯巴达克斯”遇到了第一个重大的障碍。为了使机身纤细，乔纳森计划使用便携式的PowerBook的组件，结果却发现工作模型动力严重不足。当时便携式的组件比台式机的组件滞后了至少一代，所以斯巴达克斯看起来运行缓慢地令人焦心。特别是视频播放困难，因为它的外形是扁平的，电路无法得到加强版视频扩展卡的支持。这逐渐成为一个主要的问题，因为斯巴达克斯是要当作台式电脑出售的，消费者们对它性能的预期不会低于任何台式机。

乔纳森于是改用常规的台式机的电路板（为Performa 6400 而研发），但是新的问题又出现了。市场营销部告诉他没有人会购买一台不能容纳扩展卡的台式电脑。即使布伦纳关于该机型面向家庭用户的言论是正确的，但是市场营销专家建议，不可扩展的台式电脑将会是商业上的自戕行为。为了容纳一对扩展卡，乔纳森不得不设计一个特殊的驼背形状的面板来遮住用户可能添加的任何卡片。这个附加组件在公司内部被戏称为“背包”，它将会随着每一台机器漂洋过海。

“加上‘背包’后，设计变得强大，同时电脑也保持了纤瘦的体型，”乔纳森说，“但是加上了‘背包’之后，它变成了一个真正的动力系统，里面包含着扩展卡，功能也得到增强。”这听起来可能像是设计师在故弄玄虚，但是乔纳森试图若无其事地形容着这台糟糕的组装机。

尽管“背包”破坏了电脑的美观性，设计团队对斯巴达克斯的前景依然充满期待。为了准备 1994 年的一次决策陈述会，团队在匆忙中设计出更大和更小的版本，以表明这种设计理念能扩展成台式电脑的一个完整家族。

他们的每一步都会面对来自工程师的阻力。“中层管理者的层级有很多，而且很多人都来自戴尔或惠普，他们不理解设计主导的工作方法，”布伦纳解释道，“他们已经习惯了把廉价的金属涂抹在产品皮肤上，因为他们在戴尔就是那么做的，而且戴尔售出了很多台电脑。他们并不相信我们在做的事情，而且当时公司的高级管理层没有介入。因此在第二、第三级管理层引发了一场争论。”

最终，布伦纳觉得如果要拉动这款产品，他自己必须成为机器的生产部经理。“这不是来自哪一个产品团队，最终也不会归于哪一个产品团队，”布伦纳说，“这是苹果的程序，是他们决定哪些东西能够登上产品路线图。你要准备一个演示，还需要一个作为演示对象的团队。我表现得像一个营销人员，向他们呈现这个想法，并将其启动起来。”

当斯巴达克斯终于定案，要面向市场销售时，人们发现集成音响出了一个很大的问题：调大音量的时候，内部的光盘驱动器就会弹出来。这个问题使团队苦恼了几个月，直到Bose公司的一位工程师提出了一个解决方案。他建议在台式机上使用一对小得多的扬声器，在底座上增加一个低音炮，该设备也能与机器的电源相配合。这一调整见效了，机器只用40W的功率就能释放出整个屋子都能听到的声音。

做出这些更改意味着，直到1995年12月，新的模型才能准备好。接下来设计团队又决定增加一个更新的、升级的电路板，还有一个更大的液晶显示器。1996年6月，二号工作模型终于浮现。

乔纳森和其余的设计团队成员在过去三年多的时间里和各种各样的原型机打过交道，对于他们来说，用桃木制作的深灰色的外亮开始显得旧了。他们还有其他的疑虑。“我们中有一些人觉得这种颜色太强烈了，”乔纳森回忆道，“但是我们对这些设计方案都太熟悉，无法定夺倒底该使用什么颜色。”

他们雇用了一个外部的设计咨询公司。咨询公司给出了一个绝妙的建议，即设计师们不应该把注意力放在电脑的颜色上，而应该着眼于要放置电脑的环境的颜色。为了找到正确的颜色，咨询师们把几种颜色的布、木头、皮革和地毯放在一起，每件物品代表一个典型家庭里的颜色。一些原型机被涂上油漆，在不同的光照条件下和每一种调色板进行对比。选择由一开始的12种减少到3种，最终，只剩1种，那就是金属绿/金色。幸亏有了这层金属光泽，青铜色有了一种像变色龙一样的效果，能够反射周围的颜色，使它能够融入任何房间。桃木也换成了黑色的皮革，比木头的耐用性要好。最初的时候，设计部非常喜欢这个最终的结果。他们觉得它是一台伟大的通用电脑，能够提供高质量的娱乐体验。最新的一个模型包括一个TV/FM调谐器，这使它能从电脑变成立体音响以及电视。蒂姆·帕赛总结了机器的特质："从几何学上来说，它真的非常复杂。但是它看起来并不复杂。至少从表面看，它的设计十分简单，但是用起来却能让用户感受到它的强大。虽然机器薄得令人难以置信，但是它的背板可以轻松地支持每一项功能。每一条曲线和每一个细节都有着内在的设计目的。"

乔纳森看到了它深层次的优点，他说："它从根本上挑战着我们的感官"。

在1996年8月，第三个原型机最终演变成了一条实际运行的生产线，这说明了这种机器可以大规模地生产。9月工具加工完成，1996年12月最终设计完成。这距离布伦纳刚刚完成他的概念简要已经有四年多了。

在万众期待的麦金塔的20周年纪念日到来之际，苹果公司决定选择"斯巴达克斯"作为特别版，它的官方命名为TAM，这项新产品只限售两万台。1997年1月苹果公司在苹果大会上将其发布，前两台送给了刚回到公司做顾问的史蒂夫·乔布斯和史蒂夫·沃兹尼亚克（Steve Wozniak）。

为了使它更有纪念意义，这些电脑由特别培训的"礼宾人"（其实都是设计这些机器的人）亲手送至客户的家中，而且附上了说明书（还附赠一鞠躬），然后向客户仔细展示它的使用方法。

香港最杰出的图形设计师石汉瑞（Henry Steiner）说："这么长一段时间以来，它是第一台让我们非常有感觉的电脑，它的外观非常令人满意，十分漂亮。它有着和保时捷一样的地位和价值。让人印象深刻的是这台机器能把电脑、电视和立体声系统结合起来。"

就像Messagepad一样，TAM机不仅赢得了名气，还包揽了各种奖项，其中包括《国际设计》杂志（*The International Design Magazine*）年度设计回顾的最佳类别奖。

史蒂夫·沃兹尼亚克认为《国际设计》杂志是一本非常完美的学院派杂志——"电脑、电视、无线电广播设备、CD播放器，等等（甚至还有音频视频）在这本时髦的杂志里都应有尽有"。他在位于硅谷的洛斯盖多斯的山上的公寓里放着那么几本。然而，在发行一年后，这本杂志退出了市场，沃兹尼亚克应该是这个星球上唯一喜欢它的人。

TAM机在市场上反响并不好，很快便贬值了。最开始它的定价是9 000美元，一年内便降到了2 000美元以下。本来苹果公司意图把它作为主流产品，但是营销团队把它定位成了高价的特别版。这是最后一棵稻草了。经历了所有TAM机的营销战役之后，布伦纳逐渐对苹果功能失调的企业文化厌倦了。

再见，布伦纳

就在TAM机面世之前，布伦纳退出了。然后他加入了五角设计（Pentagram），这一家位于伦敦、名声很大的国际设计公司在那年年初向他抛出了橄榄枝。

1996年年初，他曾离开苹果很长一段时间，尽管秋天他回来了，但那时苹果和它的设计部门的情况已经变得更差了。每个人都很沮丧。其他两个长时间任职的设计师也宣布他们会在布伦纳 12 月辞职之前离开。

毫无疑问，他离开的决定性因素就是TAM机。经历了产品市场推广的所有战役之后，布伦纳认为粗略的市场定位和定价策略导致了这台机器的失败。他说："它的定位从来就不是特别版，应该是高端但主流的产品……它是一种令人兴奋而且有远见的设计，预示着接下来的 6 年或 7 年里的潮流。"

布伦纳说："更重要的是，这些曾令人担忧的、艰难的营销战役，代表了设计部门越来越清晰的一条战略路线——设计部正在尝试着改变苹果的内部文化。"我们是设计部，不会成为其他部门的服务部门。我们自己提出观点，并加以实施。这虽然会让其他人讨厌，但是也会让他们真正见识到由设计驱动的过程可以做到什么。"

就像从TAM机的失败中所能看出的，苹果已经变得功能失调。想把产品解救出来太困难了，更何况还有工程师和主管们无休止的争论。布伦纳解释道："我离开有两个原因，第一，这项工作没有乐趣，坦白讲，我对它的兴趣正逐渐消失。另外，我在管理会议上浪费的时间越来越多，本来可以 30 分钟讲完的事情却要浪费 8 个小时。你会感觉自己好像在萎缩，在日渐衰弱。我不是那种明明十分厌恶这份工作却会坚持做下来的人。我实在做不来。"

布伦纳离开之后，苹果面临的混乱状况越来越多。仿佛回到了 5 年前，公司又一次面临着寻找名牌设计师的压力。布伦纳不建议在外面寻找新的设计师。他说，如果那样做大部分设计团队的成员将会离开，更何况苹果已经拥有一位超级巨星——乔纳森 · 艾夫。应该由他来接替这项工作。

布伦纳说："他身上有着沉静的领导之道，而且广受尊敬。我不是把他拖下水，是真的没有别的选择了。"

某些员工认为，乔纳森年纪太轻、缺乏经验，这些都是值得争论的。他才 29 岁，但是布伦纳之所以推荐乔纳森，是因为布伦纳钦佩他坚决的执行力。布伦纳说："他能做到始终如一，内心十分强大，而且很有野心，这里说的野心并不是很多人都有的那种‘把它扛在自己的肩膀上’的野心，他的强大表现在坚持不懈上，他要做的事一定会做好。”

最重要的是，乔纳森有着布伦纳所说的“全面的思维”。他既能看到全景又能看到细节。

布伦纳说：“乔纳森十分像一个工匠，他喜欢俯瞰全局又陶醉于每一个细节，就像他一直待在工厂里，所以他精确地了解每一个螺丝是怎么运作的……我只是知道他拥有成功所需的素质。”

换句话说，乔纳森有着能够在企业环境下取得成功所具备的条件。他愿意参加无休止的会议，最终“战胜”那些中层领导，说服他们采用他的设计。

布伦纳说：“如果他们雇用猎头公司找到一个有名气的家伙，再交给他数以万计的金钱，那就会是一场灾难。

乔纳森最终接替了他。布伦纳说：“由乔纳森接替这项工作，这是我曾做过的一个明智的选择。”

乔纳森过去在苹果所接受和学习到的东西能帮助他成功。保罗 · 昆克尔在他的《苹果设计》中写道：“迄今为止，在苹果的设计史上，布伦纳时代（1990~1995）是最多产、最有趣的一个时期。工业设计团队成为世界上最亮眼、最有威望的设计合作团队，它赢得的设计奖项比其他电脑行业加起来还多，可以这么形容——它每一次的进步都是用自己的作品作为标准来衡量，而不是以竞争为标准来衡量。”

这一时期生产出了一系列具有开创性意义并且大获成功的产品，并成了未来产品的参考模板，包括PowerMac（是如今的苹果笔记本电脑的前身）；TAM机（是平板电脑的前身）；牛顿掌上电脑，它们是苹果手机和平板电脑的“祖先”。

可能更重要的是，布伦纳成立了工作室，雇用了有杰出才能的人，并树立了企业文化。克莱夫 · 格尼耶尔说："鲍勃不仅仅为乔纳森的苹果设计团队打下了基础，更可以这么说，他为乔纳森建立了一座城堡，我还是第一次看到那么酷的内部设计团队。"[32]

布伦纳做出的都是精品。1996年，布伦纳成为五角设计旧金山办公室的一员。他和亚马逊合作设计了最早的电子阅读器Kindle，也参与了耐克和惠普很多产品的设计。2007年，布伦纳参与设计了安德烈 · 罗梅勒（Dr. Dre）品牌的魔音耳机，这是一次非常重大的胜利。在2007年中，布伦纳创立了Ammunition公司，这是一家位于旧金山的设计咨询公司，与巴诺书店（Barnes&Nobel）、宝丽来（Polaroid）还有索诺玛（Williams Sonoma）公司有着密切的合作关系。布伦纳赢得了很多奖项，他的很多作品被永久收入纽约现代艺术博物馆和旧金山现代艺术博物馆中。

但是布伦纳总喜欢开玩笑说他唯一做过的会被人记住的事情就是把乔纳森带到了苹果。"在我死了以后，我的墓碑上就会写着'雇用乔纳森 · 艾夫的那个家伙！'"

混乱中的统治

布伦纳及时地退出了——至少对于他来说是及时的。乔纳森接管设计部门后没几天，苹果宣布1995年最重要的节日购物季的销售额与预期相差甚远，这还要归咎于相对便宜的低端系统产品的过剩，还有高利润的PowerBook和高端台式机的短缺。

当时在任的市场部副总裁萨季夫 · 查利尔（Satjiv Chalil）说："就好像，我们的仓库里放满了美利达优格自行车（Yugos），而每个人都在购买梅赛德斯（Mercedes）。"[33]

虽然那时苹果已经开始壮大，但是节日季陷入困境会导致接下来两年的收入下滑和股票价格暴跌，还有总裁的频繁更替。苹果“跌倒”得很快，也很戏剧化。1994年苹果还控制着全球数十亿美元的个人计算机市场的将近10%的份额，是世界上仅次于IBM的第二大电脑制造商。但是在1995年，微软发布了新的操作系统——Windows95，其诞生后便像火箭一样飞速起飞。当便宜又实用的Windows95电脑都卖出去时，苹果的那些高价、不兼容的电脑还在货架子上摆着。

微软把操作系统卖给了几十家硬件制造商，他们顽强地竞争着，所以价格很快被压低了。为了维持生存，苹果决定孤注一掷。它把麦金塔的操作系统卖给了几家电脑制造商，包括强力计算（Power Computing）、摩托罗拉、力捷等，但是苹果的市场依旧没有任何起色。

在1996年的第一个季度，苹果宣布其损失了6 900万美元，裁掉了1 300名员工。2月，董事会解雇了曾取代约翰·斯卡利的CEO迈克尔·斯宾德勒（Micheal Spindler），任命了吉尔·阿梅里奥（Gil Amelio）为新总裁。吉尔·阿梅里奥是一个芯片行业的老手，他有着“起死回生的艺术家”的美称。但是在阿梅里奥任职的18个月里，他毫无作为并且不受任何待见。

据《纽约时报》称，苹果损失16亿美元，它的市场份额骤减，从10%降了3%，股票价格也开始暴跌。阿梅里奥解雇了几千名工作人员，但是他自己却敛得了约700万美元的薪水和福利，坐拥价值2 600万美元的股票。他滥用着苹果高管的职权，而且，很快被揭露正在交涉价值700万的停职金。《时代周刊》报导了员工的看法，他们觉得苹果这个时期的管理是“窃贼统治”（Kleptocracy）。

苹果公司的内部分崩离析极端严重，分裂成几十个不同的团体，每个团体都有自己的日程，而且他们之间经常产生矛盾。更糟糕的是，苹果成了极端民主的试验品。这在一定程度上是对史蒂夫·乔布斯专横统治的回应，苹果由自上而下的专横统治转变成了自下而上的极端民主管理。

每个决定都需要达到一致意见，意见当然是来自所有不容忽略的团体。随即公司会成立指导小组，其作为领导把新产品推向市场。就像产品设计师特里 · 克里斯坦森（Terry Christensen）所说："很多人认为乔布斯的管理方法是专横的、容易迷失方向的。像漏斗一样，最后整个计划只通过一个人——或是乔布斯，或是其他有前瞻性的领袖，这不可避免地导致产品的倾向性较大，就像第一台苹果电脑淋漓尽致地展示出了其创造者的所有优点和缺点。而指导小组的方法是把每个方面都考虑到设计当中来——工程、软件、市场、产品设计、工业设计、产品制造——然后再共同讨论，在研发的每个阶段达到意见一致。[34]

事实证明需要得到一致同意的产品研发是极其麻烦的，有很多的繁文缛节。每次提出新产品构想后，就必须制定三个文件：一是市场需求文件，一是工程需求文件，最后是用户体验文件。青蛙设计公司的创意副总裁马克 · 罗斯顿（Mark Rolston）这样总结道："市场就是人们想要什么；工程就是我们需要怎么做；用户体验就是'消费者喜欢什么'。"[35]

这三个文件直接由执行高管们考虑和检阅。如果得以通过，就会为这项计划任命一位小组领导者，这个设计小组就会获得一定数额的预算。然后再由市场、工程和用户体验小组来做更多的工作。唐 · 诺曼说："设计小组应该致力于扩展这三个需求文件，为达到市场、工程、用户体验的要求制定更多的计划，即发布日期、广告周期、定价细节，等等。"[36]

诺曼说，在某种程度上，这是"一个结构良好的程序"，但是他也指出了它的缺点。它不仅很慢、麻烦、繁琐，而且不可避免会导致"折衷"。当一个小组想这么做，而另一个小组想那样做，特色逐渐就会被取代，导致产品缺乏凝聚力。

布伦纳说："商人的想法是创造出每个人都喜欢的东西，这会导致产品走中庸路线。于是就变成了'能不能达到一致同意'的问题，这就是为什么你很少看到天才的火花的原因。”[37]

即使伟大的想法出现了，也不可能去实现它。诺曼描述了这么一次经历，他说：“我清楚地记得乔纳森·艾夫有一天找到我说，苹果的高端消费者买了电脑后的第一件事就是把它拆开，添加内存、视频卡或者处理器。把电脑拆开对于用户来说是一件痛苦的事情，因为用户仍然无法直接接触内存，还要把某些部分取出。乔纳森想出了解决这个问题的方法，台式机可以安装两个按钮，让用户可以轻松打开……这就会让添加或改变内存变得简单。我认为这是非常棒的想法。”

“问题是，大家拒绝安装这个硬件，所以乔纳森和我走遍了整个公司，从这个副总裁到那个副总裁挨个进行宣传，试图说服他们。如果他们说这个提议花费太高，乔纳森会向他们展示一份价格分析来证明并不会发生这种情况，如果他们说实施起来需要的时间太长，乔纳森会告诉他们他已经告知工厂，他们也会在合适的时间去做这些事。一件事接着一件事，就这样过了好几个星期。最终CEO采用了乔纳森的观点，这个想法终于被接受了。这说的是以前的苹果公司——如今不会发生这样的事情了。”

乔纳森这个方便接触电脑内部的想法最终在1997年8月通过PowerMac 9600走向了市场，后来成了所有电脑追随的榜样。

有时候这种领域划分、繁文缛节，注定会扼杀有创造力的新想法。乔纳森设计团队最有趣的一个产品是20世纪90年代后期的eMate，这是一款为上学孩子们设计的便宜的小型塑料电脑。它有曲线的设计外形，折叠式的外壳，用半透明的绿色塑料制作而成，它可透视的外形本可以用到第一款iMac上。每个人都想拥有一台eMate。它有很大的吸引力，但却没有存在多长时间。

诺曼说：“这款产品来自工业设计部门，它的消失是因为其在苹果没有取得胜利，是因为不同的部门之间无法达成一致的意见。它应该使用牛顿软件吗？还是应该使用苹果操作系统软件？在市面上与之竞争的电脑是什么？

没有人站出来说这是一款非常伟大的电脑，以及它应该使用哪种软件，孩子们怎么使用它。没有人细究孩子们想要用它做什么，所以还应该加入些什么东西。由于苹果缺乏凝聚力，eMate就此消失。”

eMate的独一无二在布伦纳离职之后的过渡期里是很稀有的。大部分产品都是无趣的设计模仿，反映出工程驱动文化已经成为公司的核心。他们的大部分作品都是表面功夫。这种只是试图创造看起来更有对抗性的混乱状况落到了乔纳森的肩上。掌管设计部仅仅几个月后，他也产生了离职的想法。

那时乔纳森说：“这是个绝对不会创新的公司，我们失去了自己的特色，而只关注争夺领导权。”[38]

阿梅里奥不懂欣赏设计。乔纳森说：“公司从来没有要把注意力放在产品上，因为我们试图把挣到的金钱的价值最大化，设计师做的只是构想出产品模型从外面看应该是什么样的，然后工程师就会想方设法地把花费降低。我也想辞职。”[39]

在乔纳森辞职之前，他的新上司乔恩 · 鲁宾斯坦（Jon Rubintein）说服了他。鲁宾斯坦刚刚被任命为苹果硬件部门的负责人（也是接下来史蒂夫 · 乔布斯就任时他的工作），他提升了乔纳森，并告诉他，柳暗花明又一村。

“我们告诉他，我们会努力渡过当前的难关，一旦我们扭转了公司的情况，我们就创造了历史。这就是我们为了把他留在苹果所说的话——自此以后，设计在公司逐渐得到真正的重视”[40]

鲁宾斯坦的承诺即将兑现。出售产品需要三年时间的时代确实结束了。在未来的几年里，新产品性能卓越，采纳新产品的概率简直可以说是非常之高，其中很多都出自乔纳森 · 艾夫富有想象力的大脑。

JONY IVE

The Genius Behind
Apple's Greatest Products

第五章
乔布斯重返苹果

问题是，改变容易，改进难。

——乔纳森·艾夫

1997 年 7 月 9 日早晨，苹果召集了几十名公司高层人员参加晨会。在公司总部的一个礼堂里，已经担任公司CEO近 18 月的吉尔·阿梅里奥带着沉重的步伐走上讲台。“很遗憾地告诉大家，我要离开了。”他说完，接着就悄然离开了礼堂。就在刚才，苹果公司的董事会解雇了他。

在史蒂夫·乔布斯登上讲台前，临时CEO弗雷德·安德森（Fred Anderson）讲了几句话。当苹果公司收购了乔布斯那勉强维持着的软件公司NeXT时，乔布斯成了公司的顾问。解雇阿梅里奥后，董事会决定让乔布斯接任苹果公司CEO一职。

乔布斯穿着短裤和运动鞋，下巴上布满了胡茬，活像一个流浪汉。从那年 9 月的第 4 个周末被免职算起，时间已经过去了差不多 12 年。

他对台下的人说：“告诉我，这里出了什么问题。”

还没等有人回答，他就大声喊道：“问题就出在产品上。产品糟糕透了！它们不再有吸引力了。”

乔纳森当时也在现场，他坐在后面，想要离开。但是，当他坐在那里考虑和妻子一起回英国的时候，乔布斯的话打断了他的思绪。乔布斯说苹果公司将恢复原来的样子。乔纳森后来回忆说："我清楚地记得，乔布斯宣布我们的目标不仅仅是赚钱，更重要的是生产伟大的产品。基于这一经营理念所做的决定，跟苹果公司过去所做的是完全不同的。"[1]

对于如何经营苹果公司，需要改变的东西很多，首先就是调整产品结构。当1997年乔布斯重返苹果公司的时候，苹果在市场上有40种产品。让我们来看看苹果公司一窝蜂似的产品线到底有多糟糕。首先看电脑产品。

当时，苹果的电脑产品主要有4大系列，分别是Quadra、PowerMac、Performa和PowerBook。每一个系列又有十几个不同的型号，每一个型号又都采用了令人难以理解的名字命名，这些名字是从索尼公司的目录中直接借鉴过来的（比如说，Performa 5200CD、Performa 5210CD、Performa 5215CD和Performa 5220CD）。这还仅仅是电脑产品。苹果公司已经广泛地拓展了产品的种类，从印刷机到扫描仪，从显示器到牛顿掌上电脑，几乎什么都卖。

对于乔布斯而言，这完全没有意义。

乔布斯接着说："我刚到这里的时候，眼前只有一大堆产品，这让我非常吃惊。我开始问别人：为什么现在我要向用户推荐3400，凭什么说它比4400好呢？什么时候一个人应该入手6500，而不是7300呢？过了三周，我还是无法把这些事情弄清楚。如果我都弄不清楚，用户又如何能弄清楚呢？"[2]由于产品线如此复杂，苹果公司不得不印制详尽的产品结构图（对于员工来说，它是一个备忘录），来向顾客解释各种苹果产品之间的区别。

产品种类混乱，公司的组织同样混乱。苹果已经成长为庞大的财富500强公司，拥有数千名工程师和众多的管理者，他们当中有很多人的工作和职责是重叠的。他们大多数人都很有才能，但是却缺少一个指挥和控制中心。唐·诺曼回忆说："在乔布斯之前，苹果公司是杰出的、积极的，然而也是混乱的、运作不良的。"

事实上，在乔布斯重返苹果公司之前，公司就已经在进行改组了。乔布斯也参加了这一过程。他做了全面细致的观察，包括产品设计、营销和供应链。乔布斯对产品进行了一次彻底的梳理。在一间大会议室里，他依次召集了公司的每一个产品团队。这些团队通常由二三十人组成，他们会展示自己的产品，并回答来自乔布斯和其他高管的提问。开始的时候，他们想做PPT演示，但是乔布斯很快制止了他们。他觉得PPT演示杂乱无章且毫无意义，他更喜欢听人介绍，并向他们提问。通过这些会议，乔布斯很快就发现：苹果公司是一艘无舵的船。

几周过后，在一场大型战略会议上，乔布斯实在听不下去了。

“停！”他大叫道，“停止吧！这太疯狂了。”

他跳了起来，走到白色书写板前，画了一幅苹果公司年度收益简图。这个图表展示出了年度收益的急剧下降，从每年120亿美元到每年100亿美元，再到每年70亿美元。乔布斯解释说，苹果公司不会成为一个年收入120亿或100亿美元同时还能赚钱的公司，但可以成为一个年收入60亿美元却能赚到钱的公司。

这就意味着必须从根本上简化苹果公司的产品线。但是要怎么做呢？乔布斯把白板擦干净，又画了一个2×2的表格。他在上面的两个格子里写下了“用户”和“专业人员”，在下面的两个格子里写下了“便携式”和“台式电脑”。

他说道，让我们一起迎接苹果公司新的产品策略吧。苹果将只卖四种产品，一种笔记本电脑，另外一种是台式电脑。每一种电脑都有分别针对专业人员和普通用户的产品。

这是一个激进的举动，把公司产品削减到了最低限度。在阿梅里奥掌权时，公司的计划是不断地推出越来越多的产品，而乔布斯提出的却是相反的计划。乔布斯进行了一个很简单的尝试，他叫停了数十个软件项目，淘汰了几乎所有的硬件产品。在接下来的18个月里，超过4 200名全职员工被解雇。

到 1998 年，苹果的员工数量已经减少到 6 658 名，只有 1995 年的一半。那时的员工数是 13 191 名。[3] 不过，公司的资产负债表再次进入了可控的状态。

在乔布斯上任的第一个月中，他所做的最受争议的决定是在 1997 年末淘汰了苹果的个人掌上电脑——牛顿，这一产品在乔纳森的产品 Lindy 之后，已发展到第七代机。阿梅里奥一开始接手公司时，它就是一个亏损产品。他曾试图让牛顿自成一个部门，但在最后时刻又改变了主意。作为公司顾问，乔布斯曾经试图说服阿梅里奥停产牛顿。因为它从未真正好用过，并且还附带一支触屏笔，乔布斯很讨厌这一设计。尽管它拥有一小拨忠实的拥趸，却没有获得大众的青睐。而且，乔布斯把它看作是约翰 · 斯卡利的孩子。尽管牛顿是斯卡利任职期间唯一一个真正有所创新的产品，但乔布斯还是有很多理由来结束它短暂的生命。

要停产一个比较受欢迎的产品，大多数高管都会思虑再三。牛顿的支持者拿着标语牌和扬声器，涌进苹果公司总部的停车场（其中一条标语写道：我在乎牛顿）。由于像 Palm Pilot 这样的掌上电脑的成功，掌上电脑的种类不断增加，但是对乔布斯来说，牛顿只是一个分散注意力的东西。他想让苹果公司将精力集中于电脑，这才是它的核心产品。

乔布斯致力于产品再次创新，但是他不想在广泛的个人电脑市场上竞争，因为这一领域已经被那些为微软公司的 Windows 操作系统生产通用机器的公司所占据。这些公司竞争的是价格，而不是产品的特点或易用性。乔布斯看出，这是一场成本的比拼。

他说道，精心设计、做工精良的电脑不可能不像豪华车那样拥有相同的市场份额和盈利空间。宝马和雪佛兰都能把你带到你想去的地方，但是在花费上，雪佛兰只有宝马的一半。不过，总有一些人想多花点钱来乘坐更好的汽车。与其与戴尔、康柏和捷威这样的通用电脑制造商竞争，苹果公司为什么不生产高利润的一流产品，进而继续研发更好的一流产品呢？与销售一台

500美元的电脑相比，销售一台3 000美元的电脑给公司带来的利润要丰厚得多，只是销量要低一些。那么，我们为什么不集中生产最好的售价为3 000美元的产品呢？

对于公司的财务来说，乔布斯这一策略的潜在优点是十分明显的。更少的产品就意味着更少的库存，这对盈亏底线会产生立竿见影的效果。事实上，在仅仅一年的时间里，乔布斯就在库存方面为苹果节省了3亿美元，还可以避免仓库里堆满了没有卖掉的机器。如果卖不出去，它们就会变成一堆废铁。

1976年以后创新不竭的乔布斯

乔布斯给苹果制订的计划，不仅仅是商学院的经济学问题：他计划让工业设计成为苹果反败为胜的核心部分。从他在苹果的第一个阶段（1976~1985）就可以明显地看到，设计是史蒂夫·乔布斯这一生轨迹的导向力。

与乔纳森不同的是，乔布斯没有接受过正规的设计训练，但他从小就对设计有一种敏锐的直觉。在很小的时候，乔布斯就知道，好的设计不仅体现在一个物体的外部。与迈克尔·艾夫对乔纳森的影响相同，乔布斯的父亲也塑造了乔布斯的设计眼光。乔布斯回忆说：“（我的父亲）喜欢把事情做到完美，他甚至很在乎你看不到的部分的样子。”如果他的父亲要修一个栅栏，那么它的背面要像它的正面一样好。“栅栏的正反两面都要既美观又高质量，然后他才能睡得着觉。”[4]

乔布斯幼时所生活的房子有约瑟夫·艾克勒（Joseph Eichler）的风格，后者是一位“二战”后的房地产开发商，他把20世纪中叶的现代美学观念引入到了加利福尼亚的建筑实践当中。尽管乔布斯童年时候生活过的家很可能只是艾克勒的仿冒品（艾克勒的粉丝将其称为“莱克勒”，即仿冒品的意思），但它还是给乔布斯留下了深刻的印象。他这样描述他童年的家：“我喜欢它，它融合了真正出色的设计和简便的功能，而且不会花太多钱，这正是苹果公司的最初愿景。”[5]

对于乔布斯来说，设计不仅局限于外表。他曾经说过一句很有名的话：“绝大多数人误以为设计就是外表，是给枕头绣花，比如给设计师一个盒子然后让他们把它做得漂亮。这不是我们所认为的设计。设计不是看起来和感觉起来怎么样，而是用起来怎么样。”[6]

随着麦金塔的发展，乔布斯开始认真考虑“用起来怎么样”的工业设计，他认为这一点可以使苹果便于使用和崇尚创新的理念与早期竞争者（比如IBM）那种极简、实用的包装形成鲜明对比。

在 1981 年，个人电脑的革命还没到 5 年，只有 3%的美国家庭拥有一台个人电脑（包括像Commodores和Ataris这样的玩具系统），6%的美国人在家里或工作的地方可以接触到个人电脑。乔布斯知道家庭市场呈现出了一个巨大的机会。他说：“IBM完全错了，他们把个人电脑当作数据处理机，而不是个人的一种工具。”[7]

在三条设计原则限制下，乔布斯和他的首席设计师杰里 · 马诺克（Jerry Manock）开始着手麦金塔电脑的设计。为了使它容易制造、价格便宜，乔布斯参照了他心目中的英雄亨利 · 福特生产的T型汽车：只主张一种外形。乔布斯的新机器必须“简洁”。新用户插上电源，按一个按钮，然后电脑就开始工作了。麦金塔将是世界上第一台一体化的个人电脑，它把屏幕、磁盘驱动器和电路系统全部容纳在了一个外壳里，还配备有可插拔的键盘和鼠标。另外，它不能占用桌面太多空间，所以乔布斯和他的设计团队设计出一个特殊的垂直方向：磁盘驱动器装在了显示器的下方。当时，其他电脑都是将它装在主机侧面的。

伴随着一系列的原型机和无穷无尽的讨论，这一设计过程持续了好几个月。完成材料评估之后，设计团队决定使用坚硬的ABS塑料。这种塑料是用来生产乐高积木的，它会让新机器拥有精美的质感，并且有防划功效。之前Apple IIs经长时间日照会变黄，以此为鉴，马诺克决定把麦金塔做成米黄色，这开启了一股行将延续20年之久的设计风潮。

正像乔纳森在苹果的下一个时代将要做的一样，乔布斯密切关注每一个细节。即使是鼠标的设计也要与电脑的整体形状相协调，要具有相同的比例，还要有一个方按钮，这个按钮要符合屏幕的形状和布局。电源开关设置在后面，以防意外关闭（尤其是被一些好奇的小孩子意外关闭）。马诺克很体贴地在开关的边上留了一块光滑的区域，以方便用户找到。马诺克说："就是这样的细节，使得一个普通的产品变成了一件工艺品。"[8]

麦金塔看起来就像一张脸，硬盘驱动器的槽位就像一张嘴，底部放置键盘的凹陷处就像一个下巴。乔布斯很喜欢它。麦金塔有着拟人化的笑脸，这样的设计让它看起来很"友好"。设计师特里·欧亚马（Terry Oyama）后来说："尽管乔布斯一条线也没画，但正是他的想法和灵感造就了这个设计。说实在的，在乔布斯告诉我们之前，我们并不知道看起来'友好'对于一台电脑来说意味着什么。"[9]

从1979年的构想，到1984年的上市，麦金塔用了5年的时间。这一产品第一次展现了乔布斯设计理念的精华，但不幸的是，麦金塔将是乔布斯在苹果的第一个任期中所看到的最后一个上市的产品。1985年9月，麦金塔电脑发布18月以后，史蒂夫·乔布斯失去了董事会的支持。百事可乐公司前高管、乔布斯亲自招聘进来的约翰·斯卡利接任了乔布斯的职务，但是乔布斯的设计理念在他离开之后仍然具有很大的影响力。

在离开之前，乔布斯谈起要让苹果在20世纪80年代成为意大利20世纪70年代的奥利维蒂①，成为无可争议的工业设计领域的世界冠军。在20

① 奥利维蒂公司（Olivetti）的经营范围是电话通讯及信息通用技术，在意大利及欧洲工业发展中具有独一无二的地位。——编者注

世纪 80 年代，设计是很火爆的，尤其是在欧洲，有一些团体比如意大利的孟菲斯集团，[10] 由一些建筑师和设计师组成，他们因大胆华美的设计（被描述为包豪斯和费雪的结合）而赢得赞誉。1982 年 3 月，在麦金塔上市两年前，乔布斯认为苹果需要一个世界一流的工业设计师，来为整个公司的所有产品制定一套统一的设计语言。

在那个时候，苹果公司的硬件十分凌乱。这个公司的不同部门——Apple II 部门、麦金塔部门和Lisa peripherals部门，都在使用不同的设计师，采用不同的设计理念。苹果的产品看起来并不像是来自同一个公司，而像是来自 4 个不同的公司。这让乔布斯很烦恼。

乔布斯让马诺克组织一次设计比赛。在比赛当中，参赛者要设计 7 个产品，分别以《白雪公主》中的 7 个小矮人的名字命名。这个点子是马诺克在给他的小女儿读故事书时受启发而想到的。乔布斯很喜欢这些名字，因为这些名字能使人联想到的产品很有特色，既友好又有个性。

几乎是从一开始，哈特穆特 · 艾斯林格就是竞争中的领先者。他是一名德国工业设计师，当时才三十几岁。跟乔布斯一样，艾斯林格也曾在大学时辍学。他通过为索尼和贵翔（Wega，一家德国公司，最终被索尼收购）设计电视机和其他电子消费品而赢得人们的关注。他为贵翔设计的一款电视使用的是明亮的绿色塑料，公司的CEO给它取了一个绰号叫“青蛙”。毫无疑问，这对艾斯林格日后将他自己的公司命名为“青蛙设计”有一定的影响，而且青蛙（Frog）也是他的祖国（Federal Republic of Germany）的首字母缩写。

1982 年 5 月，艾斯林格飞到库比蒂诺面见乔布斯。他们两个很像，都是天生的企业家，性子急，又固执己见。他们两个都喜欢博朗和奔驰。乔布斯尤其对艾斯林格曾在索尼的工作印象深刻，因为索尼是乔布斯想让苹果效仿的以设计为中心的公司。

除了善于编织想法和理念之外，艾斯林格工作起来也非常努力。在 4 个主要的设计阶段中，他的团队一直没有懈怠。几个月后，他们为苹果的头头们呈现了一组精彩绝伦的设计。其他的参赛者只做出了几个成品，而艾斯林格的团队却做出了足足40个完美的成品，使每个产品都有另外两到三个变体。其他团队使用带有坚硬边缘的黑色塑料来做模型（就像索尼在20世纪80年代的立体声组件），而艾斯林格的设计既简单又精致，使用了米黄色的轻质塑料。和乔纳森一样，艾斯林格想让苹果区别于20世纪80年代电子产品男性化的设计，想要创造一种基于循环原理的设计语言，以和麦金塔电脑所提供的软件相呼应。

对于艾斯林格在1983年3月的这次正式展示，乔布斯非常高兴。艾斯林格成为“白雪公主”比赛的获胜者。不久后，他移居加利福尼亚，成立了自己的工作室——青蛙设计公司，并同意为苹果公司提供独家服务，但是要价也是破天荒地高：每月10万美元，外加计酬时间和费用。不过，账单很快又加到每年200万美元，这远远高于其他设计公司从客户那里赚到的钱。

乔布斯很唐突地告诉马诺克和其他设计师，他们将在艾斯林格的指挥下工作——后者不过是家外部承包商，只是情况比较特殊。马诺克结束了第一台麦金塔电脑的设计工作，但是乔布斯告诉这些倒霉的设计师，他们应该觉得自己很幸运，因为可以向很有才华的艾斯林格学习。大多数人都担心自己的工作不稳定，而且这一事件几乎结束了马诺克在苹果的职业生涯。

与艾斯林格脱颖而出的“白雪公主”风格相比，苹果公司最好的设计作品看起来既笨拙又过时。“白雪公主”设计最终赢得了所有的工业奖章，还被广泛复制，实际上成了整个个人电脑产业的设计语言。那时，重新设计麦金塔电脑已经来不及了，因为苹果已经在上面花了很多钱，所以青蛙设计公司使用“白雪公主”设计为苹果做的第一个产品是Apple IIc，它是Apple IIs的四代机，也是对便携式电脑的第一次尝试。更重要的是，它是苹果第一个由设计驱动的产品（从外部而不是内部进行设计）。即使在乔布斯走后，他也留下了这一设计作为他的遗赠。

这一关注重点的转移在设计部门之外是很引人注目的：苹果的工程师竭尽全力去适应艾斯林格的工程师，而不是企图战胜他们的想法。这个变化很小也很细微，这是使苹果受设计、而不是受工程驱动的一种早期尝试。但是当乔纳森·艾夫回来的时候，他发现，工程师掌握这一权力的古老做法又老调重弹了。

“A团队”

乔布斯一回到苹果就直接要求改组团队的计划，正如他要简化产品的种类一样。他将削减公司规模，这样才能保证他的“A团队”把精力集中在开发创新性的新产品上。“A团队”囊括了公司里最优秀的设计师、工程师、程序员和营销人员。

乔布斯对之前NeXT公司的高层管理人员十分信任，但他同时也在寻找苹果公司内部的人才，并且对他们进行提拔。他所做的人员调查最终形成了一个流线型的苹果公司编制系统表。乔布斯坚持采用一种清晰的直线型的管理链条。公司里的每一个员工都知道自己应该对谁报告工作以及他们需要做些什么。

就像乔布斯对《商业周刊》的记者所说的：“所有的事情都变得更简单了。正如我的座右铭之一：专注和简洁。”[12]

在对产品和人事进行整理的过程中，乔布斯召集了6名顶级的分析师和跟进苹果公司报道的记者们，想要详细地向他们解释他的新计划。

“他特别提到说要重新把重点放在迎合公司核心客户的需求上，并且说此前苹果之所以丢失了市场份额，就是因为他们试图成为所有人的一切，而不是集中在核心客户的真正需求上。”当时在场的一位咨询公司的分析师蒂姆·巴加林（Tim Bajarin）回忆说，“他同时指出，苹果公司已经依靠创新性的苹果操作系统和硬件设计实现了新的突破，现在，他计划把工业设计作为苹果公司未来战略的核心。”[13]

巴加林是当时对此持怀疑态度的人之一。

“我最初的感觉是，苹果公司当时存在着太多的问题，我不明白为什么要把工业设计作为拯救苹果的核心战略。”巴加林回忆道，“并且让我担心的是，当时苹果的财务状况已经非常严峻，不管他打算做什么，都需要做得扎实，并且能够立竿见影。”

巴加林想起了另外一件事，他说：“我还记得，当时我曾经对和我共事的人讲过，你永远都不能低估史蒂夫·乔布斯。如果还有谁能够拯救苹果公司，那一定只有乔布斯了。”[14]

乔布斯尽管提出要把苹果公司重新转变为以设计为先导的公司，但他并没有立刻去视察工业设计工作室。布伦纳把工作室搬离园区的策略几乎起到了适得其反的效果，因为乔布斯并没有意识到自己已经拥有了什么样的人才，所以他开始从公司外部聘请世界一流的设计师。

乔布斯很认真地考虑要重新邀请哈特穆特·艾斯林格回来。他是乔布斯的老搭档，来自于青蛙设计公司，曾经参与过NeXT公司的项目。他还拜访了理查德·萨帕（Richard Sapper）——IBM的ThinkPad品牌笔记本电脑的设计者；以及之前为苹果公司工作过几年，但是没有设计出任何产品的汽车设计师乔吉·乔治亚罗，这真有些让人难以置信。乔布斯还考虑过著名的意大利建筑师和设计师埃多勒·索萨斯（Ettore Sotsass），他曾在20世纪60年代帮助奥利维蒂公司走在了工业设计的最前沿。[15]

隔着一条街道，对面的乔纳森·艾夫意识到他的团队正处于危险状态之中，他必须要向新的老板展示这支团队的能力了。他把他们最好的设计作品装订成了小册子。这种纸张光滑的小册子，包含了苹果公司的先进的设计语言，加上当时推出的半透明eMate，一起引领苹果公司走入了一个大胆的新空间。“我们制造了许多这样的小册子来展示团队的实力，”一位团队的前设计师说，“我认为这样做起到了重要的作用，成功地吸引了乔布斯来重新了解我们的团队和实力。”

当乔布斯终于决定去苹果公司自己的设计工作室看一看时，他被眼前所看到的创造力与严谨性震惊了。工作室里摆满了引人入胜的实体模型，这些是从前的公司体制下所不可能得到的。乔布斯也不由自主地注意到那个数控铣床以及这个初具规模的CAD团队。

更重要的是，他同语调柔和的乔纳森攀谈了许久。乔纳森后来说，他们两人几乎在一瞬间就达到了观念上的一致。“我们讨论了形式和材料上的许多新方法。”乔纳森回忆道，“我们的愿望是一样的，我立刻明白我为什么会爱上这家公司了。”

乔布斯决定保留工业设计团队的原班人马，并任命乔纳森为负责人。他最初安排乔纳森向硬件部门主管乔恩·鲁宾斯坦报告工作（后来情况发生了变化，设计部成了独立的部门。）尽管乔纳森在鲁宾斯坦的管辖之内，但是在接下来的几个月里，乔纳森开始和乔布斯共用午餐。乔布斯也会常常在一天快要结束的时候，顺便去绿谷设计工作室看看。[16]

“他经常会顺路过来看看，”一位前设计团队成员回忆说，“一般都是来看乔纳森。不过他也会看看这里都在进行着什么。”那段时间，乔布斯几乎成了这里的常客。

乔布斯带来的关注

乔布斯回归后，他不仅为苹果公司，也为乔纳森的设计团队带来了更多关注的目光。

乔纳森名义上主管整个设计团队，但实际上团队的工作目标并不统一。身为一名年轻且没有经验的管理人员，乔纳森根本无法贯彻执行公司的规章制度，也无法发挥领导能力。这正是创造力所带来的混乱，就像公司其他部门一样。设计部门全都是些才华横溢却又骄傲任性的设计师，他们每个人都埋头进行着自己的项目，但是互相之间少有甚至没有协调和沟通。

“每位设计师都有一个自己的计划表，或是自己的设计理念，（对于他们的活动）根本毫无任何控制可言，”设计师道格·萨茨格说，“一位设计师有一个关于便携笔记本应该如何设计的想法，另一位设计师又有一个关于打印机应该如何设计的想法。但是关于下一代苹果超级电脑应该是什么样子的，却根本没有一个协调统一的想法。这个设计团队并没有建立在协调合作的基础之上。每位设计师都各自为战，都有着自己强烈的设计意识。他们看起来就像是在为许多不同的公司进行设计一样。”

萨茨格说，当时三位设计师正在为苹果超级电脑设计三种不同的升级版机器外形。超级电脑是供专业人员使用的一款塔形的强大电脑。“它们根本没有任何统一性可言。”萨茨格说，“丹尼尔设计了一个非常巨大的附有车轮的完美立方体；丹尼尔·科斯特设计的是一个由各种各样的积木块堆积构成的模型；而工业设计团队的另一位设计师托马斯·迈耶霍夫（Thomas Meyerhoffer）设计的模型上布满了线条，就像一块巨大的艺术品。当时的团队并不是选定其中一种方案，而是所有的方案同时进行。”[17]

艾斯林格和布伦纳都允许设计师去探索不同的设计方向。布伦纳特别喜欢将早期的设计当作一场竞赛，但是他最终会选择一个最佳的设计理念。同样，艾斯林格也会统一出一个最优秀的设计想法，确定一个设计方向。乔纳森在这样的环境里工作了许多年，但是他似乎并不愿意，也没有能力做出强有力的领导。

这时乔布斯介入了，他勒令叫停了那些毫无希望的项目，并且重新修整了苹果的产品线，使其适应他的 2 × 2 模型。萨茨格记得乔布斯走进工作室，告诉设计师，苹果公司将会把全部精力放在仅仅 4 种产品上面。最首要的是为消费者生产的台式电脑。“史蒂夫说，‘我的女儿就要读大学了，我找遍了所有的产品，但是它们都是垃圾。这真是个难得的机遇。我们现在的目标是制造一台互联网电脑。’他当时构想的就是苹果一体机，那就是新的重心。”

乔布斯想要一款价格低廉的电脑，一款能够吸引主流消费者去热切接触互联网的产品。得益于美国网景公司（Netscape）的网络浏览器、价格低廉的调制解调器以及像 AOL 公司这样的互联网服务供应商的爆炸性增长，互联网已经变得越来越流行，这也为价格低廉的互联网接入方案提供了可能性。乔布斯非常急迫。他削减了公司的规模，从而创造了一个喘息调整的空间，但是他需要研发新产品来迅速恢复之前的大规模的销量。他把整个公司都赌在了这款新产品上。

在当时，最便宜的苹果电脑售价为 2 000 美元，比微软系统的电脑平均售价要高出 800 美元。为了能够比占据价格优势的微软产品更具有竞争力，乔布斯最先计划推出的是一款看起来没有背部结构的机器，即“网络计算机”（也就是人们熟知的网络电脑），这在当时的硅谷是一个非常火爆的理念。网络计算机应该是一款便宜的、简单的终端机，通过网络与中心服务器实现连接。它没有硬盘驱动器和光盘驱动器，只有显示器和键盘。它对于学校和办公场所来说是个完美的产品，并且一看就是面向热切想要接触互联网的用户的理想产品。

在 1996 年 5 月乔布斯回归之前，苹果公司加入了由甲骨文公司（Oracle Corporation）和其他 30 家硬件、软件公司组成的网络计算联盟，为基于一个公用网络平台的低价位、无磁盘的计算机设立了标准。乔布斯最好的朋友亿万富翁拉里 · 埃里森（Larry Ellison）格外看好网络计算机在计算机工业的发展前景。并且，作为苹果公司董事会的新成员，埃里森对媒体透露，苹果公司正在研发一款新的网络计算机。甚至，他最近还投资了一家新的网络计算有限公司，想开始在这一领域施展拳脚。

受埃里森的观念的影响，同时想要急切地同埃里森进行竞争，乔布斯也谈到了网络计算机这一概念。“我们将会在埃里森自己的游戏里打败他。”他津津有味地对苹果公司的同仁们说。[18]就像当初推出第一代麦金塔电脑时那样，乔布斯一开始先提出项目要求：苹果网络计算机应该是一体化产品，从包装箱里一拿出来就能直接使用，外观设计要别出心裁、要能创造出品牌知名度，并且售价应该在 1 200 美元左右。“他告诉我们要彻底回归到 1984 年麦金塔电脑的设计理念，设计一台供消费者使用的一体机，”苹果公司市场营销主管菲尔 · 席勒（Phil Schiller）回忆道。“这就意味着设计团队和工程团队必须共同作业。”[19]

1997 年，乔恩 · 鲁宾斯坦指示乔纳森按照乔布斯提出的项目要求制作十几个有被采纳潜力的泡沫塑料设计模型。

乔纳森把整个设计室团队都召集起来，向他们转述了项目要求。他们从讨论苹果网络计算机的潜在目标市场开始。“我们的设计不是以工程学为起点的，”乔纳森说，“我们实际上是从用户着手的。”

乔纳森后来在接受《新闻周刊》采访时表示：“苹果电脑反复考虑的并不是类似于芯片读取速度或是市场份额这样的问题，而是诸如‘我们想给使用者一种什么样的用户感受’以及‘它在我们的思想中应该占据什么样的位置’这种模糊不清的问题。”[20]

乔纳森开始寻求苹果网络计算机的“设计主题”。受父亲迈克尔的影响，寻找设计主题是构思一件全新产品最基本的首要步骤。“作为工业设计师，我们所设计的不再是具体的产品，”乔纳森说，“而是使用者对产品的感受，以及产品的物理存在和功能所体现的意义，还有产品所昭示的可能性。”[21]

他们探讨了诸如“产生积极情绪的产品”这样的话题。一位设计师提到，一台透明的口香糖自动贩卖机就是这样的产品。这个工业设计团队同时还谈论了其他领域的商业公司，例如时尚产业会如何应对这样的难题。“我们讨论了类似斯沃琪（Swatch）这样的公司——那些打破常规的公司——他们把科技作为走近消费者的途径，而并非把消费者作为公司走向科技的途径。”乔纳森说。

后来，乔纳森是这样解释他的理念的：计算机产业“从设计的角度来看已经保守到了令人难以置信的程度”。他说：“如今的这个产业对用数据衡量产品特性产生了一种痴迷。它的运行速度有多快？硬盘驱动器容量有多大？光盘读取速度有多快？这是一个非常舒适的竞争空间，因为你可以非常确定地说 8 是比 6 要好的。”[22]

但是乔纳森洞察出了关键性的一点：“这也是非常残忍并且冷漠的。正是因为全行业对可测量概念的迷恋，那些难以测量和言说的产品属性才越来越受到忽视。从这层意义上看，这一产业已经错过了许多激动人心的、但却不那么明显的产品属性。但是对我而言，这正是我购买第一台苹果电脑的原因，也是我为什么来苹果公司工作的原因。因为我总是能时刻感受到，苹果公司在最基本的追求之外还有其他的渴望。它想要做到的不仅仅是在功能和性能上达到一定水准。在它早期的产品里，我就发现苹果公司无论是在软件还是硬件方面，都会在那些人们可能注意不到的细节上做出努力。”[23]

乔纳森和其他团队成员们围着桌子坐成一圈，开始画草图。萨茨格记得那张桌子上铺满了散装的复印纸、彩色铅笔和百乐笔。团队像一个集体那样共同把创意画成草图，活页纸在成员之间互相传递着。他们试图去构想一台能够激发人们积极情绪的电脑，他们所希望的苹果一体机就是这个样子。设计师克里斯托弗 · 斯特林格画了一幅漂亮的糖果自动贩卖机的彩色素描。

萨茨格回忆起苹果一体机最初的外形创意的由来，那是以他之前为汤姆森家用电器所设计的电视机为基础完成的。“如果你观察外形，就会发现它们的轮廓几乎一模一样。”

这个理念对乔纳森和其他的组员产生了巨大的吸引力。团队立刻决定将这一雏形作为主要的设计方向。

苹果一体机必须在几个月之内进入市场，否则苹果公司就得歇业。为了加快设计进程，乔纳森开发了一套彻底的整合设计方案，这一做法改变了苹果公司研发新产品的方式。今天，苹果公司设计团队所使用的工作流程仍然在大体上延用了乔纳森的方法。

工业设计团队需要新的工具来使复杂的设计流程合理化，并且能允许设计师进行 3D 设计，还要能供外部工厂的工具制造者使用，以此为公司制造计算机外壳模具。产品设计团队的迈尔季 · 安德雷森（Marj Andresen）帮助乔纳森找到了尖端的CAD软件。由乔纳森发起的这一新式电脑辅助模型制作流程能够将不同的计算系统整合起来，并使用复杂的软件对数据代码进行翻译，从而使它们能够兼容协作。

“我的任务是在 9 个月之内让这一工具投入生产，”安德雷森回忆说，她自称是“计算机辅助设计、计算机辅助制造的临床医生”，因为她的任务就是支持精神高度紧张的设计师们。“从设计到投入生产，9 个月的时间非常紧张，而且单单依靠图纸是不可能完成的，”安德雷森说，“我们唯一的希望是直接使用设计文件。可是新的工具有了，而这一流程却还没有在工程端和机械端得到验证。这真是个让人疯狂、兴奋而又激动的过程。”

在苹果一体诞生机之前，电气设计（硬件工程）和产品设计（机械工程）主导着设计过程。“他们根据工程限制来设计外壳的尺寸，而工业设计则需要去研制能够匹配这一尺寸的‘皮肤’。”苹果公司一位前设计工程师经理保罗 · 邓恩（Paul Dunn）说，“乔布斯回归苹果公司后，他和乔纳森一起彻底颠倒了这一过程。”

尽管乔纳森的工作室团队里有一个CAD小组，但当时CAD仍然处于早期阶段。设计师们大多还是用手绘素描和一些早期的相对粗糙的2DCAD软件来进行设计。但是乔纳森的团队需要的不是2D设计，而是3D设计。

他们在Alias Wavefront软件中找到了答案，这是一款在航空航天、汽车制造和渐成气候的电脑动画产业内应用的3D图形软件包。史蒂夫·乔布斯所创办的另一个公司皮克斯曾经运用这款软件包为《玩具总动员》制作过一些特效，这部动画片是在1995年上映的。

"苹果公司所进行的设计比我们任何一家同行业的竞争对手都要复杂得多。"邓恩说，"苹果一体机的表面不像是计算机产业的设计，而更像航空航天和汽车制造产业的设计……我们是在挑战极限。"[24]

Alias Wavefront软件实际上是一个雕刻工具，它定义了一个产品的外部结构，就像一位雕塑家是用黏土来制作模型。一旦设计师草拟出一个有希望被采用的外形设计方案，他们便把它交给CAD小组。这个小组里的成员被称为"表面打磨师"，目前人数已经增长到了15人，在工业设计工作室内部办公。他们在高端苹果电脑和惠普高性能电脑上运行Alias软件（现更名为Autodesk Alias）。在乔纳森团队的设计师们的注目下，这些计算机辅助设计操作者制作出他们设想中的产品轮廓，这么做是为了确保产品的基本形状和比例是合理的。

这一过程往往要花费好几天。当设计师和表面打磨师们选定了一个相当不错的外形后，他们就会把文件发送到工作室的计算机数控铣床上，然后制作出实体模型。最初的模型都是用泡沫塑料切割出来的，然后再用ABS或德国威狮材料（RenShape）制作出更为精细的"硬模型"。威狮材料是一种高密度的红色泡沫，切割起来像是木头，很适合用于制作外壳。

乔纳森早期的设计团队还拥有一台很原始的、非常昂贵的3D打印机。"苹果很多年以来一直处于模型制作工艺（modeling technology）的最前沿。”邓恩说，“在20世纪90年代初期，苹果就已经拥有一台立体平板印刷机（SLA），它能在几小时内制作出复杂的3D模型。这些化学制品毒性巨大，不过为了结果，这些都是值得的。”

乔纳森大学时期就发现，精细的模型制作是设计过程的关键之一。“当你把一个抽象的概念转变成一个稍微实体化一点的东西时，你能看到最戏剧性的改变。”乔纳森说，“但是当你做出一个3D模型，无论多么粗糙，你都能为一个模糊的概念赋予形体，然后一切都会发生变化——整个过程都会发生转变。它刺激了人们的感官，并把所有人的目光都吸引了过来，这是一个激动人心的过程。”[25]

当这个全新的工作流程布置完成时，乔纳森将模型制造车间并入了设计工作室（之前属产品设计部门管辖）。安德雷森说，无论从组织上，还是从操作上，这么做都是明智之举。“模型制造车间能够在第一时间为工业设计人员提供产品设计的外观印象和感觉。他们特别制作出能表现产品应有外观的模型……那些东西太酷了。”

这些模型制造者对整个生产过程来说是必不可少的。“模型制造车间里都是能工巧匠，”安德雷森回忆道，“他们什么都能做，不过他们得学会操作那台新电脑，还得会从工程师那里接收设计文件。”

另一个对设计过程起了重塑作用的软件是Unigraphics。这是一个由麦克唐纳·道格拉斯（McDonnell Douglas）设计的应用于航空航天领域的3D工程程序。安德雷森和她的组员一起开发了一个软件，以便将表面打磨师们用Alias创造出来的3D模型输入到Unigraphics里。这样，产品设计组便能在设计师选定的外壳下用Unigraphics来设计出可实现的产品。工程师可以导入产品各个组成部分的精细3D模型，来检测它们之间是否互相匹配，以及这个设想中的外形是否能够实现。“设计师们会和CAD人员坐在一起说‘把阴极射线管导入进来，这里要腾出点地方来放电路板，这里放连接器’等等类似的话。”萨茨格说，“设计过程和通信接口全都得到了改进，我们因此也就能把这些外壳设计导入Unigraphics，这样产品设计组就能用它来作为进一步开发实体部件的一个起点。”邓恩说。

整个设计过程是不断重复的。设计师经常同计算机辅助设计操作者和工程师一起工作，反复尝试，直到他们找到一个内部组件和外壳能够良好结合的方案。“这个过程听起来很简单，可实际上却非常复杂，而且需要不断反复，非常耗时。”曾经参与过苹果一体机设计的公司前设计师罗伊·阿斯克兰德（Roy Askeland）说。“工作极其细微，甚至需要一毫米一毫米地调整。”[27]

最后的问题在于，如何将3D的CAD的详细文件发送给模具制造商。在工厂制造模具时，当时的工人首先依赖手绘的草图和2D的CAD打印件，后者类似于蓝图。虽说工厂都有自己的一套制作模具的计算机辅助制造系统，但通常无法与设计师的系统相兼容，因此将设计组的草图和模型变为工厂模具的这一过程仍然是半手工操作的，这通常要花上好几个月时间。安德雷森参与开发的软件能够使所有的系统共用通用的文件，这就极大地简化并加速了转化的过程。

由于以上这些改进，平行设计这一工作流程总体来说更加快速了，但整个系统还是不够流畅。“不论是在内部还是供应商那里，信息的传递都非常困难，跟计算机辅助制造系统的衔接也不好。”安德雷森说道，“当我们开始制作外壳模型的时候，软件和硬件方面的限制就会大大地减缓我们的进度。计算机最初是四四方方的样子，现在有了圆形的边角。这些都是很难做成模型的，供应商也很难接收设计数据……我们有多重系统，系统之间的转换又更加复杂。”

不过尽管如此，最终他们还是修复了漏洞。即便在今天来说，这种创新的方法仍然是工业设计团队工作流程的基础。“整个设计过程基本上围绕两大系统，即Wavefront和Unigraphics。”邓恩说道，“是的，还有很多接口以及后处理程序有待开发，而且有些是非常复杂的，可是一旦确定下来，整个流程也还算不错的。”

安德雷森说，苹果在世纪之交的创新设计扩大了CAD工具在当时的应用范围。“现在，我能在iPad上运行3D建模，想想就好笑……可那个时候，这种制作方法就像是用铝材这种实际上预示了未来的电脑外壳制作工艺一般，在当时是很难想象的。CAD的供应商正努力满足我们的需求，我们要带他们去看我们的工业设计和产品设计实验室，这样他们才能真正知道我们到底需要什么。我们用制造汽车的方式制造电脑，同时也推动CAD行业开发更多的新软件。”

第一个月里，乔纳森的设计组为麦金塔网络电脑制作了至少10个模型，但只给乔布斯看了其中一部分。乔纳森的设计组很快就明白，他们想要的是鸡蛋形状的东西，所以他们只把这种形状及其各种相关变体拿给乔布斯看。“我们会选择我们自己认为比较好的模型给史蒂夫·乔布斯看，”萨茨格说道，“看过后，史蒂夫会表示同意或不同意。很多时候，他对某一个设计模型只说‘不行’两个字。不过，我们也从不会给他看那些我们不想让他看的。”

当乔纳森第一次在工作室给乔布斯看鸡蛋形状的机器时，乔布斯拒绝了。但乔纳森没有放弃。他同意乔布斯说的，承认该设计不那么完善，但感觉上却很有意思。他告诉乔布斯：“它给人一种刚刚来到桌面上，或者是正要起飞去别的地方的感觉。”

当乔纳森再一次给乔布斯看蛋形外壳时，乔布斯发疯似地喜欢上了它。他开始带着这一泡沫塑料模型辗转各个校园，观察人们的反应。与此同时，他对精简版网络电脑的热情也开始减退。市场上已经存在相互竞争的网络电脑，比如微软公司的WebTV以及苹果自己的Pippin，它们在市场上的吸引力几乎为零。

乔布斯认为网络电脑应该升级成为一个有着更大硬盘和光驱的真正的电脑。为了避免延误，鲁宾斯坦提议硬件的设计应该基于麦金塔G3电脑。这种电脑面向专业人士，在乔布斯接手苹果之前就已经开始研发，此时刚刚发布。增加硬盘和光驱意味着要扩大蛋形的外壳，不过这仅仅是比例的放大，因此操作相对简单。乔纳森委任丹尼尔 · 科斯特负责这一设计。

苹果一体机将用塑料制造——用乔纳森的话来说，它将是一款“理直气壮的塑料”产品——但是塑料会带来麻烦。“我们不想让它看起来像廉价品，”乔纳森后来解释说，“在‘实惠’与‘便宜’之间有一道细微的分界线，我们当然希望它看起来价格实惠，但我们也想表明的是，电脑不是什么令人生畏的高科技，而很多人都这样看。”

乔纳森团队制造的模型有青红色——几乎呈紫色，也有橙色的，但固体塑料看上去很廉价，所以有人建议将外壳做成透明色。乔纳森当即赞成这一想法。“它给人很张扬的感觉，”乔纳森说，“所以我们喜欢半透明的。”苹果的有些产品已经开始使用透明塑料，例如打印机托盘和盖子、托马斯 · 迈耶霍夫设计的蛤壳形eMate也是完全由透明塑料制成的。当时，迈耶霍夫告诉《麦金塔周刊》，半透明能让用户看见eMate里面是什么样子的，给人一种亲近的感觉。当乔纳森决定让苹果一体机透明化时，他意识到内部构成也得精心设计，因为它们现在是能被人看见的了。乔纳森尤其担心包裹内部组件的电磁屏蔽层，在外壳不透明的产品里，它通常会藏在一只巨大而又丑陋的钣金盒里。

乔纳森发动设计者把所有能找到的不同颜色的透明物品都带到工作室来寻找灵感。“我们有宝马汽车的尾灯，”萨茨格说道，“有很多透明的厨房用具，还有老旧的透明暖水瓶，便宜的野餐餐具，我们有整整一货架这样的半透明物品。我们研究每件透明物品的品质、深度以及内部的纹理结构。那只暖水瓶给了我们很大的灵感。它是个有光泽的深蓝色透明体，光亮的瓶颈透射出内部的构造。”

没错，最终的苹果一体机就是这样的。透过半透明的外壳，你可以见到内部银色的电磁屏蔽层，像是透明热水瓶和汽车尾灯的结合体。

有一位设计者带来了一小片呈蓝绿色的沙滩玻璃，表面是轻微磨砂的感觉。它可能来自加利福尼亚的半月湾，或者是澳大利亚悉尼的邦迪海滩，科斯特喜欢在那里冲浪。当乔纳森把三个模型展现给乔布斯时，他将这个蓝绿色（乔纳森的设计组称之为“邦迪蓝”）的模型与橙色和紫色的模型放在一起比较。最终，乔布斯选择了“邦迪蓝”。

透明的设计增加了一种可用性，但为了使苹果一体机能进一步强化这种感觉，设计者在它的顶部增加了一个把手。对乔纳森来说，为苹果一体机设计把手并不是真的要让用户提着电脑到别处去，而是通过鼓励用户去触摸它，从而在用户与电脑之间建立起一种联系。这个创新很重要，但又几乎是无形的，它将改变人与电脑之间的互动模式。

“那个时候，人们对技术感到很陌生，”乔纳森解释说，“如果你害怕某件东西，就不会去碰它。我能看出我妈妈就很害怕去摸它。所以我想，如果它上面有一个把手，这种把手与机器的连结关系就会为人们提供亲近它的一种可能。它给你一种直觉，它是可以接近的，让你敢去摸它，你会觉得它非常温顺。”

据乔纳森说，这一想法有一个缺点。他说：“遗憾的是，制造这样一个内陷式的把手需要花很多钱。这要是在以前的苹果公司，这一想法就无法实现。但乔布斯的伟大之处就在于，他看见了这个设计后说，‘这很酷啊！’我还没有解释我的想法，他就完全意会了。他知道，这就是苹果一体机友善、好玩的地方。”

苹果一体机代号为“哥伦布”（Columbus），因为它象征着一个崭新的世界。乔纳森后来说：“制造第一台苹果机的目的并不是要让它看上去多么与众不同，而是尽我们所能制造出最好的集成消费型电脑。如果结果是形状不同，那么这就是原因。问题在于，改变容易，改进却很难。”

多年以来，苹果公司获得了很多传统技术，那些元素现在变得过时了，但还不完全过时。快速发展的技术行业里充斥着它们的身影。那个时候，苹果的传统技术包括各种并行和串行的端口——连结鼠标、键盘、打印机和其他外围设备。像多数电脑制造商一样，苹果倾向于尽可能多地容纳传统技术。公司很讨厌因为缺少能够连接一些旧的打印机的连接器而失去销售机会。

乔布斯决定要让苹果一体机成为第一台“非传统”电脑。他放弃了旧有的桌面总线、小型计算机系统接口以及串行端口，只用以太网、红外线和USB（通用串行总线/接口）。他也摒弃了软盘驱动器，这一决定引来的争议最多。这些变化反映了乔布斯的简化哲学，这种观念很快就会在很多产品中发挥作用。乔纳森同样也会成为这种方法的大师，他认同乔布斯的准则，即“简单比复杂更难”。

USB，现在作为连接外围设备的标准技术，在上世纪90年代是个特别大胆的选择。当时，由英特尔发明的通用串行总线1.1标准甚至都没有最终敲定下来（苹果一体机发布一个月之后，也就是1998年9月，这一标准才最终确定）。它在行业里还没有影响力，但乔布斯断定，它能够解决苹果平台专用附件上日益难缠的问题。随着苹果市场份额的逐渐缩小，愿意为苹果的特殊连接器制造硬件的外围设备生产商越来越少。只要有相应的软件作为驱动，USB的外围设备就可以与苹果电脑相兼容。如果需要的话，苹果自己就可以编写这些所谓的驱动程序。

为了使接口便于连接，乔纳森将它们设置在了机箱的侧面。“大多数电脑从后面看起来很落后，原因之一就是有大量的连接线。”乔纳森说，“我们把接口移到侧面，从功能上来讲，这样做可以使它们更方便连接，还能让电脑后面更整洁。这样一来，电脑后面和前面看起来就差不多了。”

秉承一贯的作风，乔纳森仔细研究了更加细微的部分，包括电源线，他甚至想将包括电源线在内的一切设备都设计成透明的。“你知道冲澡时玻璃上凝结的水滴是怎么形成的吗？我们也希望连接线上有同样精致的哑光面。”

透明鼠标尤其令乔纳森骄傲。“鼠标的运作是很有趣的，”他说，“苹果商标就像鼠标顶部的一个小窗口，通过它，你可以看见里面的结构。你能看到，一个圆球在双向轴上滚动——不过，除了这个滚动的圆球，里面的其他结构实际上很复杂也很有趣。我们下了很大的功夫来排列里面那些你能看得到的东西。大多数情况下，你只是感觉里面有东西在闪光，或者看到一些模糊的形状，只有在很少的情况下，你才会仔细观察到里面的构造。”

糟糕的就是，乔纳森那完美的圆鼠标最后被证明是人体工程学上的一大败笔。圆鼠标在桌面上不固定，很难适当地控制方向，总是指向错误的地方。并且，对很多成年人来说它又太小了，用户用它时不得不将手蜷缩成爪子的形状才能捏住它。有人告诉乔布斯，这个鼠标存在问题，但是为了能够迅速上市，乔布斯忽视了这个忠告。

乔布斯会定期去设计工作室，当看到“哥伦布”一体机和其他颠覆性的设计时，他非常激动。迈尔季·安德雷森是CAD方面的专家，她说乔纳森设计团队的乐观和想象力让人颇受感染。“工程师对今天或当下可能发生的事情很现实，”她说，“而工业设计师则对明天或未来可能发生的事情充满了想象。”

苹果在韩国建立了一家工厂，与韩国的LG合作组装苹果电脑。制造工程师非常担心由于苹果一体机的特殊设计而导致的成本增加。萨茨格说，由于这一情况，设备的调试非常复杂。“这是我们第一次真正挑战设备调试和注模技术的标准。”

作为工程组的负责人，鲁宾斯坦要均衡考虑各个方面。尽管他更偏向于工程师，但乔布斯通常站在乔纳森和他的设计团队这一边。

“当我们把它拿给工程师，他们能说出 38 条他们不能制作的原因，”乔布斯回忆说，“我说，‘不，不，我们得做这个。’他们说，‘那是为什么呢？’然后我说，‘因为我是CEO，我认为这个能做得出来。’最后他们还是很不情愿地去做了。”

苹果的市场营销主管菲尔 · 席勒对这一切看得很清楚。“史蒂夫回来之前，工程师会说，‘这就是里面的东西’（处理器、硬盘）——接下来就该由设计师把它们装进一个外壳里了。如果产品是这么做出来的，那一定会很糟糕。”好在，乔布斯和乔纳森再一次站在了设计师这边。

“史蒂夫总向我们强调，设计能让我们变得伟大，它是不可或缺的。”席勒说道，“设计再一次主导了工程，而不是反过来被工程所控制。”

“史蒂夫 · 乔布斯的一贯做法就是不妥协，”唐 · 诺曼说，“他关注的是产品应该是什么样子，而不是倾听相反的论调。诚然，他会先倾听别人的意见再下决定，但是一旦他下定决心就不会改变。在史蒂夫回归之前，这种妥协有很多，这不仅削弱了产品的整体性，也延误了生产。”

乔布斯的某些领导能力也开始影响乔纳森。“公司里的人才有某种等级上的划分，并且很明显……在早期就能看出乔纳森是个领导者，其他设计者必须要征得他的同意。”安德雷森回忆说。她说，尽管在布伦纳时期，工业设计团队里便满是有天分的人，但她感觉，自从乔纳森负责后，氛围变得“充满创意”了。

安德雷森充满感情地回忆：“真的很快，很令人兴奋，我们所做的所有事情真的很重要。产品投入市场的时间已经确定，我们尽我们所能地节省时间，让产品从概念走向消费者。工业设计团队和乔纳森是这一切的源头。”

当苹果一体机将要完成时，为了使每个细节都臻于完美，乔纳森的工业设计团队夜以继日地工作。萨茨格摇着头回忆说：“我们 24 小时都在轮班工作。”

名字游戏

为了给“哥伦布”产品取名字，乔布斯向一个做广告的好友——来自TBWA\Chiat\Day广告公司的李·克劳（Lee Clow）征求意见。克劳从洛杉矶起飞，由其公司的广告经理肯·西格尔（Ken Segall）陪同。乔布斯把他们带到一个秘密的房间，在会议桌中间有一个大块头，上面罩着一块布。

乔布斯掀开布，里面是一个透明的塑料眼泪状物体，那就是第一台“邦迪蓝”苹果电脑。这两位广告人士从来没见过这样的东西，他们被惊呆了。

“我们很震惊，但我们不能那么直白，”西格尔回忆说，“我们要谨慎有礼，但我们确实在想，‘老天，他们知道自己在做什么吗？’这也太激进了。”

乔布斯告诉他们，他已经把整个公司都压在了这台电脑上，所以得起个厉害的名字。西格尔说，乔布斯建议叫“麦金塔人”（MacMan），一个能“凝固你的血液”的名字。

乔布斯说新电脑是苹果机，所以名字要参考麦金塔品牌。并且，名字要体现出机器是为互联网设计的，还要与即将上市的其他产品相呼应。最后，名字还必须尽快确定，因为一周内就得做好包装。

西格尔取了5个名字。他钟爱“iMac”这个名字，其余4个都是凑数的。“这个名字引用了‘Mac’，‘i’指代‘internet’（因特网），”西格尔说，“但是‘i’也意味着‘individual’（个人的），‘imaginative’（有想象力的），以及它所能代表的其他内涵。”

尽管乔布斯把这5个名字都否决了，但西格尔并未放弃“iMac”这个名字。他又想出了三四个新名字，但依然偏爱“iMac”。这次，乔布斯跟他说：“我不讨厌它，但我仍旧不怎么喜欢它。”

西格尔私下并没有从乔布斯那里听到任何有关名字的事情，但有朋友告诉他，乔布斯已经把名字丝印到了新电脑的原型机上，测试外观是否令他满意。

“他两次都否决了，但最终这个名字还是出现在了机器上。”西格尔回忆说。他认为，乔布斯改变主意是因为这个小写字母“i”在他自己的产品上显得很漂亮。

“这太棒了，”西格尔高兴地回忆道，“你不会有太多机会给产品起名字，何况是如此成功的产品。这确实很棒，我很高兴。它成了其他那么多产品命名的参考，数以百万计的人们都见到了这个名字。”

西格尔说，过去几年，关于去掉前缀“i”的争论已经在苹果公司出现了好几次。“他们问：‘公司应该去掉字母‘i’吗？’但是为了保持一致，这样的叫法延续了下去：iMac、iPod、iPhone。名字看起来并不那么简洁，但是却很有效。”

微调

新加坡的苹果工厂生产苹果电脑的主板，但其他部件，包括全新的外壳，是由苹果设在韩国的公司生产装配的。

乔纳森和丹尼尔·科斯特以及产品设计团队的工程师去过几次工厂，目的是对外壳模具进行微调。访问工厂是设计行当里通行的做法，但乔纳森的团队所付出的远不止这些。为了使苹果电脑臻于完美，他们在厂房里度过了比平时更多的时间。他们大多住宿舍，吃大食堂。乔纳森和丹尼尔也经常在那里就餐，只是住在附近一家简陋的旅馆里。iMac发行前，他们在工厂里整整待了两个星期。

“我们大部分时间都在工厂里，从早上八点到晚上九点甚至凌晨一两点钟，”产品设计组的一名经理阿米尔·荷马杨法（Amir Homayounfar）这样说道，“他们基本上会不断地带些样本过来，CAD部门那些人以及模具工程师会做进一步的修改，然后我们再回去拿更多的来。”

起初，由模具制造出的外壳有很多毛边，还有不少尖锐的边缘。“为了使其趋于完美，”荷马杨法说，“我们会反复检查整个过程，直到乔纳森和丹尼尔对样本满意。我们的目标就是要完美。”

随着首发日的迫近，乔纳森和丹尼尔带着28名工程师返回工厂来赶制一批样机。团队工作到深夜，不分节假日地为机器上市做着准备。“我们都在那用砂纸打磨塑料机箱，我们要把30台机器运回美国，准备向市场发布，”荷马杨法说，“我们有30名苹果员工和整个LG工厂的员工。”

乔纳森需要30名苹果员工去工厂，因为每一个人都能把一台苹果电脑当作行李带上飞机。荷马杨法说：“我们直接从首尔飞到了旧金山。苹果公司的卡车赶到机场把他们接走，所以他们从工厂出来就到了机场，又从机场到了库比蒂诺和苹果园区。他们将机器启动，让史蒂夫来查看。史蒂夫精挑细选了几台卖相好的电脑，然后我们就准备进行新品发布会。”

然而前进的道路上仍然会有波折。就在发布会前一天，当乔布斯用一台匆忙组装好的原型机练习发布演讲的时候，他按下了面板上的按钮。这时，承载碟片的装置居然弹了出来。

他问我们：“这玩意儿是什么？”他一直期待新品采用吸入式光盘驱动器，那时候这种装置刚开始出现在高端的立体声音响上。[47]

没人敢说什么，但是乔布斯的怒火越烧越旺。为了跟上瞬息万变的光盘技术，鲁宾斯坦选择了弹出式的光盘驱动器。可写式光盘驱动器已经闯入人们的视野，鲁宾斯坦知道，采用吸入式驱动器会让iMac一体机整整落后一个时代。他坚持说乔布斯早就知道这一点，但是乔布斯当时非常愤怒，他几乎差点取消了新品发布会。

席勒回忆说：“这是我和史蒂夫共事以来开发的第一款产品，也是我第一次看到他的思维模式，即‘如果出现问题，就不发布新品’。”直到鲁宾斯坦承诺把光盘驱动器换掉，乔布斯的态度才稍微缓和了一些。[48]

第二天，也就是1998年5月6日，乔布斯在库比蒂诺人潮汹涌的弗林特中心揭开了iMac一体机的神秘面纱。14年前，苹果公司也是在这里向公众介绍第一代麦金塔电脑。

这次盛会吸引了大批科技媒体的目光。礼堂里充满了兴奋的交谈声，就像有只巨型的沙滩排球在四处拍击。人们开始就座。几个月前为乔布斯的设计会议担任分析师的巴加林说："从1989年以后，我还从没见过苹果公司这么热闹过。"[49]

乔布斯用一条取笑英特尔公司的新电视广告作为发布会的开场表演。屏幕上，一台轧路机轧扁了几台奔腾笔记本电脑，观众们随即发出了一阵震耳欲聋的哄笑。

乔布斯为消费者详细解释了个人电脑的缺陷：运行速度慢、操作复杂、外形不美观。"这就是它们现在的样子，"乔布斯说着，将一台米黄色电脑的图片投放到身后的大屏幕上，"我很荣幸向各位展示从今往后的个人电脑会变成什么样子。"[50]

他悠然地走向到舞台中央，将iMac上盖着的黑布揭了下来。在聚光灯的照射下，iMac闪烁着动人的光芒。乔布斯的样子像是在等待观众鼓掌，但是先前还很兴奋的观众们，此时却震惊得说不出话来。

乔布斯满怀热情地说，"整个产品都是半透明的，你可以看到里面。超级酷！……它的背面比其他电脑的正面还要漂亮。"

摄影师绕着台上的iMac走了一圈，从各个角度展示着这款产品。此时，观众席才开始骚动起来。乔布斯骄傲地说："它看上去像是来自另一个星球，一个非常神奇的星球，那里的设计师更加优秀。"这引得观众哈哈大笑。

乔纳森和设计团队的大多数人坐在观众席中。"我为iMac的新品发布会感到非常骄傲，因为我有机会参与这台机器的设计工作，并且为了研究它的许多部件而付出了很多努力。"萨茨格说，"乔布斯揭开盖布露出iMac时，我正坐在苹果公司员工的队伍里。所有的苹果员工脸上都显出惊讶的神色。这时我意识到，他们之前都没见过这款产品。他们从事公司法律、销售、管理甚至软件开发的工作，但是他们都没见过这款新产品，也无权见到它。这对我来说是个不小的震撼。”[51]

1998年8月15日，iMac开始正式发售。乔布斯将苹果公司的未来赌在了这台机器上。就在新品发布的这个夏天，苹果公司在广告宣传上花费了一亿美元。为了调动媒体的积极性，苹果的公关部门告诉记者，接下里要来临的将是苹果有史以来最盛大的产品发布。

苹果公司展开全面的广告攻势，用丰富多彩、诙谐幽默的广告席卷了电视、纸媒和广告牌。宣传以iMac时髦的设计和便捷的使用为卖点。有一则有趣的电视广告描述了新款iMac和传统个人电脑的上网冲浪比赛，广告现场是让一个7岁小男孩和他的狗对战斯坦福大学的博士生（猜猜谁是赢家，不过没有奖品）。另一个广告的主题叫作“颠覆个人电脑”，它将大多数电脑上乱成一团的电线与iMac一体机那简单大方、整洁干净的设计进行了对比。

iMac正式发售前一周，苹果公司宣布已经收到15万台iMac电脑的订单，苹果的股票价格一路飙升至四十多美元一股，达到了三年以来的最高值。公司在电脑商店大卖场安排了特别发布仪式（第一家苹果专卖店还是未来几年的事），公司的部分管理人员出席了这次活动，其中就包括乔纳森。

除了销售广告的大肆赞扬，新产品的第一批评论却让人大吃一惊，太多负面消息，有的甚至言辞苛刻。他们说iMac太过激进，与过去的电脑完全脱节。然而与人们的直觉恰恰相反的是，一向态度保守的科技评论员却称赞了苹果古灵精怪的设计。不过，他们也对iMac不支持传统技术表示了抱怨。科技媒体界对iMac没有软盘驱动器一片哗然，多数文章也都围绕着这一点做出攻击。许多人说这台机器没有软盘驱动，诞生下来就注定无用。《波士顿环球报》（*Boston Globe*）的海华沙·布雷（Hiawatha Bray）写道：“iMac只能销售给真正热爱苹果的人，这台电脑没有软盘驱动器，不能备份文件和分享数据。在乔布斯身上不该出现这种失误，他应该在专业上加强学习……iMac一体机设计简洁、优雅大方，但不能读软盘，它的命运注定是失败。”[52]

在iMac一体机没有软盘驱动器一事上，乔纳森站在苹果一边。他说：“关于新产品没有软盘驱动器这个问题，我不能代表苹果公司回答你。我只能给你我的回答，‘当人在前进的时候，总是需要把一些东西抛在身后。只要我还有一口气在，我就会继续争论下去，软盘驱动器实在是过时的技术了。我听过很多次这样的抱怨，但是如果前进的道路上没有摩擦，你的脚步就不会像自己希望的那样坚定。’”

其他对麦金塔电脑的常见抱怨也出现在了对iMac的评价当中，包括价格相对较高、与Windows系统不兼容，还有，支持iMac的软件比支持微软平台的少很多。美联社说：“因为人们对可用软件的质疑，消费者很难拿出一大笔钱来购买麦金塔电脑，何况使用Windows系统的电脑价钱通常更便宜。由于麦金塔电脑的市场份额只有3%，所以在很多顾客眼中，它不过是小众产品。”[54]

即便如此，苹果爱好者的队伍却在不断壮大。伯克利麦金塔用户集团（Berkeley Macintosh Users Group）的高管哈尔·吉布森（Hal Gibson）说，“这台电脑就是与众不同。苹果公司这种做法非常有胆色，iMac一体机让人兴奋不已。”[55]

许多零售商也热情洋溢。当时美国最大的电脑零售商CompUSA公司的总裁兼CEO吉姆·哈尔平（Jim Halpin）说：“我相信，我们将会卖出很多台iMac电脑。这是我从业以来见过的最漂亮的电脑。”

消费者的反应是不会错的。iMac电脑于1998年8月开始发售，售价是1 299美元，上市前6周就售出了278 000台，当到年底共售出800 000台，是苹果公司历史上销售速度最快的电脑。就像乔布斯之前所希望和预计的那样，iMac在初次使用电脑的消费者和对个人电脑不满意的用户中行情很好。32%

的iMac购买者是第一次拥有电脑，12%的iMac购买者以前拥有Windows系统的电脑，以上比例令人印象深刻。

《圣何塞水星报》（*San Jose Mercary News*）记者乔恩·福特（Jon Fortt）写道，苹果公司对消费者需求的关注促成了iMac电脑的成功。“初代iMac一体机的成功之处并不是它的颜色或形状，而是苹果公司所表明的要让用户用上互联网计算机的愿望，而设计个人计算机的天才们恰恰忽视了这些用户。”[56]

这一季度末，苹果公司宣布从乔布斯回归后公司已连续第三年盈利，年利润1.01亿美元，这超出了所有人的预期，由此也引发了一片苹果公司王者归来的赞叹。

潮流突起

iMac电脑挽救了苹果公司，也成就了史蒂夫·乔布斯技术预言家和引领消费潮流大师的名声。商务、设计、广告、电视、电影和音乐行业最后都受到了iMac电脑的影响。同时，iMac电脑也是乔纳森首次亮相的舞台，这是第一个为他赢得公众关注的产品。一夜之间，乔纳森就被世人誉为世界上最大胆、最有创意的设计师之一。

在之后的几年中，iMac引爆了一系列透视塑料产品的潮流，从斯文莱茵订书机到乔治·福尔曼烧烤机。如果你去塔吉特（Target）这样的连锁商店购物，就不可能看不到可透视的相机、吹风机、吸尘器、微波炉和电视机。一排又一排的货架上都是呈球形或弧线造型的半透明塑料制品。这种潮流在个人电子产品上表现得特别明显，便携式透明光盘播放器、透明便携型传呼机还有透明音响都是这样。

2000年12月，《今日美国》（*USA TODAY*）提出疑问：“什么是当今最热门的产品设计？”答案当然是“半透明色”。报纸称其为“电子偷窥癖”。[57]苹果的几个竞争对手也发行了模仿iMac的Windows系统个人计算机。苹果公司将这种行为告上法庭，并最终将eMachines公司和未来动力公司（Future Power）的仿冒品下架。

多亏了iMac一体机，电脑这种商务工具从此不必再隐藏在办公室的格子间里，它们开始变得有趣、时尚。突然之间，人们开始为放置在起居室和工作接待处的iMac电脑感到自豪。据英国的设计历史学家佩妮·斯帕克说："iMac打破了计算机的设计模式。昨天，它们都还是阳刚气十足的物品，如今就变成了更具设计感的物品。这是真正的突破。"[58]

苹果公司面向个人消费者而非公司的销售策略得到了回报。史密森博物学院旗下的纽约Copper-Hewitt国家设计博物馆的公共项目主任助理苏珊·耶拉维奇（Susan Jelavic）说："这一点和20世纪50年代类似，那时设计获得了很大的动力，新一代产品有了技术作为后盾。但是与过去技术应用于办公室的情况不同，如今技术也应用于家庭内外。"她还指出了另一个关键的区别：iMac一体机的到来意味着"办公用品正式面向青少年出售"。[59]

iMac完全扭转了电脑的话语体系。由于iMac的出现，CPU运转速度这种毫无想象力的技术细节突然不再如外表美观、操作简便或自定义功能来得那么重要。

乔纳森认为是iMac一体机改变了这种平衡。乔纳森说："iMac一体机的市场反应非常明确地表达了一个广泛存在的概念——过去的那些产品过于复杂，缺少人文关怀。所有的感情特质都被忽视了，所以是时候做出改变了。"

许多人指责苹果公司玩世不恭，为了博得大众关注而设计出特别的iMac外形。比尔·盖茨就是其中之一，他说："苹果公司唯一的贡献就是引领了颜色潮流。不久以后我们就会赶上他们，我不认为他们会一直领先。"[60]

乔纳森反驳说，把iMac设计成特别的外形并非是故意为之，它的与众不同是设计过程的必然结果。他说："我认为很多人起初都把设计看作一种有力的区别手段，能将自己的产品与其他产品相区别，我实在讨厌那种观点。那只是以企业为本，而不是以消费者和人为本。我们的目标不只是要突出自己的产品，而是要创造出在未来会受到人们喜爱的产品，了解这一点非常重要。我们的目标实现之后，结果必然就会与众不同。”

在苹果公司，乔布斯使产品设计部门的自主权得到了极大的提升。

重掌苹果不久的乔布斯告诉《财富》杂志：“在多数人的头脑中，设计意味着虚伪矫饰，但是对我来说，没有什么东西的意义可以超越设计。设计是制造产业最根本的灵魂。”[62]

iMac的创作也加强了乔布斯和乔纳森之间的密切联系，这种联系又逐渐发展成为现代最富有成效的创造型伙伴关系。他们两人联手改变了苹果公司以工程技术为中心的企业文化，将其打造成了以设计为驱动力的公司。萨茨格说：“工业设计团队的真正实力是史蒂夫与乔纳森联手作用的结果，如果史蒂夫不在这儿，我们（工业设计团队）的发展就会变得无法想象。”

乔纳森说：“在一家以创新为本能的公司里，危机就是创新的停滞不前。事事小心、处处谨慎是最可怕的。对于如何努力达成自己的目标，如何带领公司回归本源，如何实践苹果精神，如何将公司建成设计制造新产品的全能企业，史蒂夫都有自己明确的想法。”[63]

JONY IVE

The Genius Behind
Apple's Greatest Products

第六章
捷报频传

如果你与我们一样怀揣抱负，就会发现以往那套产品开发的老方法不会奏效。当你面临极其复杂的挑战之时，开发产品就更要团结协作、统筹兼顾。

——乔纳森·艾夫

虽然史蒂夫·乔布斯喜爱iMac苹果一体机，但是这款产品刚一投入市场，他对产品配色的看法就变了。以他典型的二元化评判方式来看，他觉得自己讨厌邦迪蓝。“我喜欢这款产品，但是我们选错了颜色。”他这么告诉设计团队，“颜色不够鲜亮，欠缺活力。”

道格·萨茨格是设计团队中产品配色和材料方面的负责人，乔纳森要求他着手研究新的配色方案。萨茨格只有两周时间拿出新方案。他在苹果的工业园区找到了一个空置房间，按当初团队为iMac选择邦迪蓝的方法，在那儿放置了几十种不同颜色的塑料制品，其中包括厨房餐具、透明保温瓶、色彩亮丽的塑料碟子。他把这些物品按颜色排列：蓝色的放在一张桌子上，红色的放在另一张桌子上。等一切准备就绪，萨茨格和与他合作的独立承包商将试样展示给乔纳森和史蒂夫审阅。

但这次进展并不顺意。

“史蒂夫走进那个房间，说房间里的东西太多了。”萨茨格回忆说，“他看着我说，‘你表现得太差劲了。’”后来，萨茨格可以对这段记忆一笑而过，但在当时，这并不好笑。乔布斯绝对不是能把人逗乐的人。

乔布斯心烦意乱，因为配色选择范围太广泛。萨茨格说：“我们给他提供的信息太多，但没把注意力集中在如何将色彩运用于iMac。所以，他盯着我说，‘我什么时候能看到适合出现在iMac这种产品上的一款颜色？’”

“我请求他再给三周时间。乔纳森给我使眼色，好像在说，‘什么？你疯了吗？’”

这项任务让人望而生畏。在有限的时间里，萨茨格拼命工作，要给乔布斯做出多种全新配色模型。

萨茨格说：“我们遇到的一个大麻烦，就是如何将不透明的颜色转变成透明的，如果你心中有黄色的既定概念，就不太容易将它变成有透明度的黄色。我们试过给试管注满水，加入食用色素和其他染色剂，最后得到15种不同颜色，然后再拿到制造商那儿去试制相同的颜色。如果一家制造商做不出来，我们再去找其他制造商。我们和乔布斯一起完成的这项工作。”

设计师们着手研制机壳及所有零件，包括光驱插口、扬声器外壳、电脑后盖板和底座。中国的一家工厂很快生产出了15台颜色各异的iMac一体机模型。

萨茨格挑选了一些饱满厚重的颜色：深蓝色、“琥珀啤酒色”、“蓝胶色”以及“绿叶色”。令人吃惊的是，他居然赶上了截止日期，刚好三周，一天不差。

“上帝啊！”乔布斯一走进摆满了炫彩iMac的房间就发出了这句感慨。

“乔布斯查看了所有的样机，”萨茨格回忆说，“他挑出黄色的那款，拿起来搁到房间的角落，然后转过头来说，‘看起来跟尿似的。我不喜欢黄色。’”

“他挑选了自己喜欢的几种颜色，随后又转向我们说，‘我真的很喜欢这些色彩，它们让我想起了救生者牌水果硬糖（LifeSavers）。但还是少了一些——年轻女性钟爱的颜色。我想看到粉色。什么时候能看到一款粉色的电脑？’所以我们又去试制，10天后调制出了5种不同的粉色，史蒂夫批准了其中一种——草莓粉。”

乔纳森对乔布斯批准新配色方案的神速感到惊讶不已。乔布斯的决策意味着工厂必须生产5种机壳，零售商需要5种产品编号用于存货。这些潜在的物流问题都没有被探讨过。公司决策完全由设计主导：史蒂夫·乔布斯想要产品换上新颜色，物流问题可以稍后解决。

“多数公司做决策需要几个月。”乔纳森后来说。过去的苹果公司也是如此。从前，苹果的高管遇到这种情况就会暂停业务，征询生产和营销问题——但现在不会了。“史蒂夫半个小时内就做了决定。”

多种颜色的新款iMac一体机代号正是“Lifesaver”，这款电脑即刻投入生产，并于1999年1月上市，此时距第一代iMac开售仅4个月。5种颜色都取了让人倍感亲切的名字：草莓粉、蓝莓青、柑橘橙、柠檬黄和葡萄紫。彩色iMac的问世尚属行业首次，意义重大，因为这将时尚概念引入这个过去只认速度和数据传递的行业。

Lifesaver是iMac的第一次升级，之后iMac又迅速地进行了一系列的更新升级。在随后的数年里，iMac提高了芯片运转速度，扩大了硬盘存储容量，并开始使用无线网络，并扩大了色彩和设计的选择范围，尽管当时鲜有人留意，但这些升级之中最重要的当属无线网络的应用。第二代iMac面市时，配色方案升级成铅黑色、红宝石色、鼠尾草绿、雪白色和靛青色。还开发出包括“Flower Power”、“Blue Dalmatian”等几款拥有注册专利的电脑。

苹果公司原计划继续出售彩色iMac，不过，到2003年3月，一个更疯狂的设计方案取代了它——这就是iMac G4（看起来就像一盏球形灯）。问世4年来，iMac从发布到后续开发的历程设定了苹果公司日后的游戏规则。苹果后期的产品（如iPod）也采用了这种规则，收到了令人满意的市场效果。

这套游戏规则就是：先做出一款突破性的产品，然后在短时间内不断地改良升级，而每一次的改良升级都意味着新一代产品的发布。iMac积极的更新换代不仅带来新技术，还有更多的颜色选择以及相应的价格调整。在短短的5年中，通过对芯片速度和其他硬件的调整升级，市场上的iMac机型至少有32种；机身色彩丰富，设计造型多样。

苹果新产品开发流程

在iMac发布后的数月里，“A团队”也完善了一套开发产品的新方法，并称之为苹果新产品开发流程，简称为ANPP。这项产品开发流程是苹果日后取得成功的关键因素之一。

不出所料，在史蒂夫·乔布斯的带领下，ANPP很快就发展成为一套周密的开发流程。该流程为新产品走向市场服务的每一阶段都制订了极其详尽的规划。

ANPP就像一张巨大的工作检查表，体现在依托公司内部网络运作的项目中。它详细记录了每个人在产品开发的各个阶段应该做的事情，涉及了从硬件到软件的各个门类，包括了生产加工、财务、营销，甚至包括检修故障、维修产品售后服务等环节。一位苹果的前高管曾描述道：“ANPP涵盖了产品开发过程中自供应链到实体店的方方面面，通过它，各级供应商环环相扣，成百上千家公司相互关联。从喷漆到螺丝再到芯片，所有材料无不出自于这些公司。”[4]

ANPP涵盖了产品自开发到走向市场的过程中所涉及的所有部门，包括了市场营销这样的职能部门，该部门的工作只有在产品投放市场后才能初见成效。“在苹果，从产品开发的最初阶段，我们就将顾客需求与市场竞争的需求考虑在内。”苹果的市场营销主管菲尔·席勒说道，“对于苹果产品而言，市场营销与工程设计和ANPP系统一样，是同样重要的一环。”[5]

ANPP系统借鉴了惠普和其他硅谷公司的优秀实例。乔布斯在NeXT期间启用了该系统，刚一回归苹果，他就着手完善了该系统。虽然这样一种产品开发流程看起来似乎有些死板，但对于苹果来说，采用ANPP是具开拓性意义的一步，自有其价值。当时，一位知情者曾这样描述："苹果的新产品开发流程是一套非常完备的流程，可它实施起来并不麻烦，也不会形成官僚主义作风。这个流程非但不会削弱人们的创造力，还会激发人们在与它相关的领域构思更多的创意。看看苹果取得的成绩就一目了然了，如今的苹果正在飞速发展。”[6]

这一新产品开发流程系统在乔纳森的部门也得到应用。现在，设计师们必须标出他们从调研和推出到产生概念再到设计和生产的各个步骤。萨利·格里斯戴尔曾任苹果高级技术部主管，该部门与设计部门密切合作。萨利认为，系统化的文件记录是ANPP区别于其他产品开发流程的重要特征。

"一切都被记录下来，这是非常必要的。因为很多环节都是动态的。”萨利说道，"即使是我在苹果工作的时候，所有的工艺也都已经确定。这就解释了，为什么对于员工来说，苹果能成为一家很适合为之工作的公司。因为他们有指导工作的手册，在生产软件或是硬件的过程中，这些手册会提供帮助。整个流程必须非常有系统性。正因如此，当我来到Excite、雅虎等公司后，我才猛然发觉他们与苹果的做事方式全然不同。因为他们根本没有苹果那样的系统流程记录。如果有人问起流程，他们会有人回应，'记录流程？你在开玩笑吗？直接把产品做出来就行了！'”[7]

乔布斯在设计ANPP系统时的另一灵感来自于现代工程管理系统。就是人们所说的"并行工程"（concurrent engineering)，它可以允许不同的部门同时工作（这一点有别于传统的工作模式，过去的模式是项目工作必须按先后顺序由一个部门传给下一个部门）。

像美国航空航天局（NASA）和欧洲航天局（ESA）等庞大而复杂的工程机构，都是倡导"并行工程"的先驱。这一工作方法虽然复杂，但却不乏灵活性，便于工作人员早早发现问题。这是因为，"并行工程"将产品的整个生产流程及生命周期都考虑在内，从生产制造、售后服务到回收再利用，等等。乔纳森曾对航天卫星的设计者们表达过钦佩之情，可能就是因为他们采用的是"并行工程"系统。

在以前，"老"苹果的工程师们会先做好产品，然后交给设计师们设计外观。随着工业设计工作室保密级别的提升，老一套的工作方式已不适用于乔布斯领导下的"新"苹果。

"当你的野心变得和我们这群人一样大时，你就会发现，传统的产品研发方式根本不合适。"乔纳森说道，"当你面临复杂的挑战时，你必须采取一种可以促进相互合作，使各个部门更加协调的方式来开发你的产品。"[8]

完善阵容

在iMac获得成功之后，按照之前规划的2×2产品路线图，乔布斯和他的"A团队"开始着手打造剩下的三个象限内的产品。除了市场上的消费型台式机，他们还需要为消费者和专业人士打造专业的台式机和便携机。这几款机型，在接下来的几年时间里，都陆续推向了市场，在促使苹果公司不断壮大的同时，也使公司的设计团队在新技术、材料和生产方法等方面雄心勃勃。

对于乔纳森的设计团队来说，在iMac之后，接下来的任务就是要为专业用户，尤其是为图片编辑者、视频编辑者和科学家们设计一款强大的台式机。这群人是仅存的一部分苹果老用户。苹果创建之初的用户大多是富有创新精神的专业人士，其工作性质与桌面出版密不可分。可以说，在20世纪80年代和 90 年代，在这些老用户们的支持下，苹果的地位才得以确立；也正是他们对苹果产品的不离不弃，才使得苹果得以支撑到现在。

Power Mac G3 将iMac增添了塔式设计的设计语言。作为以“蓝白”设计知名的Power Mac机，这款机型的机身采用的是蓝白两种颜色结合的塑料外壳。这回，设计者们再一次引入了把手设计，更确切地说，是多把手设计，因为机身的四个角上都各有一个把手。实际上，G3 机上设计的把手是用来移动机身的（而不是用来使整款机型更有亲和力的）；并且，这一设计与乔纳森的新设计语言也是一致的。

G3 机的成功是低调的。它从未像iMac一样，受到众人的瞩目和追捧，但是，它的销量却十分不俗，并且还让苹果在商业机市场保有了一席之地。值得注意的是，在当时，商业机市场的地位要高于普通用户机市场。

从设计的角度看，它的继承者显得更为有趣。Power Mac G4 tower是在PowerPC G4 芯片的基础上产生的。苹果称Power Mac G4“不仅是史上最快的麦金塔机”，还是“史上最快的个人计算机”。[9] 其灰色的机身也代表了苹果机进入了向全铝材质过渡的一个阶段。后期，苹果的专业机生产线都开始采用全铝材质。

最初，Power Mac G4 tower沿用蓝白机的外形，但将配色改为感觉较沉稳的石墨色，继而又改用了具有炫彩金属质感的“水银”外壳。萨茨格还清楚地记得制作水银机身这一段工作往事，他说，正是这件事给他上了重要的一课，使他加深了对“新”苹果的理解。

在这款机器即将送去生产线的最后一刻，各种各样的硬件特征以及机身的颜色出现了问题。因为时间紧张，机身正面的接口和其他部分的颜色出现了错配。乔布斯对此当然不满意。萨茨格有些迟疑，他对乔布斯说来不及修正了。他回忆说：“乔布斯简单地说道，‘你不觉得为了你自己也为了我，你应该做到更好吗？’我的回答是肯定的，然后，我们就回去重做了一遍，这回做的更好了，我们总是这样朝着更好的方向改进。”

G4 的水银外壳还导致了乔纳森和鲁宾斯坦之间的一场争斗。乔纳森的想法是，在把手上安装特殊的螺丝钉，以使外观看起来更加与众不同，令人回味。但是鲁宾斯坦认为，这样的设计会大大增加产品的成本，还会推迟产品的交货时间。确保产品能够及时交货是鲁宾斯坦的职责所在，为此，他否决了乔纳森的螺丝钉设计。没想到，乔纳森直接越过他找到了乔布斯，还绕过他找到了负责产品设计的工程师们。

“鲁比（鲁宾斯坦）会说‘你不能这么做，这样会推迟交货日期的’，我就会回答说‘我觉得我们能做’。我确实知道我们能完成，因为他不知道，我背着他与产品设计团队一起工作。”乔纳森在后来回忆道。[10]

围绕螺丝钉设计一事引发的争吵，表明了乔纳森和鲁宾斯坦之间日益加深的矛盾。在接下来的几年时间中，他们的摩擦变得越来越频繁，越来越让人忧心。

“乔纳森的关注点是设计，”鲁宾斯坦在 2012 年接受电话采访时说，“设计就是他所关心的全部。但是，尽管设计的重要性不言而喻，我们还是要去解决电气工程、规模化生产、售后服务以及技术支持等问题。公司有许多不同的部门，每一个部门都有他们自己的声音，他们的声音也许不具有投票表决的作用，但是却代表着他们各自的想法。而我的工作就是去平衡每一个人的需求。很多时候，大家都需要做出妥协和让步。”[11]

尽管如此，在这件事情上，二人并没有相互妥协并达成一致。乔纳森赢了：在 G4 机身的把手上，我们看到了经过高度抛光的不锈钢螺丝钉。

重塑笔记本电脑

苹果设计团队接下来关注的就是乔布斯 2×2 产品线路图中的第三项：

乔纳森 · 艾夫（画圈者）在英国斯塔福德郡的沃尔顿高中。

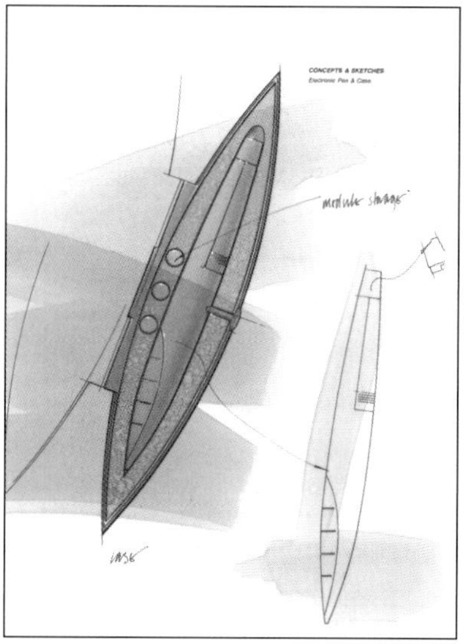

一支电子笔的概念素描，它能画不同宽度的各种线条。

乔纳森的Zebra TX2 笔顶端有一个专供使用者拨弄的特殊装置。在他的作品当中，这种触感极佳的装饰性设计随处可见。

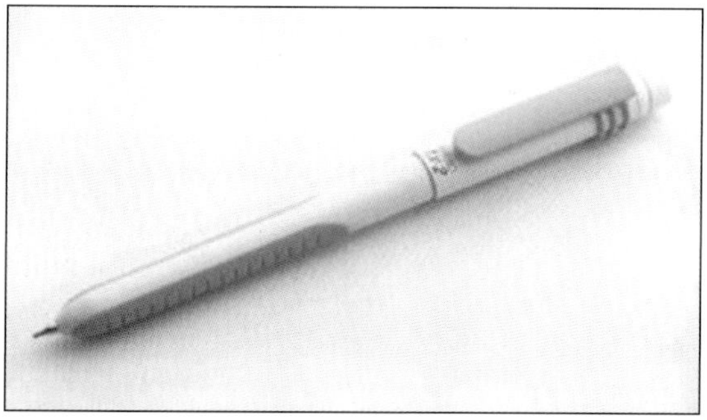

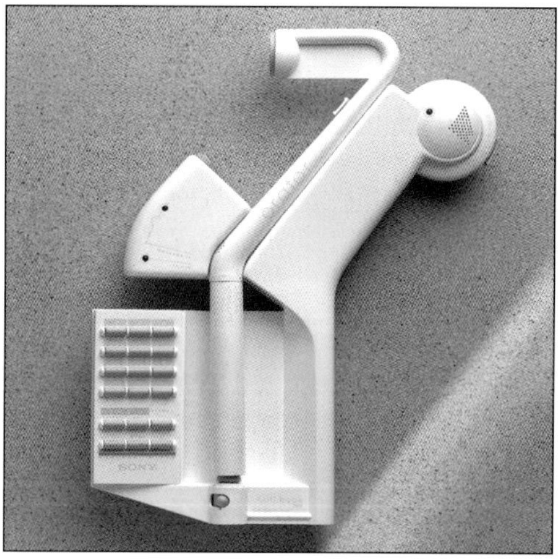

乔纳森在纽卡斯尔时的作品之一，它革新了固定电话的外观。乔纳森称它为“Orator”。

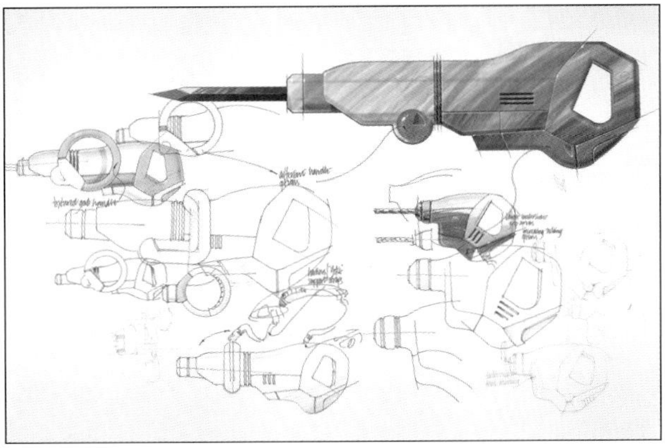

乔纳森为英国Kango公司设计的工业机械钻草图。

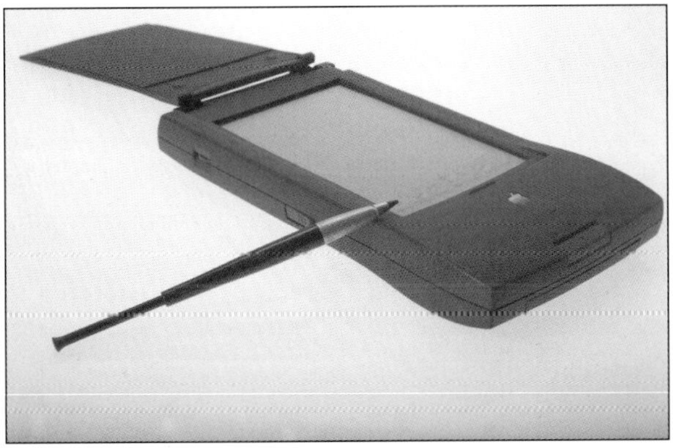

乔纳森进入苹果后的第一个代表作是经他重新设计的Lindy MessagePad 110。这一作品为乔纳森赢得了一系列设计大奖，但在市场上却不够成功。

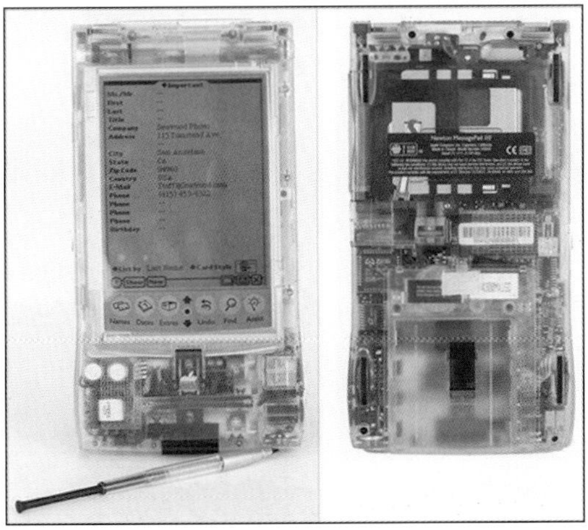

与许多原型机一样，乔纳森的Lindy MessagePad外壳也用透明的塑料制成，以便检验机器的散热性能。

由青蛙设计公司所设计的这台Baby Mac正是iMac的前身，也是其“白雪公主”设计语言的极佳范例。1985年史蒂夫·乔布斯离开苹果前夕，他正倾力于这款电脑。

青蛙设计公司“白雪公主”式的美学风格影响巨大，主导了整整一代电脑的设计语言。

1992年乔纳森进入苹果时，苹果的设计团队正在缓慢地偏离20世纪80年代占统治地位的“白雪公主”设计风格。

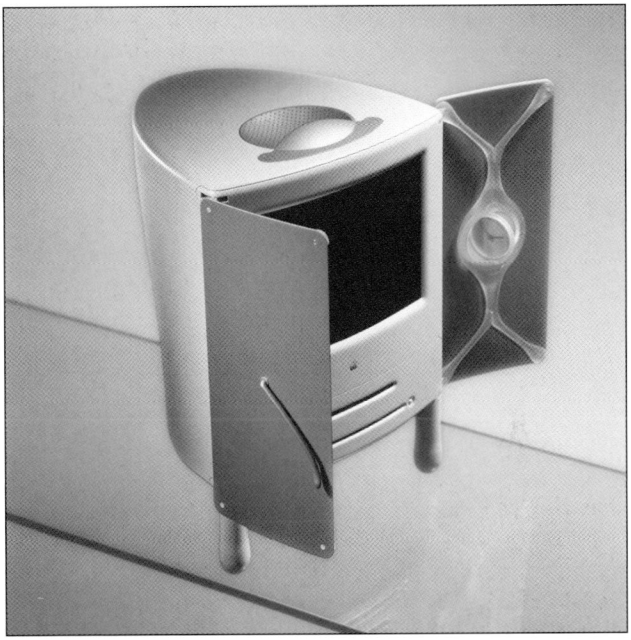

The Domesticated Mac是乔纳森为苹果所做的首批概念设计之一，他试图设计出适宜家用而非商用的电脑。

TAM机是乔纳森的另一个早期代表作，它是苹果的第一台平板电脑，面向家用，但最终却因为拙劣的定价和市场策略一败涂地。

eMate是苹果公司的首款透明产品。乔纳森认为，透明可以使产品显得不那么神秘，也更容易接近。

乔纳森（左）与他的原上司、苹果硬件技术业务高级副总裁乔恩·鲁宾斯坦在一起。他们面前是5台不同颜色的iMac，这是第一款把时尚气息带入电脑行业的电脑。

1997 年，史蒂夫 · 乔布斯一回到苹果公司，就与乔纳森建立起了深入且有益的关系。他们都对产品和设计情有独钟，并时常产生共鸣。

这一不寻常的透明iBook取得了非凡的成功，其若隐若现的金属框架正是乔纳森的设计团队专门为iBook量身打造的。

与众不同的Luxo Lamp iMac G4是乔纳森再度尝试设计的家用平板电脑。

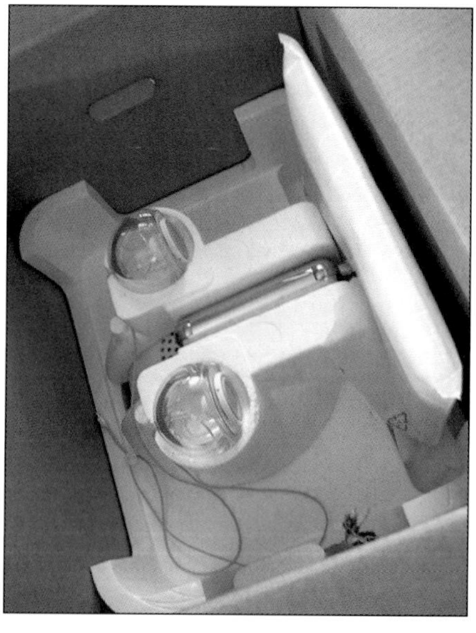

搞笑的是，设计团队把iMac G4的包装设计成了男性生殖器的形状。

右图是Power Mac G4 Cube的原型机。乔纳森和乔布斯本来希望它能成为苹果的终极机型，结果却惨遭失败。

G4 Cube早期的原型机和设计原型。

Power Mac Cube的内部组件。这款电脑尝试把一台台式机的硬件塞进一个异常窄小的空间。

The Power Mac G5是第一款内部设计完全由乔纳森的团队完成的电脑，目的是为了看上去更美观。

这台iPhone早期原型机是用来测试一系列新元件的，比如用户定制的ARM芯片。

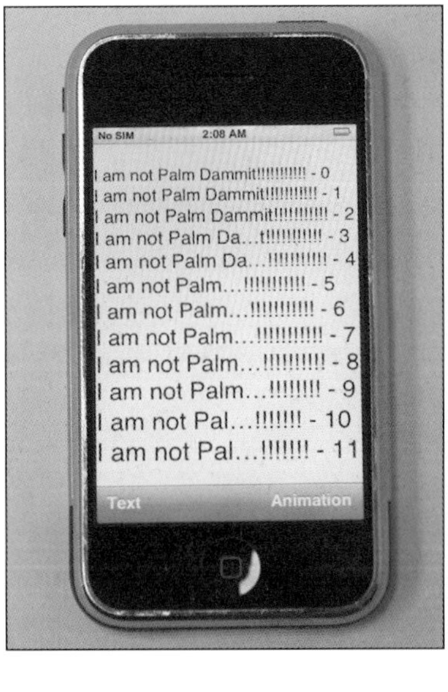

这台iPhone原型机生产于2006年下半年，它的屏幕是塑料的。仅仅6个月后，iPhone就上市了。不过在最后关头，屏幕的材质换成了耐久度更高的玻璃。

设计的最大困难之一在于弥合玻璃屏幕和不锈钢边框之间的空隙。乔纳森的团队总是把胡茬儿卡在缝隙里。

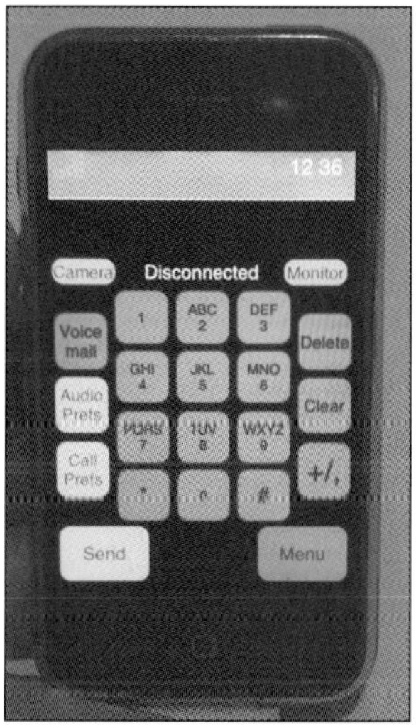

这台iPhone原型机正在运行iOS的一个测试版。

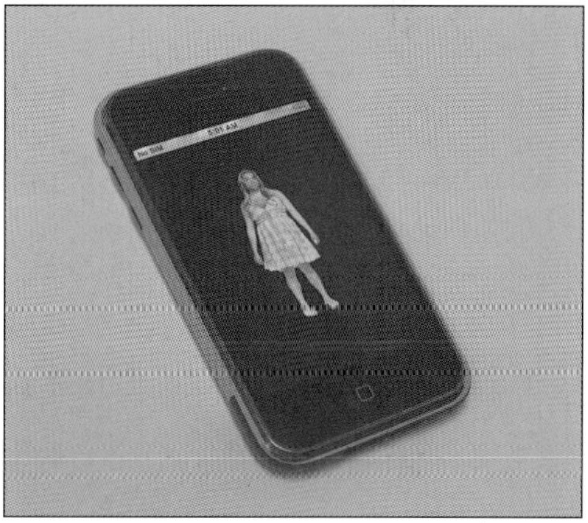

这台iPhone原型机正在运行早期的iOS测试版。这一版本的操作系统无论就功能还是外观，都与最终的产品相去甚远。

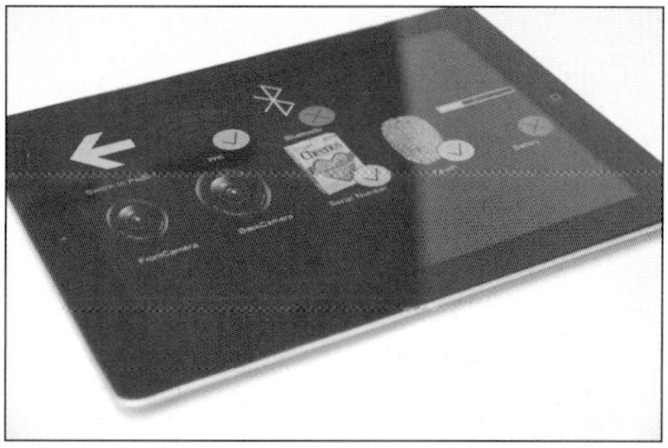

这台iPad原型机有两个数据接口，一个在底部，一个在侧面。

乔纳森和其设计团队的部分成员在洛杉矶的苹果商店，其中有丹尼尔·德尤利斯（左一）、丹尼尔·科斯特（左四）和彼得·拉塞尔-克拉克（右）。他们正在庆祝iPad第一天上市。设计师克里斯托弗·斯特林格把这一天描述为“一个非常特别的日子。”

乔纳森连同克里斯托弗·斯特林格（左）和理查德·豪沃斯（右）并称为苹果工业设计团队的三驾马车。

被授予爵士头衔的乔纳森爵士与同为设计师的好友马克·纽瑟姆（获得司令勋章）在一起。

史蒂夫 · 乔布斯去世前夕，乔纳森与他一起参加产品展示会。

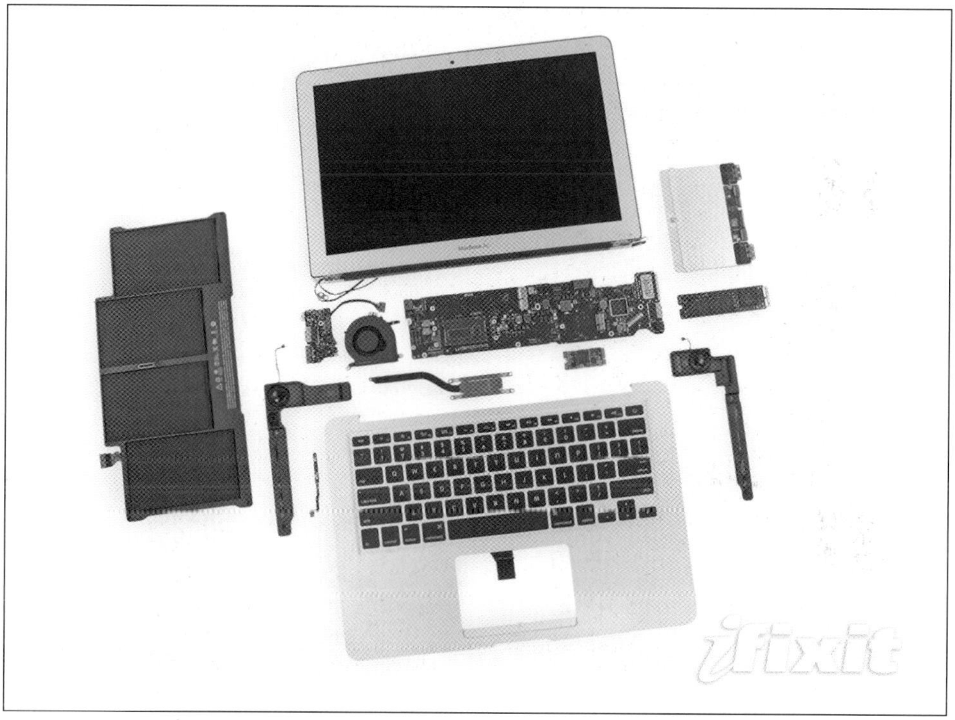

The MacBook Air是首批采用“一体成型”设计的苹果产品之一。这种方法把复杂的电脑机箱简化成了一整块性能优越的金属，堪称突破。

2012年，苹果的工业设计团队获得了英国设计艺术指导协会的终身成就奖。

为消费者着力打造的便携式笔记本电脑。

“当时的任务指示十分简单，”苹果的一位设计师回忆道，“就是将iMac带入笔记本电脑领域。”

关于iBook的最初设想千差万别。这些设想都来自于头脑风暴会议，而不是公司内部的焦点小组座谈会或是市场调查结果。“我们不会开焦点小组座谈会，因为这本身就是设计师该干的事儿，”乔纳森说，“让其他人根据当下的产品去设想未来的产品设计是不可行的，因为他们对未来可能出现机遇的感知能力几乎为零。”[12]

在当时，笔记本电脑的设计趋势是盒式外观，黑色喷漆，实用至上。尽管每个人都觉得，新型笔记本电脑会与iMac的设计相呼应，采用曲线状轮廓和炫彩透明的塑料机身，“但是，我们依旧被赋予了广阔的自由设计空间”，萨茨格说道。

如此设计出来的产品与市场上的同类产品毫不相像。新设计不仅采用了极具美感的曲线设计，还为用户带来了色彩和体验上的巨大享受。乔纳森在产品设计之初，参考了一种海底生物——蛤，设计出了“蛤壳”机形，然后将其移交给了后来的设计部负责人克里斯托弗·斯特林格。

设计师们还加入了一项巧妙的创新：一旦打开机盖，iBook就会“苏醒”过来。这种设计在当时是非常新颖的，需要设计团队改造原来的无锁闩设计。设计人员最不想看到的就是他们设计的产品会在用户的背包里“醒来”，耗光电池里所有的电量，所以，他们必须保证在不使用的状态下，iBook的机盖能紧紧地闭合着机身。

这款机型的设计也添加了把手，使得设备整体看起来就像是一款色彩绚丽的塑料手提包。给笔记本电脑装个把手是说得通的，在罗伯特·布伦纳的“Juggernaut项目”中，乔纳森就为其中的Macintosh SketchPad设计了把手。把手设计可达到双重目的：既能增加笔记本电脑的可携带性，又能增加用户与产品之间的亲密度，减少其带给人的机器式的冷漠感。

“iBook的设计理念就是鼓励用户与其接触，”乔纳森解释道，“曲线外观和橡胶材料赋予了它一种亲密感。”[13]

iBook在投入生产的过程中，从机壳到把手再到机盖，都遇到了各种严重的挑战。首先，iBook的机壳采用的是硬聚碳酸酯塑料和热塑性聚氨酯相结合的材料，其中，后者是一种橡胶化合物，可以起到软化机壳边缘的作用，因而可以缓冲外界对机壳棱角的冲击。这种聚碳酸酯塑料制的机壳与其内部的构件也是黏合在一起的。“问题的关键主要在于塑形和分层——要将塑料和薄片金属分层堆积，”萨茨格说道，“但是由于产品本身比较笨重，所以在规模化生产上还面临着许多挑战。我们在台湾花了大量的时间来解决分层材料的问题。是的，我们面临着成堆的问题。”

iBook复杂的蛤形外观给模具制作带来了大麻烦。为了成功地造出这种蛤形外壳，并且能够将其从模具中顺利地取出来，必须使模具可以沿多个方向拆分，这样做的一个不良后果是机壳会随着塑料的冷却而产生细小的裂纹。除了机壳，手提把手也不容易制作。iBook的把手采用的是一种来自杜邦公司（DuPont）的特殊塑料，名为杜邦沙林（Surlyn）。在制作过程中，需要将模型放在镁气孔下增加强度。杜邦沙林是一种坚韧、抗压性强的塑料，常用于制作高尔夫球。用这种材料制作把手需要用到金属注模成型技术。首先，要将金属部分放进模型器具中，然后再在其周围浇铸上色的杜邦沙林。但是，由于金属和塑料的冷却速度不一样，所以一旦将模具打开，就会对金属部分造成损坏。为此，苹果在亚洲的工厂花了数周的时间来调整模具以及不同塑料之间的化学混合比例，并最终解决了所有问题。

无锁闩机盖设计改变了笔记本电脑的设计规则。虽然最初存在着一些问题，但是在乔纳森团队数月的攻坚下，这些问题最终得到了解决。他们想出了一种特殊的铰链设计，这样当盖子合上后，就不会被轻易地打开。其实，这种机盖设计的初衷并不是为了博取众人的眼球，而是出于团队的一种不懈追求，即精简产品部件，这也正是乔纳森设计思想的又一特色。"部件越少就意味着产品的耐用性越好，部件之间的关系更协调。"一名设计师说道。总而言之，产品的整体设计效果不错。

iBook在设计上具备的特征——橡胶外壳、便携式把手以及合盖铰链——给产品的生产制造带来了许多挑战，使得iBook的发布推迟了好几个月。但是，正因为如此，iBook才获得了更强的先进性。苹果的这款新机型得到了消费者的追捧，多家电子设备商店在iBook上市之前就开始提前预定。

在iBook上市之初，曾有人开玩笑说，它的外形看起来就像是"芭比娃娃的马桶座圈"，这好像在说iBook的市场销量不会太好。[14]但是，iBook很快就受到了消费者、学生以及教育工作者的欢迎，成为电子产品中的大热门。在其发布后的首个季度，销售量就超过了25万台。在接下来的几年里，苹果团队又对蛤形iBook进行了数次改进，增添了更多的色彩选择、更大的存储空间以及火线端口①。

目前，Wi-Fi已经是普遍存在的一种无线网络技术。在其普及的过程中，iBook也做出了一定的贡献。苹果并没有刻意开发Wi-Fi技术，但是，它却是首家意识到Wi-Fi潜力的电脑制造商，可以说，这与苹果当初在iMac上设计USB接口如出一辙，都是无心插柳柳成荫。其他的笔记本电脑在接收无线信号的时候，需要用到一种扩展卡，卡的侧面还带有十分不雅观的接收天线。iBook通过设计内置Wi-Fi，完美地解决了这个问题。

当iBook还在发展壮大时，苹果开始将目光转向了家庭网络。因特网用户增长迅速，显而易见，消费者们渴望在家上网。关于这一问题，苹果的竞

① 火线（FireWire），一种高速串行输入/输出技术。——编者注

争者们也在努力寻找答案：康柏正在给家用电源插座安装家庭网络，而英特尔公司则在考虑利用电话听筒。“我们看着这些行为心里想，‘真是些愚蠢的想法’。”菲尔·席勒说。学校是苹果市场的一个重要组成部分，在学校里，无论是电线入网还是电话入网都不可行。因此，苹果采取了其他措施。

苹果让旗下的工程师们与标准组织（即对整个行业均会涉及的技术进行规范化处理的委员会，例如蓝牙或USB技术）密切合作，其中一名工作人员使苹果的高管们注意到了一种名为802.11的新无线网络技术。据席勒的回忆：“我们决定了，我们要走一条非常快捷的路径，要改变所有产品的物理设计，将天线和插卡槽置于电脑内部，并为802.11制定一套整体方案。”他们决定将这套由网卡和基站组成的系统命名为“机场”（AirPort）。[15]

2001年，蛤形iBook停产，取而代之的是取材于白色聚碳酸酯的笔记本电脑改装版。但是，毫无疑问的是，iBook改变了笔记本电脑的设计格局。你依然能够在今天的产品上找到iBook身上所体现的诸多创意，包括将数据接口从后侧改到两侧，无锁闩机盖设计，当然，还有如今广泛用于笔记本电脑、手写板以及智能手机的无线Wi-Fi。

随着iMac和iBook的相继成功，苹果的权力重心不可避免地偏向了乔纳森带领下的工业设计团队。在这种情况下，鲁宾斯坦不得不更多地考虑乔纳森团队的诉求，为此，他还为工程师队伍引进了一股新鲜血液，招揽了一批有能力、有意愿去执行乔纳森团队设计要求的工程师。

“当时出现了大量的人员流动，”一位前硬件部门主管说道，“我们将产品的开发周期从3年缩减到了9个月，在科技领域，我们是节奏最快的公司之一。许多老员工都提出了辞职，因为他们适应不了这么快的工作节奏。我们差不多将整个团队来了个大换血。”

对此，鲁宾斯坦做出了详细的阐述：“我们引进新的人才来运作机械工程部门，也就是产品设计部门，简称PD。这样一来，工业设计部门产生的设计构想，就会有人来加以执行。同样地，我们还引进了来自亚洲的供应商来执行产品设计部门的设计，因为对于公司来说，设计出来的产品必须可以用于批量生产，其重要性不亚于产品设计本身。”[16]

在“老”苹果，发号施令的是工程师，而在“新”苹果，PD团队听命于工业设计团队，负责确保团队的设计可以用于批量生产。

“工业设计部门对所有事情都有最终决定权。”阿米尔·荷马杨法说道，他在苹果工作了10年，做到了产品设计部的项目经理后就结束了自己的职业生涯，“我们当时得为工业设计部门工作。”

迈尔季·安德雷森说得更进一步。根据她的说法，乔纳森的团队当时正逐渐成为公司内部最有影响力的部门。

“与工业设计部门工作，你最需要了解的就是，你永远不能对他们说不，”她说，“即使他们提的要求要花很多钱，或者看起来荒唐到不可能实现，你都要想办法去完成……要不计一切代价实现他们的想法。”

完成矩阵

在相继推出iMac、iBook和Power Mac之后，乔布斯2×2产品路线图中剩下的最后一项就是打造适用于专业人士的笔记本电脑。

乔纳森做出了指示，他要求德尤利斯和另外两名设计人员对专业笔记本电脑的设计进行重新构思，正如当初他们设计针对普通消费者的笔记本电脑一样。他想要的是一种崭新的用户体验，希望能够合理使用材料，做出一种易于生产制作的机器。乔纳森为他们在旧金山的一家仓库里建了一家特殊的工作室，在那里，他们安装了大量的电脑，花费了上万美元。仅仅6周之后，他们就完成了乔纳森三分之二的要求，向他交出了一台样机。

新一代的Titanium PowerBook G4成为当时市场上最轻薄的全功能笔记本电脑。它最先配置了宽屏显示器，屏幕大而漂亮，特别适合高端专业软件的运行，因为这些软件在使用过程中，通常会需要许多调色窗口。但是，在生产制造方面，这又成了一个难题。另外，新的PowerBook还用一个塑料衬垫将钛制外壳分隔开来。复杂的内部框架，加上几个加固板，使整个机器的风格显得十分硬朗。

仅在6周之内，乔纳森的团队就拿出了一个基本想法，之后苦干数月来攻克细节问题。PowerBook以显示屏上灵巧的锁闩为特色，合上盖子的时候锁闩会从内侧往下滑动，它像被施了魔法似的突然出现在用户面前，让用户眼前一亮。新用户会着迷地对盖子不断开合，只为了欣赏锁闩出现和消失的瞬间。

锁闩是指在PowerBook的主板上安放一小块磁铁，磁铁能把锁闩从盖子上的夹缝中吸出来。磁铁将被巧妙地运用在后续产品中，这种装置因此也预示着未来产品的到来，比如iPad 2。iPad 2中有一个带有磁性的Smart Cover智能保护盖，盖子一打开iPad 2就能启动；合上后就进入休眠状态。后来的一款采用纯平显示器的铝制iMac甚至是用磁铁连结显示屏，所以很容易就能看到其内部构造。

就像把第一代麦金塔的电源开关放在机器后面一样，像PowerBook加入带磁性的锁闩这样的细节处理使产品由优秀变得卓越。第一代麦金塔的设计者杰里·马诺克说这是非常有价值的手工细节处理，对此乔纳森也很认同。

“仅仅把狂热的激情放在显而易见的事物上是远远不够的，你需要把注意力和热情放在人们容易忽略的细节上，这才是起决定性作用的。”乔纳森说道。[17]

几年后，设计师克里斯托弗·斯特林格描述说工业设计工作室对细小的事情非常用心。他说："我们真的很疯狂，如果说要设计一个开关，就可能有 50 种家用开关和音量开关的模型。我们审视着边缘，会问究竟应该突出多少呢，是不是应该安一个旋转轴呢，设计成圆的吗，用金属材料还是塑料呢，等等。我们要考虑到大小、长度、宽度和重量。每一个细节都要经过精巧的制作。"[18]

细节的处理是设计过程中一个不能间断的环节，并不像后期做的只是为了让产品有卖相的工作。整个过程是一个整体，这也是乔纳森经典的做事之风。"'想法——图纸——模型——产品'这样过程并不是设计的全部，换句话说，这只是一个大体步骤，"斯特林格说，"我们需要反复斟酌，模型设计也是如此，并且要与产品设计人员和工程部的运行小组进行合作。"[19]

设计中，像开关和锁闩这样的细节处理造就了潮流设计，人们用"珠宝"（jewelry）为这种设计命名。在汽车行业，门把手和散热器隔栅也有相同的名字，并起到了相同的作用。新的苹果产品对这些元素的使用上升到了一个新的层面。"我们关注的是珠宝似的产品，力求高质量。我们想要美好的产品，然后镶上高质量的外壳。"斯特林格说。

Titanium PowerBook 上使用的带有磁性的锁闩就是"珠宝"设计很好的一个例子。想要打开锁闩，只需要下压高质量的不锈钢开关就行；这样可以把盖子弹开一条缝，然后用户可以自己动手打开。这是第二个取悦用户的手工特色，第一个是乔纳森为 Lindy 型牛顿产品设计的可以弹起的手机盖。

乔纳森的团队指导 PowerBook 电源开关的供应商制作了几个开关样品，之后才与其签署合同。每一类样品都包括 12 个差别极小的电源开关，均由不锈钢加工而成。"你用肉眼就可以看到它们之间的差别，精细之处令人发狂。"斯特林格对着忙于处理细节的团队略带歉意地微笑说。

随着 2001 年旧金山 Macworld 大会上宣布 PowerBook 上市，乔纳森就预料，这将是一个巨大的成功。“人们会对它的重量和体积产生本能的反应。”他说。[20] 事实证明确实如此：产品瞬间告罄，数月之内一部难求，工厂供货亦供不应求。

尽管PowerBook价格不菲，但吸引了不少新型顾客，其中也有一些是极客行家。由于在大量的高科技展会展出，这同时也成为办公室技术达人青睐的产品，比如Linux操作系统的创始人林纳斯·托瓦兹（Linus Torvalds）就对此爱不释手。因此，在高科技产业具有影响力的圈子中，苹果产品也重新恢复声誉。iMac是乔纳森的得意之作，但对于普通消费者来说就是一件可爱的塑料玩具；然而人们认为Titanium PowerBook是一件面向专业群体的稳重的产品。

这也是设计团队首次采用金属材料和先进的冶金生产技术。钛是一种非常棘手的金属，这在业内人尽皆知。裸露的未经处理的钛很有色泽，但是很容易沾上指纹或被刮花。乔纳森选择它为PowerBook上色，但是时间一久，键盘区和手掌放置区就会褪色，这招致了不少抱怨。

虽然产品颇受欢迎，问题也层出不穷。复杂的内部框架是由不同的金属组成的，比如说为了让有磁性的锁闩起作用，一些部件是钢制的。部件越多，使用的材料越多，问题也就越多。机器难免磕磕碰碰，再加上使用时间长，外壳的部件就会分离。最终这些问题导致设计团队不得不开创一种新式便携设备生产技术。

随着奇特的金属PowerBook的上市，乔纳森的设计团队同时为消费者和教育市场创造了一种新的塑料制成的便携设备。新版本的iBook拥有亮白色的塑料外壳和两个USB接口，特色造就了他的名字：“双USB冰感笔记本”（Dual USB “Ice” iBook）。

乔纳森对“冰感笔记本”长期的持续关注，促使他采用将聚碳酸酯外壳和镁制内部框架结合起来的生产方法。重要的部件，比如硬盘，被一个由橡胶垫做成的防震护套保护起来，就像保护汽车的引擎一样。易受损的部件比如盖子、外部开关和锁闩都统统省掉了。整个产品被外层密封起来；即便是LED休眠指示灯也被密封起来，只不过当设备进入休眠状态时你还能看得到指示灯忽明忽暗。

多亏了精巧的L型铰链，显示屏竟然可以围绕键盘180度旋转，这让产品具有延展性，它使用起来很方便，合上又可以节省空间。“iBook合上之后手感很光滑，中间像豆荚一样稍有突起，”乔纳森在宣传片中这样说道，“但当你打开的时候，铰链的几何特性可以让显示屏后移至水平放置，然后把整个键盘区域和手掌放置区显示出来”。[21]

“冰感笔记本”由透明的聚碳酸酯制成，内表面有一层涂漆层。透明的外壳给产品造成一种光环效果，使产品产生一种奇特的深邃感；同时产品看起来要比实际上的小。由于涂漆层是在内表层，也可以避免被刮花。在塑料内部加入涂漆层的灵感来源于乔纳森在罗伯茨 · 韦弗集团的工作经验。那时，为了使实物模型的轮廓更加鲜明，他用水粉颜料喷涂边缘。这种光环效应在其他的产品中也是非常受欢迎的，尤其是iPod。这一技术在最近上市的iPhone和iPad的玻璃屏幕上也一直在坚持使用。

这种晶莹剔透、简单小型的长方形“冰感笔记本”，标志着乔纳森的设计语言由多色塑料转向简单的黑白聚碳酸酯型设计。（虽然从技术上来讲，第一台白色的计算机指的是2001年夏天的“白雪公主”iMac，在当时它确实与其他的笔记本电脑不同。）

“很明显，这种新型的iBook和PowerBook G4来自同一家族，但它却独具特色，”乔纳森说道，“它看上去更温暖，更能给人带来愉悦的感受；我觉得这是一种更加友好的设计。”[22]

乔纳森将会把更多的苹果消费者的产品转换成黑白聚碳酸酯型设计，包括iMac和iPod。但是对于很多的专业型产品，他会采用阳极氧化处理过的金属铝进行重新设计。

Power Mac Cube

到2000年的时候，乔纳森已经完成了四大创作，他和他的团队尝试着把最具挑战的产品带到市场：Power Mac Cube。

Cube是最后的计算机产品的一大亮点，尝试着把台式电脑的主机塞进一个更小的外壳中。乔纳森认为把大量的部件放进塔式设计是一种懒惰的行为：为什么要给消费者一个大又丑陋的塔式设计呢，难道就是为了方便设计师和工程师的工作？通过把未经加工的塑料铸件和先进的微型化技术结合起来，他们致力于制造出新的设备。与苹果的很多其他产品一样，Cube力求精简，省去一切不需要的部分。它代表着在微缩技术、创新型思维和制造中的重大突破。

Cube其实就是由水晶般透明的塑料制成的矩形外壳，就连底部也是透明的，这带给人一种悬在半空中的感觉。顶部有一个纵向的DVD光驱，像土司面包片一样的DVD可以自动弹出；还有人把Cube比作舒洁牌面巾纸盒。这种类比给乔纳森和设计师们带了极大的快乐，他们竟然把设计工作室里面空的Cube当纸巾架来用。

Cube通过空气对流进行散热，取代了以往有噪音的排风扇。空气从底部的风口进入，冷却内部的芯片，再从顶部的排风口散出。整个运行过程很安静。

像Power Mac G4的塔式设计一样，关键的一点就是要方便用户使用。为了能够接触到内部结构，G4的核心部分很容易就能从底部拉出来。从底部自动弹出的把手，能让内核全部露出来，把手的设计很是漂亮。如果要开启Cube，只需要按一下印在透明外壳上的触摸感应开关就行。开关好像悬浮着的，与电脑主机分离，你看不到它是怎样运行的，这一切就像被施了魔法一般。这是早期的电容式触控技术的应用，这项技术最终也成就了iPhone。用户们对此也很着迷。

机器的配置是这样的：450MHZG4 芯片、64MB的内存和20GB的硬盘存储空间。价格是1 799 美元，基本模型包括一个光电鼠标、专业版键盘和苹果公司设计的哈曼卡顿牌音响设备，但是显示器的价格不包含在内。苹果的网上专卖店也推出了一款高版本的G4 Cube，拥有更强大的处理器和额外的内存和储存空间，价格为2 299 美元。

“Power Mac G4 Cube 是一件突破性的产品”，萨茨格说，“因为他涉及了很多有意思的新技术和精巧的方法。这实在太令人兴奋了。”

一些消费者为Cube疯狂。因为Cube看起来“做工细致而且很有档次”，Ars Technica网站（一家美国知名科技媒体）如是表达。[23]“上帝啊，他们又一次这样做了，”TBWA/Chiat/Day广告公司的李 · 克劳这样说道。[24]然而，公众的反响没有乔纳森和乔布斯期待的那么热烈。

消费者就是把Cube当成了中等型号的Power Mac G4，但是价格更高；不仅高出G4 200 美元，而且这个价格还不包括显示器。这个定价是Windows产品中最高的一个。

不仅是价格问题，Cube 也遭受了它自己的“杜恩思比利”时刻：透明的外壳出现龟裂，这吸引了媒体的大量关注。一些机器的透明塑料外壳上出现了一些细小的裂缝，位于顶部的DVD槽和两颗螺丝孔周围尤其严重。相对来说，这还是比较小的外观缺陷，却让消费者受不了了。“这是外观问题中最严重的问题，”Ars Technica网站在它的评论中这样写道，“没有严重到值得修正的问题，却激怒了那些对产品外观极其在乎的人，也是这群人，被Cube这样的系统深深吸引着”。[25]

2000 年 9 月，就在Cube初次亮相之后的几个月里，苹果公司宣布销售的速度比预计要慢。后来再次发出消息，Cube仅仅售出 15 万台，是预计销量的三分之一。2000 年年底，苹果宣布：“上个季度的收益与期望值相差悬殊，已经出现 6 000 万美元的收支失衡。”[26] 这是苹果公司三年来首个不盈利的季度。

对于苹果公司的观察者来说，这些消息就像噩梦一般。尽管也连续上市了一些产品，苹果公司在与微软和戴尔的恶战中依然显得无力，再说微软和戴尔正处于发展的高峰时期。“坦白说，我对当前的数字并不感到惊讶，事实上，他们的现状比媒体报导出来的更悲惨。”凯文·诺克斯（Kevin Knox）说，他是加特纳集团的一名产业分析师。他进而又总结说：“这是灾难性的。”[27]

2001 年 7 月，苹果公司召开了一个新闻发布会，宣告Cube已经被暂时搁置，不会继续出售，但也不是正式停产，但从某种角度是产品的停产声明。声明还称，未来可能会引入升级版的计算机，但再也没有下文。5 年后，Cube被Mac mini所取代，这是一种更便宜轻便的麦金塔，针对“首次使用、预算有限”的消费群体。

对于乔纳森的团队来说，Cube并不能代表所有的坏消息。尽管机器在市场上表现很差，但是在企业内部还是有相当多的崇拜者，因为它在制造技术和微型化处理上取得了重大突破。

Cube的设计反映出，苹果已经掌握了把台式电脑的部件压缩到笔记本电脑的体积的技术，这种技术对日后设计圆顶型iMac甚至是后期的平板模型都起到了决定性作用。它的作用是如此重大，把苹果推到了更加新颖的设计技巧层面上来，后期的产品比如iPod，也从中获益。萨茨格解释说：“基本上，我们不接受塑料制品的标准模具，我们更愿意自己加工。Cube上的螺丝孔和排风孔都是经过精确加工的”。

MacBook和iPad这样的产品都是铝板加工而成的，它们就是机械加工方法的最好证明。Cube是早期进行机械加工和批量生产的实际证明；从大环境来说，机械加工方法从根本上改变了产品批量生产的手段。

“长期以来，苹果的工程团队就经常对设计师们说，‘你们不行’，”萨茨格说，“但是设计团队敢于挑战各种材料——塑料、金属，每一种材料。”

尽管Cube卖的不好，甚至变成了一种“重形式，轻功能”的象征，但是，这款设计从分说明了乔纳森·艾夫和他的设计团队的权力正在扩大，影响力正在增强。

JONY IVE

The Genius Behind
Apple's Greatest Products

第七章
铁幕背后的设计工作室

当史蒂夫走进来的时候，他会找某个人私下面谈……（我们）会把音乐的音量调高，这样他的声音就只能被谈话对象一个人听到，外人听不到他在说什么。

——道格·萨茨格

在 2001 年 2 月 9 日，Macworld 大会的喧嚣渐渐退却之后，乔纳森的工业设计工作室从绿谷大道（位于苹果总部的马路对面）搬到了苹果总部一块宽敞的办公区域，它至今仍在那里。新的设计工作室位于Infinite Loop 2 号的一楼，在苹果公司内部，人们称Infinite Loop 2 为IL2。

从某种意义上来说，这一搬迁是具有象征意义的。鲍勃·布伦纳把原来的工作室安置在苹果总部的对面，是为了给予该部门更多独立性。现在，新的工业设计工作室搬进苹果的中心，使得乔布斯可以与乔纳森及其设计团队在工作上更密切地联络。这向所有人证明了设计团队在公司的地位提升了。用乔纳森的话说就是：工业设计工作室真正“听见了公司的心跳”。[1]

工作室成了机械设备和样机制作设备的中心，配套的后勤服务也得到改善。总部根据工作室的要求，认真地为乔纳森和设计师们定做了每一件家具，包括桌子、椅子，甚至水杯。

工作室空间宽敞，占据了IL2一楼的大部分区域。保密工作也做得极好，沿建筑物底部竖起的一道磨砂玻璃墙可以防止任何人从外面偷看。

工作室内部被划分成几个不同的区域。入口左侧是一个设备完善的厨房，里面有一张大桌子，乔纳森的团队每两周就在这里召开一次头脑风暴会议；入口右侧是一个小型会议室，但极少使用。

入口正对面就是乔纳森的办公室，这是一间12英尺高、12英尺宽的立方体的玻璃屋，是整个工作室里唯一的私人办公室。办公室前面的墙壁和门由带有不锈钢配件的玻璃制成，与苹果专卖店如出一辙。办公室里除了一些架子，就是裸露的白墙，墙上没有悬挂任何的家庭照片或者获奖证书，只有一桌、一椅、一台灯而已。

乔纳森的皮革椅是一把supporto支撑椅，来自英国办公用品制造商希尔（Hille）；这把椅子出自获奖设计师弗雷德·斯科特（Fred Scott）之手，于1979年设计完成。他认为这把由皮革和铝制成的椅子是设计界的杰作。（“supporto真是令人惊叹。”乔纳森在接受《*ICON*》杂志采访时说到。）[2] 同时，他也为旧金山库比蒂诺的工业设计中心的设计师们配备了supporto。

乔纳森的桌子是他的至交好友为他量身定做的，这就是伦敦的设计师马克·纽瑟姆（Marc Newsom）。他的桌子上只放了一台17英寸的MacBook和几支绘图用的彩色铅笔，而且摆放整洁有序；他从不使用外接显示器和其他周边设备。

从乔纳森的办公室一出来就能看到4张大木桌，它们是用来向公司高层展示产品原型机的。这里是史蒂夫·乔布斯走访设计室时最喜欢的地方。实际上，工作室的布局激发了乔布斯在苹果专卖店摆放大型的公开展台的想法。每张展桌上专门陈列不同的项目产品——一张陈列MacBook系列，另外一张陈列iPad和iPhone等。乔纳森把想要展示给乔布斯和其他高管的模型和样机，全部放在这些展桌上。无论何时，模型都用一块黑布遮盖着。

乔纳森的办公室和展台旁边是个大型的CAD工作室。这个工作室同样正对着一面玻璃墙，里面有大约15名CAD操作员（苹果内部称呼他们为“平面伙计们”）。如果设计者想看一下CAD模型的实物效果，只需将数据文件传送到隔壁机工车间的数控铣床里即可。

机工车间，又名“商店”，处在这片工作区域的最远处。其内部又被更多的玻璃墙划分为三个小车间。车间前方是三台大型的数控铣床——尽管它们看起来庞大笨重，但无论是金属材料还是新德国威狮材料，它们都能进行精细加工。这些铣床上还有一层保护壳，让这些机器变成了“干净”的设备。这些机器后面是“脏兮兮”的设备，也就是各种各样的切割机和钻孔机，它们经常把车间弄得一片狼藉。这个“脏兮兮的商店”被玻璃墙封闭在工作区后面，紧靠其右的是一个成品间，里面有精密的砂纸打磨机和一个汽车大小的喷漆柜。

有了这个车间，设计者们就可以将开发中的产品模型变成实物，以验证其思路。“这些机器可以根据输入的CAD文件进行表面加工，并设置刀面轨迹，然后根据参数设置来生产一个模型。”萨茨格如是说。设计团队不仅要为产品的基本轮廓进行建模，还要对边角或者按键等类似的细节建模。乔纳森带领的设计团队沿用了他大学期间的工作模式，常常要完成数以百计的模型制作。随着产品开发的进展，他们还将模型制作外包给其他的专业厂商。

乔纳森的办公室、展示桌、CAD工作室和车间全部位于入口的右侧区域。而在另一侧，则有一条走廊直接通向设计人员的办公区。这是个超大型的开放式空间，设计师们的5张大桌子顺着长长的磨砂玻璃墙排成一排，桌子之间由低矮的隔板隔开。这里凌乱不堪，箱子、零部件、样品机甚至自行车和玩具扔得到处都是。“有人在那里玩滑板，做出各种跳跃动作；而巴特·安德烈和克里斯托弗·斯特林格有时会在那儿踢足球。”萨茨格说。

音乐是营造工作室气氛不可或缺的一部分。设计室内有大概有20台白色的扬声器，还有一对36英尺高的低音炮。“当你走进这个用混凝土和钢筋铸建、声音反射效果极佳的房间里时，你会发现声音立刻变得浑厚响亮起来。”萨茨格回忆说，“我们播放世界各地的各式音乐，千奇百怪，你可以随意挑选。”

乔纳森是电子音乐的铁杆粉丝，但是对他的上司乔恩·鲁宾斯坦来说，电子音乐只会让他分心。“他们在工作室里大肆播放电子流行乐，”他说，“但是我喜欢安静，这样我才能集中精力思考。然而工业设计部的那帮家伙们却喜欢那种吵闹的音乐。”

“设计室里的活力和喧闹气氛大大提高了我的工作效率，”萨茨格说，“我讨厌一直窝在自己的小角落里……（对）我来说，周围的环境越吵越好。”

史蒂夫·乔布斯也喜欢这种音乐，而且每当他来到设计室的时候，他总会把音量调大。但他这样做不只是为了享受音乐的魅力。“史蒂夫在这里时，他希望他的谈话仅限于他和交谈者两人之间。”萨茨格说，“办公区域这么大，如果音乐不吵一点，人们的对话很容易就被别人听到了。所以只要他进来，我们就会调大音量，好让他的声音只传到谈话对象的耳朵里，而其他人则听不清他在说什么。”

这样的工作室氛围对神经紧张的乔布斯产生了明显的影响。“在工业设计室，史蒂夫就变成了另外一个人——更放松，也更健谈。”萨茨格说，“平时，史蒂夫总是很情绪化，待人接物的态度也很善变。但是只要一走进设计工作室，他马上就变得自在起来。”

乔布斯总是长时间地泡在工作室，但是一旦他离开，乔纳森就趁机将所有工作都完成。“他不在的时候，我们会完成比平时多一半甚至一倍的工作量，”萨茨格说，“我们利用这个时机，自由地讨论各自的想法，以便在他回到工作室的时候，我们能给他展示出一些新作品、新点子。”

铁幕

设计室搬到总部之后，乔布斯明显加强了安保工作。这个设计室是整个苹果的创意工厂，因此乔布斯不想有任何泄密的风险。以前在绿谷时，安保工作做得相当松懈，甚至附近的闲杂人等都可以随意出入。在这个新环境里，乔布斯坚决不允许这种情况再次出现。

绝大多数的苹果员工无权进入设计室，甚至一些高管也没有进入该工作室的权限。比如斯科特 · 福斯特尔（Scott Forstall）——iOS（苹果操作系统）开发项目的负责人，就无权进入——他的工作证根本刷不开设计室的门。

很少有外部人员可以进入设计室。乔布斯偶尔会把他的妻子带来。沃尔特 · 艾萨克森曾经进去过一次，但是在乔布斯的传记中，他只给人们描述了那些展示桌。工作室内部的照片只对外发布过一次，那是在 2005 年 10 月的《时代周刊》上[3]。照片中，乔布斯、乔纳森和三名高管在工作室的木质工桌旁边，背景则是那个机工车间。

关于设计工作室，苹果应对宣传时还颇费心思。乔纳森有时会在一个满是数控铣床的车间里接受关于苹果公司的采访，人们会认为这个车间就是设计工作室，但实际上这不过是苹果总部附近的一个工程车间。

苹果公司的保密工作远远超出了对设计室中产品的保护。在新产品的开发过程中，软件工程师对于相关硬件毫不知情；反过来，硬件工程师对于软件的工作原理也是一无所知。乔纳森的团队为iPhone设计样机时，设计师们只能使用一张带有虚拟图标的主屏幕图片进行设计工作。

尽管每个部门都有各自的专有信息，但保密工作的重点明显放在了乔纳森的设计团队上，因此，他的设计工作室也成了苹果最具保密性的部门。“设计室是完全封闭的，”萨茨格说，“大家也都知道，不能和‘不宜人群’（Wrong People）谈论他们的工作和苹果公司的内部情况。”那么谁是“不宜人群”呢？

实际上，除了和工作有直接联系的同事之外，其他所有人都是“不宜人群”，甚至连乔纳森都不能向妻子透露自己的工作内容。

一位前苹果设计工程师说，保密工作让人感觉精疲力尽。该工程师曾在工作中与乔纳森的团队有过密切接触。“在我所有的工作经历中，那里的保密工作是做得最严格的，”他说，“一旦泄露了一丝一毫的信息，就会面临被辞退的风险。甚至在公司内部，连你隔壁的同事都不知道你的工作内容……保密性就像指在你脑门上的一把枪，一旦做错一步，扳机就会扣动。”[4]

苹果将保密性工作做到了极致，但是这也意味着，设计师们几乎没有任何登上报刊杂志的机会，也没有任何知名度。尽管这批人几乎包揽了所有设计大奖，而且在圈内人尽皆知，但对普通大众而言，他们仍然籍籍无名。出乎意料的是，设计师们却没有任何怨言，他们对此早就习以为常。而另一方面，乔纳森却把产品带来的赞誉慷慨地分享给团队的所有人。尽管拿奖的通常是他，但他却常常提起他的团队。一位评论家开玩笑称，只有在乔纳森提到iPhone或者iPad的时候，他才会说到“I（我）”这个词。此举一来是为了照顾团队中的所有成员，二来也是为了给他们适当的赞誉。鲁宾斯坦说：“尽管在媒体面前乔纳森独揽大功，但实际上他的整个团队做了大量工作……每个成员都贡献了很多了不起的创意。”[5]

尽管没有在公众中得到属于个人的赞誉，但团队成员并不介意。“我们就当是每个人都有份儿，”萨茨格说，“（苹果）总是提到‘苹果的设计团队’，然而史蒂夫却不想让我们曝光在媒体面前。这样一来，猎头就没有任何挖墙脚的机会。由于我们被阻挡在媒体和猎头的视线之外，我们称自己为‘铁幕背后的设计团队’”。[6]

虽然乔纳森的团队不是苹果唯一的研发队伍（苹果并没有设立单独的研发部门），然而作为苹果公司的主要研发人员，他们负责构思创作新产品，优化已有产品，同时也做一些基础的研发工作。这仅有的16名设计师致力于苹果所有产品和制作工艺的完善和改进；相比之下，三星却在全世界拥有34个设计中心和超过1 000名设计师。当然，三星比苹果开发了更多产品（包括一些iPhone和iPad的配件）。

斯特林格表示，在苹果公司，工业设计师的任务是"构思出一个完全不存在的产品，并设计出整个生产流程，将想象变成现实。这也包括定义客户触摸苹果的产品时的体验。设计师必须决定产品的整体外观、材料、纹理和颜色。然后，在工程团队的配合下，进一步打造出符合苹果产品质量水准的工艺，完成产品生产并将其推向市场。"[7]

乔纳森的工业设计团队已经变成了一个紧密团结的大家庭，因为其中很多成员已经共事了几十年。每一次的产品设计都不是某个设计师独立完成的，而是整个团队群体智慧的结晶。每件产品都会指定一位主设计师和一两名助理，主设计师要完成大部分的实际工作。

每周的例会确保了整个设计过程的顺利进行。每周例会有两到三次，乔纳森和团队成员聚集在餐桌旁，进行头脑风暴会议。所有的设计师必须到场，没有例外。会议通常上午9点或者10点开始，大概持续三个小时。

头脑风暴会议从品尝咖啡开始。几个设计人员摇身一变，化身为咖啡师，用一台高级的浓缩咖啡机给大家煮咖啡。丹尼尔·德尤利斯——来自英国的意大利人，被奉为团队里的咖啡专家。"丹尼尔·德尤利斯教给我们关于咖啡的一切知识——从研磨、咖啡油的颜色，一直到配奶方法和温度控制——所有的一切。"萨茨格说，他是丹尼尔·德尤利斯狂热的门徒之一。

咖啡时间结束后，头脑风暴会议就正式开始了。这是随心所欲、充满奇思妙想的圆桌会议，每个人都能畅所欲言。尽管这个会议是乔纳森发起的，但他并不是会议的主导者。

"每一次头脑风暴会议，乔纳森都会参加。"一位设计师说。

头脑风暴会议是很有针对性的，有时是关于某个样机的展示，有时是讨论按键或者喇叭网罩的细节，有时则是大家集体解决研发中的设计难题。

“（我们）要讨论出一个共同的目标，只需要搞清楚想要什么样的产品就行了。”斯特林格说，“这通常就需要写写画画，所以我们都带着各自的速写本，根据构想画出草图并交换想法，如此反复。针对各种苛刻、严酷、坦率的批评，我们反复思索和推敲，直到我们觉得找到一个值得建模的想法。”[8]

设计团队的工作流程都离不开速写。“我经常画得到处都是，”斯特格林说，“在活页纸上画，在样机上画，在任何可以找到的东西上画，还经常在CAD图纸上画，以便找到更完美的构思。”他喜欢CAD打印出来的图纸，因为图纸给出了产品的外形。他还说：“这个软件可以根据设定的视角打印出产品视图，你只需要在图上添加细节即可，不必多费心思。”[9]

乔纳森也是个速写老手。他很擅长这个，但不同之处在于，他画起来更注重速度，而细节略粗糙。“乔纳森喜欢把想法呈现在纸上，好让人们快速地理解。”萨茨格说，“他画的草图真的是相当地‘草’，笔迹颤颤巍巍的。他的绘画方式真的很有意思。”

萨茨格回忆说，乔纳森的速写本“确实很酷”，但是他觉得，团队里真正的艺术家是理查德·豪沃斯、马特·罗尔巴克（Matt Rohrbach）和克里斯托弗·斯特林格。“理查德·豪沃斯总是跑过来说，他有个很无聊的想法，而且‘你们这群家伙肯定很讨厌这主意’，然后给大家看他那些让人惊异的草图。”

在设计iMac期间，工作室的桌子上总是堆满了用来画草图的复印纸。然而后来乔纳森的团队转而使用一家英国公司Daler-Rowney生产的Cachet精装速写本。这种速写本堆满了工作室的办公用品仓库。由于使用了高品质帆布装订的封皮，这些本子不容易散页。豪沃斯和乔纳森选用的蓝色速写本是Cachet速写本的三倍厚，本子还配有缎带书签。

有了速写本，大家可以很方便地回头翻看以前的创意，这很关键，因为团队需要将集体讨论时碰撞出的所有想法都记录下来。在之后苹果和三星公司的官司中，这些速写本成了焦点问题。

每周的例会都会产生很多速写稿。在例会结束后，乔纳森会要求与会者将他们的速写稿复印下来，递交给所讨论项目的主设计师；乔纳森之后会和主设计师一起，对这些速写稿进行深入探讨。主设计师及其两名助理设计师会仔细研究所有的方案，并将它们整合成全新的想法。

萨茨格回忆道："有时候，我会很投入，画出来大概10页的速写；有时候，设计师也会对某种材料提不起兴趣，什么也画不出来。"

样机制作

将想法呈现给乔布斯及其他高管之前，设计团队需要让模型制作公司做出仿真的实物模型。由于制作的模型要尽可能地与最终的成品相近，因此，样机制作需要专门的设备和技能才能完成。乔纳森的设计团队通常把模型制作业务外包给Fancy Models——一家总部设在加州弗里蒙特的模型制作公司，总裁是Ching Yu，一位来自香港的模型制作商。大部分iPhone和iPad的样机都是由该公司制作的，每台样机的花费大约在一万美金到两万美金之间。"这家公司做的样机花费了苹果数百万美元。"一位前苹果设计师说。

相比之下，尽管苹果内部的数控铣床也能制作出相当精致的模型，但是这些机床主要还是用于制作较粗糙的早期模型或者急需的零部件，如塑料模子或更小的铝制部件，而很少用于制作最终的样机。

在设计方案的最终决策上，这些样机起了至关重要的作用。在设计Mac mini（相对廉价的"无显示屏"版的麦金塔）时，乔纳森让他们制作了十多种样机，从大到小各种尺寸都有。他将这些样机依次陈列在工作室的一张展示桌上。"当时，乔纳森以及几位副总裁一起在展示桌旁边，"苹果的一位前产品设计工程师乔达姆·巴克斯（Gautam Baksi）说，“他们指着最小的一个样机说，‘这个显然太小了，小得有点可笑。’然后又指向另外一边的大机器说，‘那个又太大了；肯定没人想要那么大的电脑。你们觉得哪个样机大小正合适？’他们会做很多类似这样的讨论。”

尽管样机尺寸看起来不是什么头等大事，但是这直接影响到Mac mini要选用哪种硬盘驱动器。如果尺寸足够大，Mini可以配置一个3.5英寸的硬盘驱动器，这种硬盘驱动器一般用于台式电脑，而且比较便宜。而如果选择了较小的尺寸，那就只能使用2.5英寸的硬盘驱动器，这种驱动器常用于配置笔记本电脑，而且价格更高。

乔纳森和副总裁们最终选定了一个尴尬的尺寸：如果再大上两毫米，Mac mini就能使用3.5英寸的驱动器，而最终却只能选择价格更高的2.5英寸驱动器。“他们完全是出于外观的考虑作出了这个决定，而没有考虑经济因素。”巴克斯说。他认为，乔纳森甚至根本不会考虑硬盘的问题，所以即使他提出来，也不会对最后的选择有任何影响。“就算我们把这个问题反映出来，他们也不大可能改变初衷，他们纯粹是从审美角度来考量机器的大小和外观的。”[10]

乔纳森的角色

在苹果公司，乔纳森的角色一直在演变，逐渐由一位设计师变成了管理层的一分子。他不仅负责团队的管理，也开始着手新成员的招募。同时，他也是设计团队与公司其他部门——尤其是管理层——的信息沟通渠道。他与史蒂夫·乔布斯一直关系密切，而现在，他和公司领导层也是如此——所有新产品开发的种类和研究方向都是他们共同决定的。没有他的指示，什么都没法动工，甚至连产品颜色和按键细节都得由他拍板决定。“一切工作都得经过乔纳森的审阅。”一位设计师说。

鲁宾斯坦评价说："乔纳森不仅是一个称职的领导者，而且是一位出色的设计师，他的整个团队都很尊重他。对于产品，乔纳森拥有卓越的理解力和判断力。"对于这个评价，萨茨格表示赞同。

萨茨格说："乔纳森是位高效的领导者，他是位说话轻声细语的英国绅士，深得乔布斯的器重。"很明显，乔纳森更像是乔布斯的梦想执行者。如果乔布斯不认可某个创意，他会直言他不喜欢，别的什么都不说。他从来不会给出有指导性的意见，也不会告诉我们应该对哪些细节做出修改，而是把难题抛给乔纳森和他的团队，让他们寻求更好的解决方案。

随着乔纳森和史蒂夫的关系日益密切，乔纳森也开始推动上层管理方式的变化。"很多时候，都是乔纳森在推动着史蒂夫的思考，"萨茨格说，"如果他认为哪里应作出一些变化，他或许会对史蒂夫说，'我认为这里需要做一些改动'。"如果有人与他的团队产生了冲突，他不会去找上级领导，而是直接去找乔布斯。

与苹果的其他部门相比，乔纳森对自己团队非常袒护。"他会独自承担整个团队的过错，"乔达姆·巴克斯说，"对于设计出现的问题，他会把责任揽在自己身上。如果有哪个环节没有达到标准，他会说那是他的过错。他从未抛下团队中的任何一员。"

尽管乔纳森的团队紧密地团结在一起，他们与其他部门的关系却不够融洽。与工业设计团队合作了近10年的一位工程师说，与乔纳森及其团队的接触让他感觉正式而拘谨，总是让他想起这个设计团队在苹果的显赫地位。

"我从不主动跟他们交谈。"工程师巴克斯说，"这些家伙的工资比我高多了，跟他们比起来，我的生活就是地狱。我总是带着明确的目的去设计工作室，然后尽快离开那里。我不想在那里多待一分钟，也不想和他们有什么来往。"

但是乔纳森的设计师们却经常下班之后一起活动，尤其是住在旧金山的那些人。对于很多设计师而言，社交生活和工作是不可分割的。在Macworld大会，他们经常弄来一辆豪华轿车——有时车上装满鲍兰哲香槟——然后就出发去吃晚饭、喝酒。一位前设计师回忆起他在旧金山克里福特酒店参加的一场正式社交活动："大概午夜时分，工业设计团队等着参加在酒店大厅举行的余兴派对（after-party），斯特林格、艾夫、魏（尤金·魏，Eugene Whang，苹果设计团队成员）还有其他一大批人都在……他们都很新潮，喜欢流行音乐。"

乔纳森的团队中很多成员都有孩子。尽管设计工作室并不对外开放，但设计师经常带他们的孩子来。萨茨格就经常把孩子带到工作室。他女儿也想成为一名设计师，大学期间还写了一篇关于在苹果的工业设计工作室成长的论文，主要讨论流程、产品制作方法及其原因。"她已经成为团队中的一员，一天中有8到10个小时都待在这里。"萨茨格说。

乔纳森则是个例外。他一直不让苹果公司的喧嚣忙碌打扰到他的妻子和两个双胞胎儿子——查理和哈利。一些住在旧金山的设计师认识他的家人，但其他人则对他们毫无了解。乔纳森之所以对设计感兴趣，与他父亲的影响密不可分，但他却让自己的孩子远离设计，这真是一个奇怪的悖论。

第八章

iPod的设计之道

苹果设计了一个供硬件和软件居住的艺术品。

——博诺

20世纪初，苹果的发展可谓一帆风顺。麦金塔的上市引起轰动，苹果又发布了全新的操作系统Mac OS X。OS X可用于编辑视频、储存照片和刻录光碟，包括iMovie, iPhoto和iDVD，但是唯独缺少一款数字音乐应用程序。

多亏了纳普斯特公司（Napster），音乐迅速数字化，CD刻录机日呈颓势。苹果几乎是最后一家将CD刻录机添加到电脑上的电脑制造商。为了加快脚步，苹果从一家名为卡萨帝&格林（Casady & Greene）的公司那里为麦金塔购买了一款第三方MP3自动点唱机程序SoundJam MP。苹果还雇用了卡萨帝&格林的编程高手杰夫·罗宾（Jeff Robin）。

罗宾的团队搬到苹果的总部，开始着手重组SoundJam，他们去掉了大量的附加功能，以优化用户的初次使用体验。在乔布斯的指导下，罗宾花了几个月的时间来简化该程序。2001年1月，乔布斯在Macworld大会上介绍了该程序并将其称为iTunes。

罗宾忙于iTunes的时候，乔布斯和执行主管们则在尽心打造能与这款开发中的软件搭配使用的小巧设备，包括数码相机和便携式摄像机。MP3播放器随之进入他们的视线，引起他们的兴趣，并成为他们的目标，部分原因在于他们在市场看到的早期MP3设备功能性都很差。苹果硬件市场营销副总裁格雷格·乔斯维亚克（Greg Joswiak）评价道："那些产品糟透了。"

他指的是当时市面上的两种MP3播放器。一种体型很大，样貌丑陋，像块板砖，配备传统的3英寸桌面硬盘驱动器。另一种使用昂贵的闪存，却只能存储几首歌曲。两者和iTunes搭配效果都不佳，但是乔布斯却考虑，是否可能更好地利用iTunes的智能特性。他让鲁宾斯坦来负责此事。

同时，乔纳森的团队已经在制作MP3播放器的原型机。这些原型机是纯实验型的，只是未来产品的概念机，就像布伦纳的"Juggernaut项目"那样。受iMac的透明塑料设计语言的启发，播放器以小型闪存芯片为基础，能够储存大约一张专辑的歌曲。一位前设计师回忆道："这些更小的外围设备更像是一个核心生态系统的扩展，没有涉及到工程学的内容，至少在最初的理念展示阶段没有涉及。"

乔纳森尤其喜欢一款MP3播放器，其外观很像iMac的冰球鼠标，外壳是透明的红色塑料。受悠悠球的启发，设备的外围设计了凹槽，用于放耳机线，耳机线沿凹槽连接到背部的插口。（它看起来像是在iPhone 5上使用的耳塞包装的一个圆形版本。）播放器由排列成一个圆圈的一系列按钮控制，中间是一个小黑白屏。它很像后来为大家熟知的iPod转轮，但在当时只是单纯的按钮，并没有轮子可以旋转。乔纳森的团队还制作了其他的版本，包括一些用于观看视频的原型机，但这些原机型不够吸引人。

2001年2月末，乔布斯和鲁宾斯坦在日本东京参加Macworld大会。东芝集团（Toshiba Corporation）是苹果最大的部件供应商之一，按照惯例，鲁宾斯坦会见了东芝集团的代表。会谈即将结束时，东道主向他展示了一个新的硬盘驱动器，直径只有1.8英寸。尽管体积很小，但是它的数据存储量是5G——足够容纳1 000张CD，这实在令人震惊。

东芝的工程师们不知道该怎样使用这种硬盘驱动器，并询问鲁宾斯坦是不是应该把它放在相机里。鲁宾斯坦笑了笑，没有说出自己的想法。他径直回到酒店，告诉乔布斯他知道如何制造苹果的MP3播放器了。而他所需要的，只是一张1 000万美元的支票。

乔布斯让他放手去做，但是有一个要求：他希望这款新设备能够在当年的圣诞节面世，这意味着鲁宾斯坦在8月就要完成产品，这样才能有时间为重要的节日购物季进行策划经营。现在，鲁宾斯坦有6个月的时间去制作苹果的第一款MP3播放器。

“装进口袋”

鲁宾斯坦回忆道，他最初遇到的最大困难来自于苹果的每位员工，甚至包括乔纳森的工业设计团队，他们都忙于其他产品。对于这种不能立即产生商业价值的探索性项目，苹果通常会寻找外部顾问。

有人推荐了托尼·法德尔（Tony Fadell），他是一位设计师兼工程师，精通掌上电子设备的硬件和数字音频处理。法德尔曾供职于General Magic，这是一家从苹果分拆出来的独立公司，还为飞利浦公司研发过个人数字助理。在20世纪90年代末，他创办了自己的第一家公司——Fuse Networks。

法德尔的公司有12名员工，当时他们正在尝试制作一款MP3立体声播放器，即用一个传统的组件搭配一个硬盘驱动器和光盘阅读器，而不是录音机或调频收音机。法德尔向瑞士手表斯沃琪和奔迈公司兜售过他的想法，但是反响不大。而他和Real Networks的谈话引起了鲁宾斯坦的注意。

在科罗拉多州阿斯彭的滑雪斜坡上，鲁宾斯坦给法德尔打了电话，请他到此地，并讨论一个项目。鲁宾斯坦告诉他，这个项目很神秘，不能告诉他是什么。仰仗苹果的名气，法德尔同意了。

直到法德尔签署了一份保密协议，鲁宾斯坦这才告诉他关于iTunes的想法，他们想制作一个与之搭配使用的MP3 播放器。法德尔并没有表现出太大热情——苹果在2000 年还没有达到炙手可热的程度——但是他当时身无分文，别无选择。他的创业资金已经所剩无几，由于互联网泡沫的破灭，他无法筹集到更多的钱。无奈之下，法德尔只好接受了这份工作，以此来支付他Fuse团队的工资。

鲁宾斯坦给了法德尔一份为期 8 周的合约，让他分析如何制作一个MP3播放器。他必须精心选择电池、屏幕、芯片和其他组件，以及思考由什么样的团队来完成。完成这些之后，将向乔布斯提交一份可行性研究报告。

斯坦 · 恩格（Stan Ng）是苹果公司的硬件营销主管，公司委派他与法德尔接洽。他们二人很快构想出了新产品的设计主题。"'装进口袋'成了产品的宣传语。因为那么大的尺寸和形状，绝对正合人们的心意。"恩格说。[1]

法德尔确定了可能会用到的组件，大多数组件都来自迅猛发展中的手机产业。法德尔按照组件尺寸，把两块泡沫芯①用胶水粘起来，做成模型。设计成品就此浮出水面：一个简单的四方形，大概是一个香烟盒的大小。他将其拿在手里，觉得太轻了，于是从车库里找来以前钓鱼时的鱼饵加重物，用锤子把这些加重物砸平，然后将它们塞进模型的泡沫芯中间，以增加重量。

鲁宾斯坦很喜欢这个模型。4 月初，法德尔和恩格将其展示给史蒂夫 · 乔布斯和管理团队的其他成员，包括罗宾和席勒。法德尔之前没见过乔布斯，但是他已经接受过"培训"，以确保乔布斯做出正确的选择：展示三个模型，把最好的留到最后。法德尔为前两个模型制作了绘图，但第三个模型却带来

① 泡沫芯（Foam Core），是夹层结构的首选材料。——编者注

了泡沫芯制作出来的实物，他将这个模型藏进一个巨大的木碗里，放在四楼行政会议室的长条桌上。

恩格先用几张幻灯片讲述了音乐市场和目前MP3播放器的情况，但是没有引起乔布斯的兴趣，因而被频频打断。法德尔迎难而上。他把所有可能用到的部件摆放在桌子上，包括东芝研发的1.8英寸的硬盘驱动器、用作屏幕的一小块玻璃、几块可替换的电池、一块主板样品。他开始讨论内存和硬盘驱动存储器的价格曲线、电池技术和不同种类的显示器。

法德尔随后起身，向与会人员展示了第一个理念的绘图，一个像大块板砖一样的设备，有一个插卡，用于放置可移动存储卡。乔布斯觉得太复杂了。

第二张图片中的设备要小一些，能存储上千首歌曲，但它是靠闪存设备运作，如果电池没电了，存储的所有东西都会消失得一干二净。乔布斯依旧不喜欢。所以法德尔走向桌子，拿起他之前展示的所有部件，开始像拼乐高积木一样把它们拼装在一起。他把这个电子装置递给乔布斯。乔布斯将其拿在手里，反复查看。此时，法德尔托起木碗，呈上那个更完备的模型。

乔布斯很兴奋。菲尔·席勒突然离开房间，回来的时候带来了几个带转轮的MP3模型，这让大家很是惊喜。席勒解释说，转轮是在任何列表中迅速导航的最佳方式，不管是歌手列表、地址列表还是歌曲列表。你越快地转动轮子，列表就会滚动地越快，因此，即使是一个很长的列表，也能很快就到达底部。他指出，如果你想选择某样东西，就点击中间的转轮。

席勒是在一次会议上观察竞争对手的MP3播放器时酝酿的这个主意。以前的MP3播放器，每次只能跳转一首歌曲，若想听到喜欢的某首歌曲，有时需要对一个小按钮点上数百次，在菜单里苦苦搜寻，这让席勒很恼火。他说："我可不想对着一个加号按钮按一千次！所以我就想，如果单方向选歌太麻烦，为什么不转个圈？"[2] 他发现从鼠标到拇指旋轮控制器，转轮在电子设备中的应用相当普遍。丹麦经典奢侈品牌Bang&Olufsen生产的BeoCom电话的拨号盘，可用来浏览电话联系人和通话记录，这和iPod最终的转轮很相似。

乔布斯问法德尔能不能制作席勒的转轮。法德尔说，当然可以。该项目的代号为P-68.

扬琴项目

P-68 后来被内部人士称之为“扬琴项目”（Project Dulcimer），而原因似乎已无从考证。乔布斯批准了此项目，但作为该项目的主要成员，托尼 · 法德尔不仅不是苹果的员工，甚至并不想在苹果工作。法德尔试图游说鲁宾斯坦，让苹果以外包的形式将这份工作授予他的公司。但是鲁宾斯坦拒绝了。相反，他无视法德尔的不情愿，硬是延长了与他的合约。

但是，随着项目的进行，鲁宾斯坦对合约的安排越来越不满：他希望法德尔能够成为苹果的全职员工，全心为苹果工作。与乔布斯初次见面的 4 周之后，法德尔受到委派，向一个由 25 位苹果的重量级人物组成的团队展示iPod，其中包括乔纳森，而乔纳森对新播放器的进展一无所知。正当法德尔忙于用流畅的语言描述自己的想法时，鲁宾斯坦则向他发出了最后通牒，要他与苹果正式签约，成为苹果的全职员工。

会议开始前，乔纳森和其他人都在等着，鲁宾斯坦要求法德尔作出抉择：如果法德尔不接受这份工作，则取消这次会议；如果法德尔不按苹果的要求签约，那这个项目和iPod计划则就此终止。

法德尔接受了这份工作，会议照常举行。

成为正式员工之后，法德尔便担任该项目工程方面的负责人，罗宾则成为软件和用户界面团队的主管，同时，一切事务由鲁宾斯坦监督。这个团队的目标再明确不过：创造出令乔布斯满意的MP3 播放器，这个产品要对得起苹果这个品牌。最后期限日益逼近，大家都要为之付出努力。乔纳森 · 艾夫是这个团队中最新加入的成员，将负责成品的外观、工艺和可用性。

最终期限即将来临，时间紧迫，为此，法德尔决定将下列部件组装在一起：东芝的硬盘、索尼的手机电池和屏幕、苏格兰小型公司欧胜微电子（Wolfson Microelectronics）的立体声数字模拟转换器、德州仪器公司（Texas Instruments）的火线接口控制器、夏普公司（Sharp Electronics）的闪存芯片、凌力尔特公司（Linear Technologies Inc.）的电源管理与电池充电芯片，以及PortalPlayer公司的MP3 解码器和控制器芯片。

法德尔去了一趟亚洲，与供应商们见面。他没有告诉供应商苹果在制作的具体产品，只是提供了一些语焉不详的产品规格说明书，包含了苹果的项目所需要的组件。

最早的原型机放在加固的有机玻璃盒子里，盒子有一个鞋盒的大小，这有利于调试。他们正在制作音乐播放器这件事鲜为人知，因为这个团队不能告诉任何人他们正在做的事情，即使是对公司内部的人员也不能透露，这些盒子也起到了很好的掩饰作用。为了进一步掩人耳目，每次做出一个新的原型机之后，团队就会把按钮和屏幕分开放在不同的地方。一位工程师注意到，这种遮掩方式并不高明，因为只要往盒子里看一眼，就会知道它是个可以装进口袋的小型设备。

乔纳森回忆起他在团队中担任的角色，就是为“扬琴项目”撰写设计纲要。简而言之，他们的任务就是创造一件“史无前例”的东西。[3]

改变游戏

“从一开始，我们就想要一件看起来自然、不可抗拒、简单至极的东西，你甚至都察觉不到它的人工因素。”乔纳森阐述道。形状不是关键——“如果我们愿意，完全可以把它设计成香蕉的形状。”[4]

该设备有三样组件：屏幕、芯片和电池，它们像三明治一样自然地叠加，然后放进一个盒子里。鲁宾斯坦说："有时候，从原材料那里就可以清楚地看到成型后的样品，我们现在就是这种情况，组装之后的成品样子，我们一目了然。"[5]

乔纳森任命理查德·豪沃森为主设计师。他们将法德尔的泡沫芯模型作为参考。他们面临的最大挑战是用户界面设计。如何放置屏幕，是否使用按钮，他们都要深思熟虑。选择歌曲的方式也至关重要。操作按键一再简化，最终，设备上只剩下一个转盘，并配有四个按钮。

蒂姆·瓦斯寇（Tim Wasko）是一个经验丰富的用户界面设计师，曾经供职于NeXT。乔布斯与他一起设计了用户界面。瓦斯寇也曾和罗宾一起为iTunes设计用户界面。之前，他为QuickTime 4 设计了金属质感的界面，令乔布斯印象深刻。后来，乔布斯将这一界面应用到苹果的大多数软件中，瓦斯寇也因此得到这份为iPod设计用户界面的工作。

他开始一一列出用户在选择歌曲时会遇到的所有选择：艺术家、专辑、某张特定专辑中的所有歌曲。他说："把这些选择做成图表之后，我发现这是一系列相互联系的列表，解决方法就是点击一个按钮可以到下一个列表，点击另一个按钮则会返回到上一个。"[6]

瓦斯寇使用Adobe Director创建了一个效果图。Adobe Director是一款多媒体产品制作工具，简洁易用。在向乔布斯展示效果图之前，他把键盘上的原始光标键换成了一个带USB接口的缓动轮（Jog wheel），用于编辑视频。缓动轮中间有一个转盘，用来调节视频，上方和下方还有几个按钮。瓦斯寇为底部的四个按钮（播放/暂停、后退、快进、菜单）画了纸质标签，但没有顶端的按钮。系统运行很顺畅，乔布斯看到后很高兴，但是总给瓦斯寇施加压力，希望他去掉第四个按钮。瓦斯寇当时对乔布斯不够了解。"如果你给史蒂夫一样东西，即使它已经很好了，他还是会讨厌它，"瓦斯寇回忆道，

"所以你得拿出一些其他的破烂玩意儿放在桌上，来衬托你的产品。"

瓦斯寇当时没有带任何陪衬物，因此他试图找出方法，去掉这些按钮中的一个。他冥思苦想了几个星期，但就是想不出如何用三个按钮来控制不同等级列表之间的自由切换。他说："为这件事情我们把脑袋都想破了。"

乔布斯最终还是默许了那个多余的按钮，瓦斯寇拿着他的麦金塔和调节键盘，在工业设计工作室向乔纳森做了展示。"那次会议很短暂，"瓦斯寇说，"他们已经知道了会有一个转轮。我只是向乔纳森展示了用户界面的操作方法。"

乔纳森开始把屏幕和转轮放在不同的区域进行试验，但是可选择的区域很少。他的团队最初想把4个按钮放在转轮上方，正好位于屏幕下方，后来又决定还是把按钮放在转轮周围。这样在转动转轮时，用一个拇指操作按键非常方便。

乔纳森在接受《纽约时报》采访时说："史蒂夫·乔布斯在很早的时候，对如何进行内容导航做了一些很有趣的评论，他说，你必须专心致志，不要试图将设备做得太浮夸——那样只会让设备复杂化，并因此走向灭亡。设备功能并非显而易见，关键是要简化功能，去除冗余。"⑦

令很多用户和评测人员都无所适从的是，产品去掉了开关按钮。按任意键都能打开设备——设备处于不活跃状态一段时间后，则自动关机——这种想法，真是天马行空的极简主义构思。

乔纳森说："作为一款全新产品，iPod拥有一种内在的吸引力，设计团队对它进行的简化和删减似乎很适宜。"[8]

在iPod上，便携式电子消费品的其他标准特征也消失了，其中就包括了电池舱。大多数小型设备都有可拆卸电池，这就意味着它们需要一个电池盖，还需要内部屏蔽罩，这样在打开电池盖的时候，可以遮住设备的核心部分。乔纳森把这两个部分都去掉，创造了更加紧凑小巧的产品。而且，苹果公司的调查研究表明，尽管人们声称自己会更换电池，其实则不然。当然，密封的电池会引起强烈的抗议，因为用户（特别是评测人员）已经认定可更换电池是电子产品的标准特征。但是，省略掉这一功能后，iPod的外壳只由两部分构成，包括丙烯酸材料制成的正面，和被称为“独木舟”的不锈钢后盖，二者通过内部的锁紧装置扣在一起。零件数量减少就意味着，在生产这一产品时“偏差”更小（邻近的部件应该对齐，设计时则必须允许偏差，但是如果零件数量变少，对齐问题就会减少）。

乔纳森将使用相同的基本架构来设计密封产品，包括后来的iPod、iPhone、iPad和MacBook。萨茨格说：“它们基本上都是由两部分构成的，一个屏幕和一个后盖。这让产品更棒，远胜从前。”

事实证明，不锈钢后盖是一个备受争议的选择：刚开始使用时，看起来很美观，但却很容易产生刮痕和凹痕。设计顾问克里斯·莱夫特瑞（Chris Leftri）认为，尽管不锈钢不是最佳选择，但是它确实不错。诚然，其他大多数公司都会挑选更加耐用的塑料制品，他说：“实际上，使用这种材料是非常不合理的。便携式音乐播放器的背面使用不锈钢，这完全不合逻辑，因为不锈钢很容易产生刮痕和凹痕，而且会增加播放器的重量——当然，它绝对有用。”[9] 苹果公司的一位主管表示，乔纳森的团队之所以选择不锈钢，仅仅是因为它是最薄、最硬并且能够很容易搭配的材料。

莱夫特瑞说，如果不考虑后盖的话，iPod可谓“惊艳”，它展示出了整个设计团队在那个阶段对塑料生产技术的精通。每一个iPod的后盖和内部的焊接纹都是经过手工抛光的。莱夫特瑞解释说：“苹果公司并不经常使用新材料，而是探索如何将已有材料发挥到极致。苹果公司对材料要求非常苛刻，对光洁度有着极度的痴迷。”

将iPod设计成白色是乔纳森的主意。乔纳森把苹果标志的白色看成是之前疯狂追求多彩的对立。他说：“一开始考虑产品设计的时候，我们就认定iPod应该是白色的不锈钢。就是这么简单。它不仅仅是一种颜色，还是一种中立态度，在两个极端中既明显，又中立。”[10]而且白色也向人们传递了这样一种信息：机器不会支配使用者，不会像黑色的科技产品那样带给人一种“科技”或“书呆子”的感觉。

在那个时候，“令人震惊的中性白色”成为所有的苹果产品的一种新常态。新的iMac和iBook虽然还没有发行，但也是由白色塑料制成。一位前主管说：“整个工作室里洋溢着一种全新的设计语言。”产品设计师萨茨格也回忆说：“因为第二代的iBook是白色的，所以iPod也是白色的。乔纳森 · 艾夫以前在英国的设计学校里做的大多数东西也是白色的，他开始在苹果公司推行白色设计。”

起初，乔布斯本能地反对白色产品。萨茨格曾发明了一个北极白的键盘，但那时候乔布斯很讨厌它，因此，萨茨格呈现了好几种有细微差别的颜色，但没有一种是严格意义上的白色。他使用的塑料材料的白色包括所谓的云白色、雪白色和冰白色。还有一个是月光灰，看起来是白色，但实际上是灰色。当萨茨格向乔布斯展示那个月光灰色的键盘时，他可以很欣慰地说：“它不是白色。”这是很狡猾的一招，因为乔布斯认可了这个月光灰色的键盘。同样地，iPod标志性的耳机线也不是白色的，而是月光灰。萨茨格解释说：“月光灰和贝壳灰是我们在苹果发现的颜色，它们看起来都很像白色，但实际上是灰色。”

iPod的白色塑料表面上涂有一层非常薄而且透明的有机玻璃，这让它看起来很有光泽。玻璃涂层非常轻薄，只有把它的侧面立起来才能看到。这就是iPod透明的清晰、密封的盖子。[11]“透明涂层还在这个产品的周围产生了强光，几乎像个光晕。”乔纳森说，“令人眼花缭乱。”

随着iPod诞生日期临近，所有人都变得越发兴奋。史蒂夫 · 乔布斯几乎每天都在跟罗宾和瓦斯寇忙于iTunes和用户界面，而乔纳森和他的团队正忙于完善工业设计。产品发行的压力非常大，但即使在那个时候，团队仍然感觉到他们正在制造一款非常了不起的产品。乔纳森说："iPod的设计变成了一个真正的个人项目。因为我喜欢音乐，这个团队也喜欢音乐。我认为，总的来说，我们大家都很希望制作这件产品。"[12]

新的样机必须在每周五完成，这很不寻常，因为按照惯例，样机通常可以在一周的中间几天到手，这样大家可以利用这一周剩余的时间对其进行修改。尽管因为这一项目还未公布，乔布斯的日常参与情况并不为人所知，但"扬琴项目"的一些成员纷纷猜测，乔布斯会在周五把样机带回家，整个周末都在家里把玩。这样猜测的原因之一是，他通常会在周一提出新的要求。

在新的播放器发布之前，他们考虑到了各个方面，包括新产品的包装。包装变得和整个产品设计一样重要。以前，包装盒主要是为运输而设计的，但是iPod不一样，设计团队主要关注的是顾客而不是运输公司。他们决定分别设计运输包装箱和零售包装盒，这样的话，顾客带回家的就不再是朴实无华的包装，而是一个非常精致的盒子，把iPod呵护得如同一件首饰。萨茨格解释说："iPod是第一件让我们认为包装和整个产品设计几乎同等重要的产品。包装和其他的东西一样重要。"

8 月， iPod的原型机终于播放了一首歌曲。那个晚上，一群人工作到很晚，轮流用这个新玩意听音乐，使用的是某人索尼随身听的耳机。第一首歌是斯皮勒的《如果这还不是爱》（*If This Ain't Love*），这是一首室内舞曲，由英国的索菲 · 埃利斯 · 贝克斯特主唱。

乔布斯说："哦，我的天，这一定会很棒。"[13]

揭幕

2001 年 10 月 23 日，在苹果总部举办的一次特别新闻发布会上，乔布斯说："今天，我们为您准备了一件非常令人兴奋的东西。"乔布斯只邀请了很少的一部分新闻记者参加产品的揭幕仪式。邀请函简单明了："提示：这不是麦金塔。"9 · 11恐怖袭击事件刚刚过去一个月，整个世界还都心有余悸，以乔布斯高调的作风作为标准，这一场活动是相当低调的。

当乔布斯把iPod从他的牛仔裤口袋里掏出的时候，观众的反应是缄默。特别是当观众得知这个东西的价格是499美元的时候，他们看起来并没有那么兴奋。一个MP3播放器要花近500美元，而且只能使用麦金塔操作系统，不能使用Windows操作系统，这让价格看起来高得离谱。早期的评论家对此都很怀疑，其中一人曾表示，iPod代表的就是"我们的产品价格很白痴"。(Idiots Price Our Devices.) [14] 起初，iPod的销售量很少，直到两年以后，当它能够与Windows操作系统完全兼容的时候，销量才开始飙升。但是，在第一台设备诞生之时，iPod成功的种子就已经播下了，乔纳森对这款产品充满了信心。

乔纳森在iPod的第一个宣传片中说："我们的目标是设计一款非常非常棒的MP3播放器，一件堪称偶像级的产品。" [15]

回顾这一过程，乔布斯坚信iPod的创造是苹果公司精髓的体现。他说："如果说曾经有一款产品催化了苹果公司存在的理由，那就是iPod。因为它结合了苹果公司不可思议的技术、奇妙的简单操作和一级棒的设计。它把这三样东西都融合在一起，这就是我们所做的努力。所以说，如果有人曾经疑惑为什么苹果公司会存在，我会给他举这个成功的例子。" [16]

iPod还是一个非常奇特的项目，与乔纳森设计团队当时设计的其他产品不同。因为亟需上市，它是用现成的部件组装而成，乔纳森加入了令人讨厌的"表面工作"。他通过把产品做成白色给产品加上自己的标签，因为从大学开始，他就一直把高科技产品设计成白色。

这一项目也为他赢得了"乔纳森iPod"的绰号，也开创了白色科技产品的新时代。白色对于iPod来说，就好像透明塑料对于iMac一样重要。乔布斯刚开始是特别反感白色产品的，但乔纳森彻底改变了乔布斯的这种想法。

iPod加入了无数的设计元素，这些设计元素被陆续应用到后续产品，并产生了戏剧性的效果，这其中就包括苹果的第一个触控界面（虽然它很简单）。凭借密封的外壳、紧凑的设计、简单的操作，iPod为后来的许多产品设立了标准，这些都是乔纳森团队的成就。这也是苹果公司在乔纳森与乔布斯时期的第一款便携产品，它的发展使得乔纳森的团队有机会让便携式产品的设计和生产变得更加完美，从而为无缝外壳和密封电池设立了标准，这些标准后来为整个行业所采纳。

iPod代表着一种非凡的成就。U2乐队的博诺谈到iPod时，他用寥寥数语归纳了它的魅力，他说："它很性感。"另外的一个形容词是：无处不在。iPod的吸引力很快让它成为一种流行文化。

迈克尔·布尔（Micheal Bull）博士说："iPod是21世纪的第一个文化偶像。"他是苏塞克斯大学的一位教师，他的研究为自己赢得了"iPod教授"的绰号。"罗兰·巴尔特说，在中世纪，教堂是标志性的建筑；到20世纪50年代，汽车变成了标志性的产品……我认为50年之后，iPod将成为时代标志，这一技术让你把整个世界装入口袋。它代表了21世纪这个社交世界的一个重要时刻。"[17]

JONY IVE

The Genius Behind
Apple's Greatest Products

第九章
生产、材料和其他事

我们的团队以及团队的默契配合的伟大之处在于：我们会感到自己其实只是赶上了事物发展的萌芽期，我们才刚刚起步，今后还有很多事情要做。

——乔纳森·艾夫

多年来，每当乔纳森·艾夫的团队遇到一些特别的挑战，他的工业设计团队反而会更淋漓尽致地施展自身才华。创意能捕捉顿悟之光，行动又能脚踏实地。两者的结合体便成为乔布斯和乔纳森合作的标志性特色。这一团队提出的创新解决方案通常都会扩大传统制造业的疆域，完善早期的iMac就是这样一个例证。

第一台iMac上市大约18个月之后，乔纳森的团队开始考虑用轻薄的液晶显示屏取代原本体积庞大的阴极射线管显示屏。这支团队从2000年开始着手研制。事实证明这个项目很有挑战性，而且需要几十个原型机，但该产品将成为苹果公司最有特色的电脑之一。

起初，乔纳森的团队设计了一个传统的宽屏电脑概念，想把核心部件都附加在电脑的背面。这更像是乔纳森20世纪早期设计的TAM机。但是乔布斯不喜欢，认为它既不好看又不雅观。

乔布斯问乔纳森："如果你想看到的所有东西都藏在显示器后面，那为什么要有这个平面显示器呢？我们应该保留每个部分的真实模样。"[1]

据沃尔特·艾萨克森的那本乔布斯传记所述，那时，乔布斯早早离开了苹果公司总部，想在位于帕洛阿尔托的家中好好考虑。乔纳森顺路去拜访他，两人在乔布斯家中的花园里散步，反复琢磨设计问题。乔布斯的妻子劳伦在花园里种了很多向日葵，乔纳森一边看着这些向日葵，一边和乔布斯讨论着。突然间，他一下子想到，如果把iMac的屏幕和其他的部件分开，就好像向日葵的花朵和它的茎杆那样，那么iMac看起来会是什么样子？

乔纳森兴奋起来。他开始构思创意，艾萨克森在传记中写道："艾夫希望自己的设计能表达出一个故事。他意识到，向日葵的形状将能表达这样一个含义，那就是，这种平面显示器的图像很流畅、反应很灵敏，连太阳光都能感受到。"[2]

对这个故事，有位苹果公司的前高管讲述了另一个截然不同的版本。乔纳森设计了两个原型机。其中一款平面显示器又丑又俗气；另一款设计则像"鹅脖子"，由独立的屏幕和底座组成。在演示的时候，乔布斯选择了后一款设计，因为它是"拟人化的"。就好像最初的麦金塔，乔布斯想要那样一个"友好的"电脑。

乔纳森的团队面临的下一个问题是，如何把显示屏连接到底座上。

他们先尝试了一系列以球状关节结合的零件，像脊椎骨那样连接到一起。通过显示屏背后附带的夹钳把"脊椎骨"连在一起。夹钳绷紧时就拉紧电线，将"椎骨"固定。夹钳松弛时就放松电线，允许"椎骨"移位。萨茨格说："显示器没有固定，所以要用双手抓住它来让夹钳活动，如果把它放在合适位置上，显示器就锁上了。电脑有很多漂亮的球状关节，电源线和信号线都从显示器的颈部内穿过。当你松开所有的关节，整台电脑会很松散，当你要拉紧这些关节的时候，会有一个大的装置把电脑锁紧。"

团队制造了数十个原型机，这些原型机外形很漂亮，但最后发现并不实用。想要调整显示屏，必须用两只手锁住或解开这个脊椎骨式的夹钳，这对一些使用者来说很难适应，对孩子们来说尤其困难。

乔纳森一时被难住了，他请设计公司艾迪欧上门帮忙查看。艾迪欧负责评估这一设计是否有用，但他们的设计师却建议用两只支撑路灯的手臂取代那个脊椎骨式的设计，这种路灯是可以调节方向的。这看来实用得多，是个了不起的想法。

乔纳森的团队又多做了很多原型机，最后发现艾迪欧公司的两只手臂效果很好。但是萨茨格在一次集体研讨会上大声地说："我们为什么需要这么大的灵活性？为什么不用一只手臂？"萨茨格的建议没有得到回应。乔纳森和乔布斯开了一次会，然后回到工业设计工作室时，萨茨格的建议终于被采纳；乔布斯也建议放弃第二只手臂。

乔纳森的团队又一次投入到工作中。经过工程学方面的多方考虑，他们设计了一只不锈钢手臂，手臂内部有一个能承受很大弹力的弹簧，能完美地平衡显示器的重量。现在，只要一根手指就可以轻松地移动屏幕，线缆也能在手臂内部自由活动。

"我们确实都很兴奋，萨茨格说，"很喜欢这个产品。制造它的过程也让我们学到了很多东西。"乔纳森总结了他们的成绩，称其为"工程学佳作"，说"这是个极难解决的问题。（这只手臂）看起来简单，但这简洁背后隐藏着复杂"。[3]

乔纳森团队对显示屏周围的塑料框架也感到很棘手。最早开发的原型机框架很窄，但设计者发现，调节显示屏的时候几乎会不可避免地戳到屏幕，这种失误会让屏幕图像产生涟漪效应。这让人想起，LCD中的L就代表液体(Liquid)。当团队想尝试更厚的框架时，乔纳森认为它"与那个格外明亮、轻薄的显示器不符"。[4]

这催生了一个新创意："光环"(halo)。它是透明塑料做成的显示屏宽边，使用者抓着它不会破坏屏幕画面的视觉美感。这种光环设计对iPod产生了很大的影响。它成为乔纳森以清亮纯白为特色的一段设计生涯中最有辨识度的设计主旨之一，现在的iPod面板都沿用了这一主题。

iMac的圆顶底座是工程学的又一创举。芯片、驱动器和电源都塞进了iMac G4半球形的底座。它借用了Cube的冷却系统，可以从底部吸入空气，再让气体从顶部排出，与Cube不同的是，iMac G4的芯片可能温度很高，需要一个风扇散热。尽管这样，乔纳森仍然记得，"每个螺丝甚至每处细节都设置得很合理"。[5]

据乔纳森所说，iMac G4的设计很有独创性，这并不是因为它的形状，而是因为它太不起眼，朴实得令人难以想像。虽然外形就像一盏奇形怪状的灯，可一旦使用者面对它坐下，眼前除了屏幕就看不到别的东西。"如果你花10分钟时间坐在新的iMac旁边，并来回移动显示器，你很快就会忘记它的设计。设计退出了首要位置。我们对于醒目的设计并不感兴趣，只想尽我们所能来简化设计。"[6]

在iPod的市场营销全面展开时，乔纳森的团队也设计了iMac的包装。包装盒的设计看似微不足道，但乔纳森的团队认为，产品的包装在很大程度上会影响人们对产品的第一印象，而第一印象至关重要。乔纳森接着说："史蒂夫和我在包装上花了大量时间。我喜欢打开包装的过程。如果把拆开包装设计成一个仪式，就会让人觉得这个产品很特别。包装可以产生戏剧性效果，可以传递出一个故事。"[7]

虽然设计团队对待包装设计非常谨慎，但这并不意味着他们就缺乏幽默感。有一次设计人员就开了个玩笑，说要把iMac G4的外壳做成男性生殖器的样子。萨茨格说："中间放着一个圆柱形物体，两边各放一个球形的扬声器，人们打开包装外盒以后，会惊讶地叫起来：'天哪，这是什么呀？'"

2002 年 1 月，当史蒂夫·乔布斯刚在Macworld大会上揭开iMac G4 面纱的时候，《时代》杂志那一周的封面文章就为这款电脑做了专题报道，这是《时代》杂志第二次将一款新发布的产品用作封面故事。

乔布斯在台上向观众介绍这部电脑时说："我认为我们从没做过这么棒的产品，这台机器的美感和优雅气质世所罕见，今后 10 年它们都将美名远扬。"

他一边展示一幅底座的图片，一边说："你们难道见过比这更漂亮的电脑底座吗？"

在乔布斯向观众展示的宣传视频里，乔纳森出现了。乔纳森对着镜头说："我们已经决定使用平板显示器，了解这一想法并不困难，难的是如何实现这一目标。解决这个问题的难度几乎可与抗衡地心引力相比。这个框架很简单，又很纯粹。它看来恰恰能解决在太空中漂浮那样的难题。你们现在来看它，会觉得问题非常简单，方法十分明显，但是，最简单高效的解决方案往往是最难以琢磨的。"[8]

乔纳森遵照乔布斯的指示，悄悄地走进了Macworld大会的会场，试着评估观众的反应。两年以来，他一直秘密地研制iMac电脑的各类零部件，但一直没有获得公众的反馈意见。乔纳森担心市场可能不会喜欢这台天马行空的新机器。后来他总结那次入场的观察结果，说："我认为他们都很喜欢iMac一体机，的确是啊，人们对新产品都很狂热。"[9]

其实，乔纳森根本不需要担心。iMac G4 帮助苹果公司重塑了因Cube产品失败而受拖累的公众形象。有了乔纳森掌舵设计部门，帮助公司制定发展道路，苹果公司又重新登上了这个行业的顶峰。

工作和生活中的乔纳森

乔纳森在苹果公司的地位已确认无疑。他又重拾了自己过去对汽车的爱好。他给自己购置了一辆阿斯顿马丁D89。这辆超级跑车因为是詹姆斯·邦德的座驾而闻名于世。乔纳森要求将车送往纽约，然后和父亲迈克尔驾车穿越田野。这辆车花了他25万美元，但是车刚到手一个月，乔纳森就在圣布鲁诺旁边的280号洲际公路上撞了车。这起事故差点害得他和一起搭伴上下班的丹尼尔·德尤利斯两个人差点都丢了性命。丹尼尔当时正坐在副驾驶的位置上。

据一个同事回忆："乔纳森车开得非常快，但他自称车速不会超过每小时80英里。在这场车祸中，乔纳森的车失控了，开始狂飙，车的后部飞了出去，整辆车重重地撞在了一辆货车上。它把货车撞翻，然后径直地插入货车中部。跑车被撞了个粉碎。乔纳森他们能活下来已经很幸运了。车子看上去很糟糕，全车上下没有一块好地方。"

跑车的气囊爆开了，车里到处是气囊爆开释放的气味。乔纳森恢复意识的时候闻到了令人不安的味道，另一个知情人说："他醒来的时候，车里都是类似火药的味道，很不寻常。这让他很紧张。而讽刺的是，这次撞车事故提醒了苹果，乔纳森对公司来说有多重要，所以公司又给他的工资涨了很多。"

经过这次事件，乔纳森仍然不为所动，还是追求速度飞快的炫酷跑车。他又买了一辆D89。可那辆车停在他的车库外面时竟突然着火，于是，乔纳森向阿斯顿马丁公司投诉跑车质量。有位知情者说："乔纳森是英国人，他与史蒂夫以及苹果公司的关系非同一般，他去了阿斯顿马丁公司，对方说会给他个满意的答复。"

阿顿马丁公司在折扣的基础上给他换了一款更好的车型Vanquish（2004-2005年款），这辆售价30万美元的豪华旅行车配备了强大的V12发动机。很快，乔纳森又添置了一辆马力强劲的英国豪车，这是一台白色的宾利。后来看到设计工作室的一个同事买了一辆路虎LR3，他随后也买了同一款车。一个知情人说："乔纳森也想要一辆，果然几天后他就买了一辆。"后来，乔纳森又给自己的车库添了一辆黑色宾利Brooklands。这辆车的内饰大部分都以木材和皮革作为材料，售价约16万美元。车的马力也很强劲，启动后5秒内时速就能从零提升到60英里/小时。

阿斯顿马丁不仅速度快，而且马力强，以创新的生产方式闻名于世。汽车采用的是铝、镁和碳纤维等特殊的轻质材料。全铝制的汽车底盘用黏合剂黏合在一起，并非焊接而成，这种方式使得底盘特别坚固，而且能防止开裂。乔纳森很快就在为苹果公司制造加工产品的工厂引进了类似的生产方法。

从iMac G3电脑开始，乔布斯和乔纳森的合作比以往更加密切。TBWA/Chiat/Day广告公司的广告经理肯·西格尔依然任苹果公司的广告顾问。他说："在我们两周一次的会议上，多数时候他（乔纳森）都和史蒂夫一起出现。"那些都是营销会议——不属于乔纳森负责——但乔布斯喜欢让他参加会议，以便在会上征求他的意见。"显然，史蒂夫很重视乔纳森的想法，而且不仅限于产品设计方面。"

乔纳森的参谋角色使他和乔布斯之间私人关系也变得更加深厚。西格尔还记得"史蒂夫和乔纳森在餐厅吃午餐——我还没见过哪次史蒂夫出现在餐厅的时候没有乔纳森在身边。他们两个似乎真的是形影不离。"[10] 与此同时，乔纳森和鲁宾斯坦的关系却越来越糟糕，什么事情都能让这两人吵起来。

第一款iPod发布的时候，乔纳森对于缔造苹果企业文化的作用显然越来越大。他相信计算机和音乐播放器应该使用简便，外形美观。这一观点促成了苹果公司的许多决策，这些决策不仅推动iPod不断进化，还影响着iMac和iBook的新机型发布。

艾迪欧公司的一位创始人丹尼斯·博伊尔（Dennis Boyle）说："苹果公司推出了iPod这类真正优雅的产品，然后不断地精益求精，所以他们不仅在将真正的创新技术推向市场方面表现突出，制造的产品也越来越好……他们让对手望尘莫及。"[11] 在问世两年之内，iPod实现了和Windows系统的兼容（本来可以更快，但对乔布斯来说，允许产品向Windows系统敞开大门是个巨大的心理障碍），而且还拥有了iTunes音乐商店。有了这种商店，在iPod播放器上下载新的音乐内容就更便捷了。

在产品不断微型化的进程中，iPod的所有零件都缩小了尺寸。2004年1月，iPod mini上市，其固定的转轮体积更小，而且采用了触摸感应技术。这款机型4个方向的按键与触控轮结合在一起。乔布斯说："触控轮当时不是必备的，因为没有足够的空间留给iPod（上的按键）。可一拿来试用的时候，我们就在想'天哪！为什么没早点想到呢？'"[12]

乔纳森对开发iPod mini介绍得更为详细。他说，最初的设想是小型iPod，头一批版本使用和正常大小iPod同样的材料和设计方式，但并不奏效。乔纳森认为："这条路完全错了，然后我们开始探索不同的材料和方法。我们意识到可以用铝制材料。铝和不锈钢不同，可以先用喷砂方式处理铝表面，再让铝接受阳极氧化处理（anodized，阳极氧化处理是染色的一种方法），然后用特别的方式上色。"[13]

首次使用铝材影响了整整一代产品。就像过去的iMac一样，iPod mini也可以做成各种颜色了。这款产品大获成功，一举成为当时最畅销的iPod产品，在女性消费者中特别有人气。它也成为人们随身携带的第一款iPod。用户把它用带子系住或用夹子夹住它，把它放在口袋里。有人甚至将它视为配饰，用来搭配时髦的珠宝首饰。iPod mini也开创了新潮流，人们开始流行在做体育活动或跑步时携带小巧精致的iPod。

4年里，苹果公司将iPod的重量从原来的6.4盎司减少为iPod nano的4.8盎司。同时，存储器的容量增加了6倍，屏幕变成了彩屏，添加了视频重放功能，电池的续航能力延长为4个小时，并且售价下调了100美元。最终，苹果公司的播放器售价以50美元为基点，并控制在50美元与550美元之间，其中包括iPod shuffle。iPod shuffle没有屏幕。这种极简主义的大胆尝试只有乔纳森和乔布斯才能得以实践成功。

有些改良是源于制造工艺的改进。在英国版《*GQ*》杂志的访谈中，乔纳森详细阐述了他制造第一款铝制iPod shuffle过程中取得的进步。这款设备由挤压铝材制成，夹紧在一起的零件之间几乎没有缝隙。乔纳森说："零件组合得特别紧密，我认为，以这个价位，还从来没有哪种产品能这样大批量生产，毕竟我们在生产过程中投入了那么多的时间，又那么谨慎。"[14]

全世界都注意到了苹果公司的产品，还注意到了这家公司才华横溢的首席设计师。乔纳森自从十几岁就开始获得各种奖项。可直到21世纪初，众多奖项才如潮水一般向他涌来。2002年6月，美国工业设计师协会将设计界的奥斯卡奖——工业设计金奖（IDEA）——授予了乔纳森和苹果公司，以表彰他们开发第一代iPod的成就。该协会宣布这款音乐播放器是当年"最值得纪念的设计解决方案"。[15]

2003年6月，伦敦设计博物馆宣布乔纳森为该年度设计师开幕大奖的获得者，为此奖励他2.5万美元奖金以及一枚金质奖章。他突出的设计成就似乎已成定论。《*ICON*》杂志的马库斯·菲尔斯写道："年度设计师并不足以说明乔纳森·艾夫加入苹果公司10年以来获得的成就，没有哪位设计师像艾夫和他在苹果公司的设计团队那样，对商界、舆论界和社会均有影响。"[16]

乔纳森在颁奖典礼上不忘抓住一切机会让同事也分享这一成就。他大方地承认自己取得的成绩始终源于集体努力。在伦敦设计博物馆，他参加了手下的设计团队组织的庆祝聚会，成员们称赞他的穿着"十分有艾夫的风格，留着艾夫那样的平头，连说话都像艾夫那么寡言少语。"《*ICON*》杂志这样写道。乔纳森告诉记者们他觉得获奖"很棒"，但是"有点奇怪，因为我带领着整个团队，不好意思独享这个大奖"。[17]

乔纳森接着说："我们的团队以及团队的默契配合的伟大之处在于一种

感觉：我们会感到自己其实只是赶上了事物的萌芽期，我们才刚刚起步，还有很多事情要做。”[18]

很显然，乔纳森个人和苹果公司都赢得了成功。在去伦敦的路上，乔纳森注意到，无论在哪里都能看到苹果公司标志性的白色耳塞。当初他加盟的时候，苹果只是一家市场占有率很小的计算机公司，辛苦奋斗多年后，看到自己的设计作品占据了主流市场，他觉得非常满足。

英国《卫报》的设计业评论家乔纳森 · 葛兰西（Jonathan Glancey）称，乔纳森有种天赋，能“让之前毫不起眼的东西引起人们无限暇想，赋予科技以魅力十足、令人向往的人性化外表……一个由不苟言笑的办公室经理人和电子行业专家统治的领域，却将毫无幽默趣味的科技转化为了招人喜爱的精密物件。”[19]

加拿大的《星期六邮报》（*Saturday Post*）将iPod称作“最典型的电子设备，体现了这一代人‘我想要，我需要，我希望’的机器狂热”。iPod无处不在，那种“米黄色没戏，我们是英国人”的设计理念使它拥有了设计界永恒的偶像地位。[20]

2003年年底将近之时，乔纳森越来越大的名望得到他的祖国英国的认可。乘着有“酷不列颠”（Cool Britannia）之称的文化时代的东风，英国首相戈登 · 布朗将乔纳森称为英国设计创新的榜样。英国《卫报》报导，布朗希望利用英国广大的设计专业毕业生“（将英国）产品变得更受欢迎，摆脱那些低成本的竞争，以抵御来自中国和印度的挑战”。[21]

根据《卫报》那篇报道，20世纪90年代中期，每64个大学毕业生之中就有一人出身于设计专业。10年后，这个数字变成了之前的十六分之一。布朗说：“设计不是现代经济的附属品，而是经济不可或缺的一部分；设计不是成功的某部分，而是成功的核心；设计不是穿插表演，而是核心部分。”布朗政府的一些官员调查设计在国内各行业的经济潜力，结果发现，以设计为重心的公司“营业额攀升了14%，利润上升了9%。”[22]不容置疑的是，乔纳森的父亲迈克尔也对英国的设计崛起做出了巨大贡献，并因此受到表彰。1999年，迈克尔·艾夫被授予“大英帝国勋章”（Order of the British Empire，OBE），这是对他为英国设计教育做出贡献的嘉奖。

2003年，乔纳森被任命为英国皇家工业设计师（Royal Designers for Industry）；2004年，他获得了“RSA本杰明·富兰克林”奖章（Benjamin Franklin Medal）；2005年，他赢得了“英国设计与艺术指导”奖（British Design & Art Direction，D&AD）的第一名；2006年，他被授予“大英帝国司令勋章”（Commander of the Order of the British Empire）（这比他父亲的“大英帝国勋章”等级更高）。

乔纳森当时并没有对获奖公开发表评论，但苹果公司在一份声明里提到：“乔纳森获得如此有声望的奖项表彰，我们也感到非常骄傲。”[23]

虽然他的设计吸引众人关注，但前方还有更“大”的工作等待着他。2003年，苹果推出了17英寸的PowerBook。这是台体积庞大的笔记本电脑，但苹果公司的营销资料上根本没有提及乔纳森最自豪的那些创新，其中包括笔记本内部的框架和盖子转轴装置。

他发明的变速闭合装置在笔记本快要闭合时受到阻力较小，所以仅凭一只手就能打开盖子，无须将笔记本电脑底部从桌面抬起来。即使没有多少用户知道乔纳森当初为此投入了多少心血，这样的用户体验也应归功于设计者对消费者使用细节的重视。

乔纳森对PowerBook非常自豪，还拆了一台PowerBook。那是设计博物馆2003年“年度设计师展”的参展作品之一。乔纳森说：“我们把每个零件都取下来，以便大家看到我们对这一产品的某一部分投入了多少精力，这是大家以后永远不会见到的。我希望产品的内部架构和我们构建产品的方式有一种内在的美：比如将不同的铝材器件用激光焊接在一起，等等。通常人们会以为，只有小批量生产的产品才会真正关心所有的产品细节，但我们苹果公司最典型的一种工作作风就是哪怕最小的细节都要关注。我觉得，有时这会让产品看起来不那么像批量生产，而更像是在做手艺活。我认为那很重要。”[24]

知名设计公司西摩鲍威尔的创始人兼董事理查德·鲍威尔（Richard Powell）对自己的观察发现很骄傲：“跟乔纳森·艾夫聊天，回忆起克服某个设计障碍、解决某个问题、或发现某种材料时，他的眼睛会闪闪放光。改良了某种产品外形或者探寻到某种新工艺时，他会变得特别有活力。对艾夫来说，万事都不由命运决定，一切都是深思熟虑后的结果。”[25]

鲍威尔认为乔纳森的专注起到了决定性作用，他写道：“创新几乎从来都不是一个宏大的概念，通常都是由一系列的小点子以更好的新方式汇集而成。我认为，乔纳森对卓越的狂热追求是最明显的迹象，在表象之下是你可能都注意不到的一些细小之处，但它却改变了你与产品的交流互动以及你对产品的感观。”

iPod逐渐取得了非凡的成功，突然之间，它变得和苹果公司的麦金塔电脑系列同样重要。2004年，iPod被分拆成了一个单独的部门，由之前负责所有硬件的鲁宾斯坦来管理。在管理层的会议上，乔布斯和他的团队开始疑惑公司还能涉足什么领域。当时，与会者想出的点子里就有苹果牌汽车和苹果牌数码相机。[26]

2005年，乔布斯将乔纳森提拔为工业设计部的高级副总裁，级别和鲁宾斯坦一样高。过去乔纳森要向鲁宾斯坦汇报，期间他们总有摩擦，升职后乔纳森只需要向乔布斯报告。

乔纳森和鲁宾斯坦之前已经变成三天一小吵五天一大吵。乔纳森总是在挑战极限，总是在质疑制造和设计物品的方法。鲁宾斯坦的工作是让工厂顺利制造产品，但乔纳森的种种要求使得他的工作频频受阻。一位和两人合作过的前设计师说，鲁宾斯坦会尽可能避开乔纳森和设计工作室的成员。如果不得不与乔纳森会面，他就会变得明显激动易怒。一个知情人说："无论什么时候，只要鲁宾斯坦不得不走进工作室和乔纳森打交道，他的脾气就会变得很容易爆发。"

两人之间的关系对乔纳森来说也是个问题。这种冲突酝酿了多年，最后终于爆发了。据传闻，乔纳森当时去找乔布斯，直接告诉他："有他（鲁宾斯坦）就没我。"

虽然鲁宾斯坦在开发iPod和其他产品期间起到了关键作用，但乔布斯还是选择了乔纳森。[27]2005年10月，苹果公司开了一场新闻发布会，假称鲁宾斯坦离开公司是因为他早就应该享受退休的待遇。取代他任iPod部门领导人的是托尼·法德尔。[28]鲁宾斯坦在墨西哥住过一段日子，在那里建了一栋房，后来又出任奔迈公司的CEO，开发与iPhone竞争的智能手机产品。

多年后，当提到离开苹果一事之时，鲁宾斯坦用外交辞令评论自己和乔纳森的关系："乔纳森和我合作多年，关系一直非常密切，我们也一起完成了不少工作。我的职责就是把握平衡，让产品进入生产线。有时，和乔纳森一起工作可能很有难度。"[29]

尽管在苹果公司共事期间曾有过难相处的经历，乔纳森和当时职位更高的鲁宾斯坦仍然主导着公司的设计理念，并使产品历经多个演变阶段：从多色塑料到单色塑料，再到多种金属。重要的是，每个阶段都标志着让设计融入生产的过程越来越复杂。

制造工艺在设计工序中所占比重越来越大。毫无疑问，这让两人的关系更加紧张。设计团队不再只关心产品的外观和操作。他们的重点变成了产品的制作方法。乔纳森的团队过去总是花很多时间来设计产品，但后来在制造方法上花的时间却越来越多。

以前的设计团队负责人鲍勃·布伦纳对这种转变有自己的看法："苹果公司的设计师把10%的时间花在传统工业设计上：出点子、绘图、制作模型、头脑风暴。剩下九成的时间都花在制作上，即找出实施这些创意的方法。"[30]后来，乔纳森成为公司里冉冉升起的明星，这一点也不奇怪，因为在他身处的这家公司，设计和材料在业内就如同连体婴儿。

乔纳森把研发的成本和开发工作看得很简单，他根本不想知道这些。他告诉曾在运营团队工作的一位工程师："我不想让手下的设计师考虑成本。他们甚至都不该关心这件事，因为这不是他们的职责。"

在苹果公司的某些人看来，乔纳森似乎不用向任何人报告，包括乔布斯。据说他告诉供应商："想象一下，我手头有一大笔钱。我能让你们渡过难关，只要能满足我的要求，你们想要多少钱便拿多少。"那位负责运营的工程师就这样转述乔纳森的原话。乔纳森的团队和生产开发及运行的团队商讨着，都在朝着将设计转化为生产的方向努力。

就像那位负责运营的工程师总结的："工业设计工作室统治了苹果公司。"

精简生产

生产和设计的密切关系使苹果公司选择进入中国。蒂姆·库克（Tim Cook）是苹果公司的现任CEO，也是乔布斯选定的接班人。多亏了他，苹果公司才开始转移到中国生产产品。

乔布斯1998年聘用库克做他的运营主管。在此之前，都是乔布斯亲自管理苹果的供应商和工厂。库克在美国阿拉巴马州的罗伯斯戴尔（Robertsdale）长大，曾任康柏运营部门的高管，还在IBM工作了12年。性情反复的乔布斯此前拒绝了很多前来面试运营部门主管的候选人，每次面试的人最多5分钟就会悻悻地走出来。在这种情况下，乔布斯一眼就看中了镇定从容的库克，两人很快一拍即合。令人敬畏的CEO不仅给库克提供了职位，还把他的办公室安排在自己的办公室附近。

库克接手的第一份工作就是整顿苹果公司的制造和分销网络。这个网络组织混乱，出了名的一团糟。苹果公司在美国加利福尼亚州（萨克拉门托）、爱尔兰（科克）和新加坡三地设有工厂，每个厂区各自生产主板、组装同样的产品。从理论上说，不同厂区生产的产品面向各自地域的消费群体，比如加利福尼亚厂区的产品卖给美国人，爱尔兰的目标群体是欧洲人，新加坡的产品主要面向亚洲人。但实际上，主板通常先从新加坡运到科克进行部分组装，然后返回新加坡进行最终组装，最后再送到美国市场销售。对于这样的安排，库克说："你能想象到，成本控制得并不好，生产周期时间也不理想。"[31]

乔布斯为生产自己的4款产品，将公司精简到仅剩4条生产线，这确实把事情简化了。本该有4个台式电脑的主板，现在只有一个；本该采用仅适用麦金塔的专门的生产技术，苹果2×2的产品矩阵却尽可能多地共享产品的零部件。这些产品使用的业内标准部件也是其他个人电脑生产商所使用的。

苹果公司的工厂成本高但生产效率却很低。因此，库克开始考虑雇用外部制造商。他首先拜访每位与苹果公司合作过的供应商，然后竭力压价，整合供应商，并鼓励供应商将旗下工厂搬到苹果公司的组装工厂附近。

苹果公司1998年发布了iMac。除了外壳和显示器是LG承包的，这款产品的其他部分都在苹果公司的三地工厂加工。1999年2月，公司改变方针，把iMac的生产工作全部外包给LG，卖掉了苹果所有的工厂。2000年，总部位于台湾的鸿海精密工业有限公司接手生产iMac，而鸿海在大陆投资兴办的富士康拥有更高的国际声誉。

库克用同样的方法生产笔记本电脑，分别把PowerBook和iBook完全外包给台湾广达电脑公司（生产PowerBook）和台湾致胜电子科技有限公司（生产iBook）。通过把生产任务转移给外部的合作伙伴，库克解决了苹果公司面临的一个重大问题：存货积压。库存积压的零部件和机器越多，存货的成本就越高。1996年，堆满仓库的积压产品几乎把苹果公司拖垮，所以，苹果公司出台了新的规范，要求存货越少越好。库克曾经形容存货“不仅仅是祸害，更是灾难之源”。[32]

以前预测销量大多全凭猜想，由此导致库存过多。通常，一家公司会预计几个月内的订单，然后批量生产产品。这也意味着，每部设备在出售之前都需要在生产、运送和储存环节投入成本。

库克需要一种更好的体系，因此他把目光转向了新兴的信息技术。利用这项技术就可能预测到消费者的真实需求。库克建立了一套最先进的IT系统，使苹果公司得以根据需求相应地投入生产。他还创建了复杂的企业资源规划系统（ERP）。这种基于企业内部网络的系统与苹果公司零部件供应商、制造商、中间商的IT系统直接挂钩，库克由此能详细了解苹果的整个供应链。从产品使用的一颗螺丝钉到最终购买产品的消费者，他都了如指掌。拥有了这些数据，他就能根据每周销量管理日常生产，精确地跟踪中间商的库存情况，也能知道CompUSA公司存货过剩还是库存耗尽。后来，苹果公司自己的零售商店开始广泛使用ERP。这套系统非常精确，每隔4分钟就能汇报跟踪对象的销售情况。

ERP出现后，苹果公司的生产转变为“有需求才生产”的所谓“及时生产”（JIT）模式。因此，暂不需要的零部件可以暂时存放在供应商的仓库里。

库克到任后的短短几个月里，苹果公司的现有存货在库时间就从原来的30天缩短到了6天。到1999年，竟然缩短至2天，这远远超过了代表业内标杆的戴尔公司。由于改善了运营方式，库克立下了赫赫战功，成为苹果公司控制损失、扭亏为盈的一大功臣。

这些年来，库克一直在巧妙地调整这个体系，让它可以暗中及时地运送数百万产品，满足产品大规模上市的需要。这也是苹果公司得以实现大规模增长的主要原因。通过监控苹果公司的生产线，库克既成功地保持了公司的低库存量，又维持了高利润空间。没有如此卓越的运营管理，这家公司就永远不可能发展得如此迅速、如此庞大。正如乔纳森和他的设计团队设计了伟大的产品那样，库克和他的团队也很伟大，他们找到了生产和运送产品的要诀，能及时地生产数以百万的产品，并在极为保密的状态下将它们送往世界各地。

铝之源

苹果公司把产品生产转移到中国的第二个原因是，设计团队开始设计铝材质的产品，而铝的供应链就位于中国。Titanium PowerBook G4 曾经大受欢迎，可钛是一种难以加工的昂贵金属。此外，使用钛做材料必须在外面涂上一层金属漆，以防止表面出现划痕或者印上指纹，而且这种金属漆很容易脱落。乔纳森想在 iPod mini 的首批原型机上使用丙烯酸和钢，但并没有成功，后来他想到使用阳极氧化处理过的铝。

据设计团队研究，金属铝是制造笔记本电脑外壳和iPod的好材料。因为铝结实又轻巧，经过阳极氧化处理的外膜会因为化学反应紧紧贴附金属，使铝材的表面呈现不同的色彩。这一阶段，乔纳森和队友们对使用铝材还不了解，因此他们开始着手研究相机生产商索尼，因为索尼生产了大量的铝制相机。

这些日本制造商生产的产品外形优雅、结实耐用且制造精良。但铝的原产地在中国。“我们需要引入这样的供应链，我记得去过那里很多次，就为了了解他们如何处理铝。”萨茨格说。

苹果公司把生产外包给中国厂商，这一行为招致了众多指责。但事实上，一开始使用金属铝的时候，乔纳森和他的团队曾经尝试和美国本土的生产商合作。在团队中负责材料和抛光剂的萨茨格与那些生产商签署了首期合同。他调查供应商，以寻找那些能满足苹果的质量和数量需要的零部件生产商。

在设计团队创造第一台Mac mini的时候，萨茨格就开始与美国本土的一家铝材供应商合作。运营部门的负责人蒂姆·库克发出非常明确的指示：我们想要一台美国制造的Mac mini。因为美国的供应商能提供高品质的铝，并且相对来说没有杂质，阳极氧化处理也很到位，是个不错的选择。

Mac mini看上去比较简单，外壳却十分复杂。它方形的外壳由铝板挤压而成，再经机器加工，容差①和抛光都恰到好处，顶部的加工尤其细腻。接下来，外壳依然需要阳极氧化处理。设计部做了具体要求，阳极氧化处理层的纹理、色彩、光泽度以及厚度都要求达到适当的水平。

萨茨格花了几个月的时间与美国的供应商进行合作，但眼看截止期将至，供应商也没能拿出外壳的样板来。心急火燎的萨茨格直接去运营部诉苦："我们曾经对运行团队的代表说过，要推进项目，争取在美国制造。可现在项目到了这个地步，时间确实紧迫，美国制造商的机器连一个零部件样板都没有生产出来，也没有送来一个零部件成品，他们什么时候才能做完？如果他们不发货，我们连一个产品都拿不出来。我们的备用计划在哪里？"

然而，根本没有备用计划。萨茨格越来越沮丧和失望。他评价，美国的供应商完全不能理解苹果公司的质量要求。"在苹果公司，只有更好，没有最好，"萨茨格说，"美国的公司不了解，苹果公司要求旗下某款产品的零部件'要面向消费者'有什么意义，因为那些都是消费者才会注意的细枝末节。"[33]

与之形成鲜明对比的是亚洲的生产商。乔纳森和他的团队在亚洲开展其他项目的时候，当地生产商竭尽全力地争取能达成合同。萨茨格回忆说："一到日本，我们就开始使用金属钛，后来在第一代iPod和 PowerBook上用上了

① 容差，选取颜色时所设置的选取范围，容差越大，选取的范围也就越大。——编者注

铝。然后，我们带着在那里学到的知识和经验与几家日本公司一起往西，来到中国。我们问一直为我们生产成型部件的富士康，‘你们是否能为我们制作基本的金属板？’就这样，我们开始与他们合作。在中国，制造商的态度非常好，他们说：‘我们会研究产品，保证让它满足所有规格。’”[34]

于是，Mac mini开始在富士康生产，iPod mini和其他产品也紧随其后。

Power Mac G5 塔式电脑标志着苹果和富士康的合作关系出现了重大转变。前一代Power Mac G4 是塑料制成的，设计团队想制造铝制的Power Mac G5。按照苹果公司产品设计的规格，这将是个巨大的挑战。“很多认为做不到的人，都转职做其他工作去了。”萨茨格说。

2003 年非典爆发后，乔纳森和他的一些设计团队成员被迫在富士康接受隔离。这导致项目延缓，花了一年多时间才完成。“我在一个宿舍里困了 3 个月，就这样琢磨工艺。”乔纳森说，“鲁比和其他人都说用铝生产是不可能的，但是我想这么做，因为我和乔布斯都觉得阳极氧化处理过的铝给人一种真正浑然一体的感觉。”[35]

乔布斯希望外壳是一个挤压而成的部件，由于之前主机的下倾式大把手是对产品形象很重要的影响元素，因此乔纳森等人开始寻找巨大的挤压成型铝管，把它们压制成菱形，然后再挖出两个洞，形成把手。但他们当时找到的是 18 英寸的铝管，那些水管制作行业使用的铝管尺寸太小，满足不了他们的需要。设计团队开始研究把两个挤压铝管连接成一体是否可行。

当他们在为这个想法纠结的时候，萨茨格建议，与其使用挤压的铝管，不如试试滚轧成型的工艺，方法就像生产钢槽一样。让整块平整的铝板滚过一系列的滚筒，让铝板在多个点弯曲起来，就可以加工成菱形。在两周一次的头脑风暴会议上，萨茨格陈述了自己的观点，当时就有一个设计师反对，因为乔布斯已下定决心做挤压式外壳了。

“你不懂，乔布斯想要挤压制成的外壳。”那位设计师对萨茨格说。

"不，是你不懂，他的想法行不通。"萨茨格反驳道。

最后，顶着团队所有人都反对的压力，萨茨格去找乔布斯解释，劝说他改用滚轧成型工艺，将铝板卷成C形，在敞口的那一面装一个大开门。起初乔纳森担心敞口面会产生两个小接口，因为他们希望让消费者觉得外壳是浑然一体的。后来他们发现，从正面看不到接口的痕迹，所以最终认定这个方案可以过关。

考虑到有的客户可能想要打开机器，所以乔纳森决定必须也要精心设计内部构件。"这是我们首次关注内部构件，"萨茨格说，"我们控制母板的颜色，每个连接处、每根电缆我们都亲自设计。就连内部的部件，比如风扇罩、送风通道也经过精心加工。"

为了找到合适的方法把门锁在合适的位置，乔纳森的团队花了数月的心思。第一次尝试是在门上安装一个精致的锁闩，但这样就破坏了机壳表面朴实的风格。第二次尝试是像G4塔式电脑一样，安装一个锁环，但也没能通过。在一次头脑风暴会议上，萨茨格建议把锁闩放在机器的背面。"最后我说，'为什么非得把锁安在门上呢，看看你车上的发动机锁扣是怎么设计的。不要因为某些细节设计而破坏整体外观。把表面的位置留给苹果公司的商标。'"

设计团队仿照汽车发动机的锁扣设计了锁闩装置，这个装置位于电脑的背面。一旦激活，位于门内侧顶部和底部的门闩就会自动滑动，门就能打开。这种设计复杂但不失优雅，外部看不到任何机械装置的痕迹。

乔纳森预计首批机壳下线后应该成为展品。这类设备一般会放在橱窗内供人欣赏，可这个设备实在太精美了，应该摆在最上层。这意味着，外壳的每个表面都必须如正面一样精细加工。

大部分产品的正面称为A面，也就是加工最好的那个表面，必须按最高的标准完成。至于其他面，侧面叫B面，背面是C面，内侧面为D面。但萨茨格说："这件产品很完美，每一面都称得上A面。"

听到苹果公司设计团队传达的要求，生产商富士康大吃一惊。据萨茨格的回忆："他们的反应类似于在说，'你们什么意思？简直是疯了。'富士康的团队也很坦白，他们说自己从没做过这样的设计，实在无能为力。"不过最终他们还是达到了苹果的标准。

到海外去

无论好坏，海外生产商身上的毛病都让苹果公司背了黑锅，惹上了麻烦。富士康的组装厂尤其引起外界批评。2009 年，这些组装厂接二连三爆出工人自杀事件，国际社会的关注产生了负面影响，由此进行的调查揭露了许多富士康虐待员工的问题。

富士康有多达 50 万的员工手工组装 iPhone 和 iPad。这些员工大都是年轻人，住集体宿舍，吃公共食堂，每周一般工作 80~100 个小时。虽然富士康几乎为所有的大型电子公司生产产品，不止苹果一家，却唯独苹果公司不幸遭遇了自己的"耐克时刻"①，剥削工人和"血汗工厂"的指控使苹果成为成为众矢之的。

而早在这些争议出现以前，苹果公司曾改变制造业的规则，与中国生产商结成亲密的合作关系，不断推动工厂突破自身瓶颈。但亚洲这些公司的作风却让苹果公司在做出上述努力时备感困惑。

萨茨格就对富士康的做法印象颇深，惊讶之余还觉得挺滑稽。"他们要很多政治手段。不仅如此，还会当众演戏给我们看。他们有很多戏码。他们会安排一些经理们参加会议，当着苹果团队的面把他们大骂一顿。"萨茨格如是说。

① 耐克时刻（Nike Moment），2005 年，耐克公司在华工厂频频曝出剥削员工的丑闻。——编者注

有一次，他们刻意安排苹果公司的团队经过一个会议室。这个会议室装着大块的透明玻璃窗。在会议室里面，富士康的高管正对着他的员工大喊大叫。当苹果公司的团队成员透过窗子往里看时，那位高管就狠狠地一拳砸在会议室的桌子上，桌子当时就碎了。

“他们完全是自编自演的。”萨茨格评价。

富士康的声誉可以说毁誉参半。但萨茨格说，他接触到的所有工程师——和苹果打交道的所有高层——都很开心，对工作也很投入。不过，组装厂一直就是临界避雷针，因为这类工厂数千名的工人做的都是重复性的组装工作。

苹果的设计师们花了许多时间飞往中国，与富士康和其他的亚洲承包商合作。萨茨格出这类公差从未一次待过 5 天以上。即使因公需要逗留更久，他也会周末飞回加利福尼亚，下一周再返回。但是，乔纳森有时一待就是几周，甚至和一些设计师还可以共同待上几个月。当然，他们这么做全是为了苹果公司卓越的产品，因为他们要开发新的材料和生产方式。

这些年来，乔纳森设计团队的地位提高也体现在他们的食宿待遇上。据曾在运营部门工作的一位工程师透露：“有一次，我们所有的团队都去了中国，有负责产品设计的，也有工业设计工作室的，大家经常一起在工厂里工作。可每到下班时候，工业设计工作室的同事就有加长的豪华轿车来接，我们却就只能自己打出租。所有的工业设计工作室的成员都住在五星级酒店，而大部分产品设计师住的是三星级酒店。但在 10 到 15 年前，也就是 iMac 生产制造期间，包括乔纳森和丹尼尔 · 科斯特在内的全体设计师、工程师以及苹果公司的其他员工都下榻在同样规格的酒店。”

第十章
iPhone的诞生

这些设计在初期阶段……我们经常会讨论产品应该有一个什么样的故事——我们所讨论的是对产品的感性认识，是用户对产品的感觉，这种感觉不是指身体的感受，而是指用户在认知层面对产品的看法。

——乔纳森·艾夫

2003年年末的一个早上，就在iPod mini发布前，乔纳森和他的团队像往常一样，围坐在工作室的餐桌旁，举行每两周一次的头脑风暴会议。会上，工业设计师邓肯·克尔对产品做了展示说明。克尔是在1999年加入苹果的设计团队的，之前曾在艾迪欧工作过几年，有丰富的工程学经验，平时喜欢摆弄一些高科技产品。

克尔之前一直和苹果的输入工程学团队合作，这个团队希望抛开30多年来稳坐计算机基本配置领先地位的键盘和鼠标，为Mac机探寻其他替代的输入端。克尔向乔纳森的团队讲述了自己在工程学团队所了解到的，他的一席话让团队成员们都颇感震惊。

“那实在是令人惊讶，”道格·萨茨格难以置信地摇着头，“那是一次真正震撼人心的头脑风暴。”

当时围坐在桌旁的全是苹果工业设计团队的核心人物，除了乔纳森和萨茨格，还有理查德·豪沃斯、克里斯托弗·斯特林格、尤金·魏、丹尼尔·科斯特、丹尼尔·德尤利斯、尼科·策肯德费尔（Rico Zorkendorfer）、希恩·尼斯波利（Shin Nishibori）和巴特·安德烈。

“我记得当时邓肯向我们演示多点触控技术的情景，他只需两三个手指就可以进行各种各样的操作。”萨茨格回忆道，“他向我们展示了如何进行屏幕旋转和图片缩放——我根本没想到我们还可以那么做。”

那个早晨，整个团队第一次接触多点触控，之前他们甚至都没有听说过这项技术。今天，多点触控技术似乎已经不足为奇，但在当时，触摸界面还很原始。大部分的触屏设备，如掌上电脑或微软手写板，都需要用笔或触针进行操作。ATM机的屏幕对手指触摸敏感，对笔却并不敏感。但即使是这类设备，也只能进行单击操作，既不能进行挤压和缩放，也不能上下或者左右滑动。

克尔向同事们解释，自己展示的这项新技术可以让人用两到三个手指操作，一只手指无法进行。而且，这种技术可以适配更复杂的界面，比简单的单手指按键操作复杂得多。

克尔向众人说明复杂的触摸界面可能具备哪些本领。他这番介绍燃起了团队成员的激情，大家开始集思广益，讨论这项技术可能用到哪种硬件上。当时最直接的想法就是做一个触屏麦金塔机。用户可以不用键盘和鼠标，而是直接用手指触碰屏幕来控制电脑。一名设计师提出了触摸屏控制器的构想，即设计一种软键盘操控的虚拟键盘，用它取代实体键盘和鼠标。

萨茨格这样回忆：“我们自问，‘平板电脑问世已有一段时日，我们如何利用平板，让它发挥更多的功能？’触屏是一回事，多点触控却是另一回事。后者是一种全新的技术。通过多点触控，你无须刻意在屏幕上寻找翻页按钮，因为滑动你的手指就可以翻页，就像翻报纸一样简单。要是能那么操作，我会真的感到意外。”

乔纳森本人对计算机赋予人的触觉特性尤为推崇。他早期设计的多款设备也加入了把手，以此特别鼓励人机触碰。现在终于有了这样一个可以创造终极触觉装置的机会，以后再也不需要键盘、鼠标、触控笔甚至是触控轮，用户直接用自己的手指就可以进行真正的界面操作，还有比这更让人有亲切感的东西吗？

输入端工程学团队为此专门建立了一个庞大的实验系统，用于测试多点触控技术。那是一个大型电容式显示器，大小跟乒乓球台差不多，上方挂着一台投影仪。投影仪将麦金塔机的操作系统投射在由大量线路组成的阵列中。

“一切都会改变。”观察上述系统后，乔纳森这样告诉自己的设计团队。[1]他想把这个系统展示给史蒂夫·乔布斯，但是，他又担心上司会认为它原始粗糙而对其泼冷水。因此他认为必须在没有其他人在场的时候，私下向乔布斯汇报工作进展。“因为史蒂夫反应太快，很快就会发表意见，所以我不能在有旁人的时候向他展示我们的工作，”乔纳森说，“他可能会直接说‘这就是胡闹’，然后就把这个创意给否决了。我感到这个创意很弱小，所以在它发展期间我们必须对此加以温柔呵护。我意识到，如果他瞧不上，那事情就难办了，因为我了解这项技术的重要性。”[2]

乔纳森跟着自己的直觉走，选择私下向乔布斯展示这一系统。这次他旗开得胜，乔布斯喜欢这一构想，说：“这就是未来。”[3]

有了乔布斯的批准，乔纳森做出了新的指示。他让苹果的两位顶尖软件工程师伊姆兰·查德里（Imran Chaudhri）和巴斯·奥尔丁（Bas Ording）将大型的电容式面板缩小成一部运转正常的平板电脑原型。在一周之内，两位工程师就带回了一台连接大型Power Mac机的12英寸MacBook显示器。这个装置赋予计算能力强大的Power Mac以辨识手语的能力。

两人以谷歌地图为例，向乔纳森及其团队进行了演示。他们先在地图上搜出了位于库比蒂诺的苹果公司总部，然后其中一人把两只手指放在屏幕上的总部标示上。随着两只手指朝不同方向分开滑动，地图上的总部位置也随之放大。设计者们都惊呆了。“我们可以通过触摸把苹果的工业园放大、缩小！”萨茨格说。

制作手控平板电脑的梦想就这样即将照进现实。当然，它没有在一夜之间发生。在市场力量的推动下，苹果的另一款革命性产品赶在了手控平板电脑之前问世。

035 号模型

也许多点触控技术对于乔纳森的设计团队来说是新颖的，但它在学术界早已不是什么新奇事物。这项技术的源头可追溯到 20 世纪 60 年代。那时，研究人员就造出了首台电子触摸传感器。早在 1982 年，可同时探测多点触控的系统就已在多伦多大学问世。1984 年，可运转的多点触控屏幕出现，这一年刚好是史蒂夫 · 乔布斯发布麦金塔机的时候。直到 20 世纪 90 年代末，市面上才出现了多点触控的产品，其中就有基于手势的电脑输入板和触摸感应的键盘鼠标一体设备。这些产品均来自特拉华州一家名为多点触控（FingerWorks）的公司。

2005 年初，苹果悄无声息地收购了多点触控，然后迅速地将该公司之前的产品撤出了市场。一年多后，当多点触控的两位创始人韦恩 · 韦斯特曼（Wayne Westerman）和约翰 · 伊莱亚斯（John Elias）开始为苹果申请新的触摸技术专利时，苹果的这次买断行为才被公诸于世。

查德里和奥尔丁用粗糙的实物模型演示了手指的确可以控制平板电脑。观看完演示后，乔纳森的工业设计团队开始设计更为完善的原型机。同样有着机械制造天赋的巴特 · 安德烈与丹尼尔 · 科斯特共同领导此次设计任务。

在他们设计的众多原型机中，一个被苹果内部称为“035号模型”的原型机脱颖而出。它的诞生为苹果在2004年3月17日这天申请相关专利奠定了基础。

“035号模型”是一个大号的白色平板，看起来好像是当时一款白色塑料iBook的顶盖。尽管没有键盘，但它是依据iBook的零部件制造的。与2010年面世的iPod相比，“035号模型”没有主页按钮，也没有更厚实、更宽大的基座，但两台机器都采用了圆边设计，屏幕的周围都有一个黑色的边框。“035号模型”采用的是升级版Mac OS X系统（这款软件的手机版——iOS数年之后才开发出来）。

正当乔纳森的团队致力于设计平板电脑原型机时，苹果的高层们却在为iPod忧心：iPod的销量固然一路走高，2003年的销量为200万部，2004年为1 000万部，2005年增加到了4 000万部；而就市场趋势来看，手机终将取代iPod。当时，大部分人出行都带着iPod和手机。虽然手机只能储存几首歌曲，但趋势已愈发明朗，早晚会有人将这两种设备合二为一，也许那个人就是苹果的竞争对手。

2005年，苹果与摩托罗拉合作，发布了名为ROKR E1的“手机iTunes”。这款手机形如糖果棒，可以播放从iTunes音乐商店购买的音乐。用户可以通过iTunes下载歌曲，借助类似iPod的机器播放。但是，这款手机只能存储100首歌曲，通过电脑转发歌曲的速度也不快，界面设计也很糟糕。这些局限使它先天不足，注定以失败收场。乔布斯几乎也无法掩饰自己对这款产品的鄙视。

另一方面，这款摩托罗拉ROKR手机也使相关人士意识到，苹果需要打造自己的手机品牌。消费者期待在手机上充分享受使用iPod那样的体验。可是，以乔布斯对苹果产品标准的固执坚持，委托另一家公司设计生产显然不大可能达到乔布斯的要求。

如何让研制“035号模型”的项目重新调整并融入iPhone的生产，成了争论的焦点。触摸屏手机概念在2010年的技术界大会“All Things Digital”上亮相，乔布斯因提出这一概念而受到好评。

“告诉大家一个秘密，”乔布斯对听众说，“它起先跟平板电脑有关。我有一个设想，做一种玻璃显示屏，用手指敲击显示屏就可以完成多点触控。我将这一想法传达给我的团队。6个月后，他们就做出了这部令人惊叹的显示屏。我把这一成果交给我们公司一名极具才华的用户界面设计人员。他在屏幕上滑动着手指进行各种操作，我当时就在想，‘天啊，我们可以用这种技术做个手机！’所以，我们将平板电脑的设计先搁置起来，开始琢磨iPhone。”[4]

当时苹果公司的其他员工对公司努力创造iPhone的开端却和乔布斯的记忆不大相同。据他们回忆，这一创意最初来自一次日常高管会议。“我们都讨厌自己的手机，”软件部门的高管斯科特·福斯特尔回忆道，“我记得那时我们用的是翻盖式手机。我们自问，‘我们能否采用一直以来为平板电脑研究开发的触控技术呢？能否将这种技术用到手机上，做出一个可以放在裤兜里的产品？能否使其拥有我们期待平板电脑能拥有的那些优点？’”[5]

会后，乔布斯、托尼·法德尔、约翰·鲁宾斯坦以及菲尔·席勒来到了乔纳森的工作室，观看“035号模型”的产品演示。乔纳森演示的“035号模型”给他们留下了深刻的印象，但他们也表达了这项技术能否用于手机的疑虑。

关键的技术突破在于制作出一种可以仅占用“035号模型”部分平板屏幕的小型测试应用。“我们做了一个小滚动列表，”福斯特尔说，“我们想让产品适合装在口袋里，所以就在它的一个小角落里做了一个联系方式列表。坐下的时候，你可以拿出手机，用手指上下滚动该列表，点击其中的联系方式，自行滑动显示你所触摸的联系方式的信息。比如，打电话的时候，你可以用手指点一下要拨打的号码，这时，手机就会发出一声‘呼叫’。其实它并没有真的打过去，不过是显示你的动作会产生什么样的效果。这就是它的神奇之处。我们意识到，如果手机能安上这样一个大小正好可以塞进口袋的触摸屏，它就可以像电话那样出色地发挥作用。”

几年后，苹果的律师哈罗德·麦克希尼（Harold McElhinny）对此项工程所涉及的海量工作做出了如下描述，“它需要一个全新的硬件系统……需要一个全新的用户界面，并要求新界面必须完全直观。”他还说，在迈入手机这一领域时，苹果承担了巨大的风险。“想象一下，苹果之前是一家成功的电脑公司，也是个成功的音乐公司，但是，他们却准备要进军一个完全由大鳄们控制的领域……苹果在手机领域绝对没有半点知名度，根本就是毫无声誉。”[6]

麦克希尼还说，他坚信，这项计划是错误的，可能会毁了整个公司。为了减少风险，苹果的管理者没有将鸡蛋全放在一个篮子里。他们决定同时开发两款不同类型的手机，让二者进行竞争。秘密手机计划的研发代码是“紫色”（Purple），用字母P作为简称，基于苹果第4代MP3播放器iPod nano的设计代号为P1；另一款手机设计由乔纳森领导，它是一款基于“035号模型”平板电脑的全新多点触控设备，代号为P2。

P1计划的领导人是法德尔，他的团队提出了让手机与现有iPod嫁接的构想。“随身携带iPod其实就是一种自然而然的发展过程，我们也已经进入了这个阶段。现在要把它改造成别的东西。”这位前苹果高管说道。

马特·罗杰斯（Matt Rogers）是法德尔手下一名年轻有为的工程师，曾参与过iPod的研发。这次，法德尔将开发P1软件的任务交给了他。早在做实习生的时候，罗杰斯就曾为iPod改写过一些复杂的测试软件，给法德尔留下了深刻印象。像往常一样，这次的研发也是个大秘密。“公司里没人知道我们在做手机。”罗杰斯说道。[7]当时他所在的iPod团队也在开发新一代的iPod nano、iPod classic和shuffle，参与P1研发也给罗杰斯额外增加了许多工作。

经过6个月的努力，法德尔的团队造出一台兼具苹果音乐播放器iPod和手机功能的原型机，使用效果也还算说的过去。iPod原有的触控轮改造成了手机的拨号装置，这款原型机就可以像拨打老式转盘电话一样，拨打一次选择一个号码，拨打和接收电话也都没问题。不出所料，利用滚动通讯簿选择拨打的联系方式是这款原型机最突出的特征。该实验项目使苹果收获了几项专利。其中一项专利证明，iPod与手机结合的设备可以利用一种预测文本系统编写文本短信。包括乔布斯、法德尔、奥尔丁和查德里在内的设计师们被认定为该专利的发明者。

但是，P1的局限性太大，单拨号就是一处硬伤，这款设备的容量也十分有限。此外，它还不能上网，不能运行应用软件。法德尔事后透露，这款产品是当时苹果讨论的"热点话题"，它所带来的最大问题就是将法德尔的团队逼到了设计死角。现有的这款机器在某种程度上限制了他们的设计选择，一些有限的设计都不能达到最理想的效果。法德尔说："P1的屏幕小，还有个轮子，我们给困住了……可有的时候，要抛弃旧事物就必须去尝试新事物。"[8]

这款耗时6个月才打造出来的iPod与手机结合的产品最终被乔布斯枪毙了。"老实说，兄弟，咱们可以做得更好。"他是这样对法德尔的团队成员说的。法德尔不愿就这样承认失败，他说："多点触控的方法风险更大，因为没有人尝试过。何况，他们也不确定是否真能纳入所有必要的硬件。"从一开始，法德尔就对触摸屏持怀疑态度。根据使用Palm Pilots等设备的经验，他觉得触摸屏跟那些掌上电脑一样笨重不方便。

"但我们都知道这才是我们想要做的，"乔布斯说道，他指的是P2，"所以，让我们一起来实现它。"[9]

两年后的苹果设备及配件博览会上，在介绍iPhone时，乔布斯开玩笑似的在iPhone的屏幕上展示了一张带有旋转拨号器的iPod图片。他说，这幅图告诉我们，不要去制作这样一款新手机。观众看到以后捧腹大笑，可很少有人知道苹果当初差点就真的推出了这样一部手机。

新管理团队

在公司决定继续推进P2计划后，乔纳森接受任命，负责P2的工业设计，法德尔负责工程设计，而之前负责Mac OS X系统的福斯特尔也被委以新的任务，负责将电脑的操作系统改造成全新的手机操作系统。

乔纳森的工业设计团队从未见过新的手机操作系统，但即便如此，他们也开始着手设计iPhone。他们最初用的工作模型是一个黑色屏幕，后来用的是一张标有神秘虚拟图标的界面图片。同样，软件工程师们也从未见过P2手机的硬件原型。“我至今还没弄明白那个闪电图标代表的是什么意思。”有位设计者后来指着一块仿造iOS界面的一个屏幕上的图标评论道。

乔纳森本人并不是在摸着石头过河，他一直与福斯特尔负责的新操作系统保持步调一致，跟踪对方的最新进展，还经常与乔布斯和其他高管们交流。乔纳森乐于给自己的团队提供反馈，给予指示。工业设计工作室内部的设计师理查德·豪沃斯被任命为P2的设计主管。

起先，在参与手机研发设计的人中，没有几个有信心自己真能开发这样一部手机。“不管在哪个方面，我们所从事的研发都是从零开始。”一位前高管说道。这意味着，他们在努力征服可能是苹果历史上最艰巨的一个项目，同时还要兼顾继续开发MacBook和iPod等产品。由于团队的核心成员放下手头的项目而被调去做其他的工作，某些产品不得不推迟设计开发，甚至被取消了研发计划。

如果该项目不能成功，其后果对苹果可能会是致命的。“如果宣告失败，我们将不仅仅面临无法全部推出这批产品的损失，还无法在同一时间用其他的产品弥补空缺。”福斯特尔解释道。

乔布斯指示高管，他们可以调用公司内部的任何员工来完成这个项目，但是绝不可以找公司以外的人来做。“这对我们来说确实是个挑战，”福斯特尔回忆道，“我当时的做法是，在公司里寻找一些真正的精英、一些表现得令人惊叹的工程师，然后把他们带到我的办公室，请他们坐下，再直言相告：‘以你目前的这个职位看，你已经是超级巨星，深受上司器重。如果待在原来的岗位，继续做你想做的事，你会在苹果获得惊人的成功。而我现在要提供给你的是另一个机会、又一个选择。我们要启动一个新的项目，一个非常保密的项目，我甚至都无法告诉你这个新项目到底是做什么的……’神奇的事情发生了，一些具有惊世才华的工程师接受了我抛给他们的挑战。我就是这样组建起整个iPhone团队的。”[10]

福斯特尔在苹果总部的一座大楼里征用了整整一层楼，并将那层楼封闭了起来。“我们在门上装了身份识别器。在一些实验室的门上，我记得还装上了摄像头，要想进门得用身份识别卡刷上4次。”他说。这层楼也因此得了个外号，叫“紫色宿舍”（Purple Dorm）。

“我们的工作人员一直都待在里面，”福斯特尔说，“他们晚上在，周末也在。你可以想象，整个楼层闻起来都是比萨味儿。”

“在紫色宿舍的前门，我们放了一块牌子，上面写着‘搏击俱乐部’（Fight Club），因为在同名电影里，搏击俱乐部的成员要遵守的第一条规定就是不能谈论俱乐部的事。同样地，在我们的‘紫色项目’中，大家要遵守的基本规定就是不能对门外面的人说起这个项目。”

回到工业设计团队，乔纳森正如往常一样，开始书写专属于iPhone的传奇。他后来描述，自己当时考虑的都是用户对设备的感受。“这些设计在初期阶段，试图制定一些基本目标的时候——我们经常会一起讨论这种和产品有关的故事——我们所讨论的是对产品的感性认识，是用户对产品的感觉，这种感觉不是指身体的感受，而是指用户在认知层面对产品的看法。”

乔纳森相信，iPhone的设计重点是它的屏幕。在早期的讨论中，设计师们也一致认为，没有什么东西可以转移用户对屏幕的关注。乔纳森将他们要设计的屏幕比作一个“无边际泳池”（the infinity pool），这里的“无边际”是指看起来好像没有尽头，是高端泳池所具备的一个特征。

“这么比喻就是让大家在心里完全明白屏幕的重要性，我们想要开发一款以屏幕为特色的产品，以屏幕为重中之重。”他说道，“我们早期讨论iPhone的时候主要关注这种理念……也就是一个无边际的泳池，在这个泳池里会神奇地出现我们要的显示器。”这个团队注重探索设计理念，以避免采取任何削弱显示器重要性的方式。

乔纳森说，设计师们希望显示器是“不可思议”和“出其不意”的。这是他对任何一款设计方案抱有的高端目标。“在这项设计的最初阶段，一切都是全新的。而且你能感觉到，真正的机会来了，我们可以根据人们对它的高度关注构思出一个设计故事来。”乔纳森后来这样解释。

2004年秋末，乔纳森的设计团队开始朝着两个截然不同的设计方向进发。其中一个被称为Extrudo，由克里斯托弗·斯特林格带领，类似于iPod mini。制作材料是挤压成型的扁平铝管。经过阳极氧化处理，铝管可以镀上多种不同的颜色。苹果早已拥有庞大的生产线，能够大量生产iPod并进行阳极氧化处理。另外，乔纳森和团队成员都很喜欢挤压这种方法。这是该设计方向具有的一个优势。

另一个设计是“三明治”，领导者是理查德·豪沃斯。该设计大部分用塑料制成，屏幕也不例外。三明治设计的形状为长方形，四个角都是均匀平滑的圆角。机体的正中心环绕着一根金属条，显示器处于正面居中位置，屏幕下方的中央位置留给了菜单按钮，上方的中心是扬声器。

乔纳森和团队成员们更看重Extrudo的外观，对此给予了最大关注。他们试着沿x轴横向挤压一些设计样品，还有一些则沿y轴纵向挤压。然而问题很快就出现了。Extrudo的边缘太硬，设计师们把它贴在耳旁之后脸就被戳疼了。这点让乔布斯尤其痛恨。

为了使边缘变得柔和，他们给边角裹上了塑料，这恰好也为无线电天线提供了便利。iPhone有3个无线接收装置：Wi-Fi、蓝牙和无线电。但无线电波不能穿透金属的外壳，因此盖顶很有必要选择塑料材质。

设计团队想方设法地解决Extrudo的问题，但工程学测试却清楚地表明，除非把顶端的塑料盖子设计得大一些，否则这个特别的设计方向就无法进行。而塑料盖子加大又会破坏Extrudo简洁的外观。“我们画了大量的设计图纸，试图找到很多问题的解决方法，例如怎样在设置天线时不破坏原来的设计，怎样不让耳机的设计太坚硬、太锋利，等等。”萨茨格说，“可是，所有增加舒适度的方案，看来都会影响整体设计。”

设计Extrudo还有一个问题让乔布斯烦恼：金属边框使屏幕看起来不那么美观。这一设计没有“服从”屏幕，违背了乔纳森的初衷。乔纳森后来回忆起乔布斯向他指出这一点时，自己尴尬得满脸通红。

苹果只好放弃Extrudo。这意味着只剩下“三明治”一个选择。

和Extrudo相比，“三明治”设计的确有诸多优势，至少它圆滑的边缘不会弄伤设计师的耳朵。但问题是制作的原型机又大又笨重，因此乔纳森的团队要努力为它瘦身。设计师们试图在“三明治”里塞进大量的技术，因为他们设想的手机很复杂，可大部分技术还无法大幅缩小设备，这又不符合大家希望设备既小巧又精密的要求。

乔纳森手机

到了2006年2月，重新设计的多部样机也都被抛弃，乔纳森对这样的进展很是不满。因此，在一次头脑风暴讨论会上，他让设计师希恩·尼斯波利借鉴索尼的风格制造一款手机，用这个带有索尼式风格的版本探路。后来，乔纳森辩解说自己绝不是要专门抄袭索尼，而是为改进设计的过程注入一些新鲜“有趣”的观点。

来苹果工作之前，著名的年轻设计师尼斯波利就已名扬日本多年。2001年以来，在尼斯波利为苹果设计的产品中就一直能发现索尼等日本风格的蛛丝马迹。他的日本极简抽象派美学风格常常得到乔布斯、乔纳森和其他苹果设计师的欣赏和赞美。

2006年2月和3月，尼斯波利设计和制作的几款手机都借鉴了当时索尼产品的元素，包括缓动轮。缓动轮是一种控制轮与开关结合的装置，它也用在索尼CLIÉ系列PDA上。尼斯波利甚至把索尼的商标贴到了自己设计的苹果产品的背面——有一次是例外，那次他恶作剧似地在一部设备上贴了乔纳森的标签。

多年以后，在苹果与三星的“世纪审判”中，三星拿出一部尼斯波利仿制索尼的手机，用这个证据证明乔纳森的设计团队并非如他们自己所说的独立开发iPhone，而是复制了其他公司的设计。但是，苹果已经成功地论证，设备是他们早已设计好的，出现索尼式的乔纳森设计只是因为后来给设备选用了索尼的装饰风格。苹果的律师指出了差异：尼斯波利的设计作品是不对称的，而且苹果发布的iPhone没有采用任何索尼风格的按钮和开关。

2006年3月初，理查德·豪沃斯对P2的研发状况流露出了他的失望情绪。他对比了P2和尼斯波利设计的索尼风格手机，然后抱怨P2身躯庞大，又羡慕尼斯波利能让机身保持苗条。“看看希恩那些索尼风格的小东西。他能让产品看起来小得多，外形也美得多。放在耳边或是放入口袋都很适合。”豪沃斯在给乔纳森的邮件里这样写道。

豪沃斯还在邮件中说：“我也担心，如果我们去掉侧面的音量调节键，就等于让挤压成型的设计理念打了折扣，产品的外形也不再符合这项工作的要求。在它形成特定的风格或形象之前，我们只能增加这么多，否则它只会变成最有效的构建方法，而这不是我们想要的。”

乔纳森的团队曾试图采用曲线型的设计，从某个方面来说，这个设计方向看起来似乎很有希望。因为增加了曲线之后，就可能在曲线中间的空隙塞进更多的技术元素。这个巧妙的设计被苹果运用到很多新产品中，从iPad到iMac都可看到。

萨莰格回忆，团队开始的时候对一个设计方案“情有独钟”，那个设计使用了两片有特定形状的玻璃。他们做的那些原型机中就有一个分裂式屏幕，屏幕在上方，下方则是软件驱动的触控板。触控板视功能不同而变化，有时可以是键盘，有时又是拨号盘。但事实证明，将玻璃做成凸面太难了。

在后期的开发过程中，豪沃斯依然用Extrudo设计作比照对象。但工程学测试结果确切表明，三明治风格的设计方向才是大势所趋。而三明治设计的原型机却没有收到乐观的汇报，报告说它们外形肥大。设计师们意识到，不可能把所有的技术都挤在一起，同时还能保持产品外形美观，因此他们决定把三明治计划也毙掉。

“对于天线和声学，我们都还不太了解，也不太了解如何把所有需要的技术放置在一起。”一位前苹果主管说，“它倒能正常运作，就是外观不够吸引人。”

设计走入了死胡同，乔纳森的队伍只好调转方向。他们找出开发初期制作的一个旧模型，当初是因为更青睐三明治和Extrudo而抛弃了它。这个被遗弃的模型与苹果未来真正出货上市的版本已经非常相似。它的屏幕对接严丝合缝，只有中间插入了一个主页按钮。它后盖的曲线柔和，与前面的显示屏咬合得天衣无缝，就像最初的iPod。最重要的是，它符合乔纳森关于“无边际泳池”的想法。关机后，手机变成了一个完整的漆黑面板。一启动开关，屏幕又会神奇地从面板里显现出来。

这是个“灵光一现”的时刻。“我们从当初忽视的东西里面淘到了宝。”斯特林格说，“当时我们给它增加了一些细节，确实在它身上花了些功夫，然后就断定这绝对是那时候最适合我们的选择。”斯特林格回想起在最终为iPhone选定了没有任何装饰的设计之后，他心里的一块石头才落了地。“这是我们最漂亮的设计。”他评价说。可那款手机正面既没有公司的商标，也没有产品的名称。斯特林格解释说：“我们也从制作iPod中获得了一些经验。那就是，如果你的设计是原创，而且漂亮得惊人，那你就不需要贴上多余的东西。这种设计已然成为一个文化符号，设计本身就能代表自己。”

在时机成熟之时，乔纳森又重新启用三明治设计，制作了iPhone 4。这是又一个实例，设计团队也是重新评估了早期的设计，探寻之前忽略的产品特质。iPhone 4的主要结构元素——两块玻璃板之间的钢架也将增加一根，用作手机的天线。遗憾的是，这也带来了问题，因为如果用户的手通过缝隙接触了天线，会直接导致两根天线短路，电话就会自动挂断。有报道称，如果给天线穿上透明外套，可能就很容易避免这个问题，但乔纳森不想破坏金属的完整性。

除了外形之外，设计团队还关注多点触控的功能。当时的大多数触屏设备都采用电阻式触摸屏。这类触摸屏基本依靠两块导电材料制成的薄片制作，薄片之间用空气隔开一条缝隙。按压屏幕的时候，两块薄片会接触，记录下触摸的动作。电阻式屏幕通常由塑料制成，Palm Pilots掌上电脑和苹果的牛顿掌上电脑等笔触设备常用这种屏幕。

乔纳森的设计团队试图为iPhone安装电阻式触摸屏，但结果并不理想。点击屏幕会使图片变形，而且点击时必须花很大力气，从而导致手指酸痛。虽然叫“触屏设备”，但它算是名不副实。设计师们觉得触屏这一名称会让用户产生错觉，以为自己当真能摸到屏幕上的内容。

放弃了电阻式屏幕，硬件团队转而制作基于电容式触控的屏幕，记录穿过其表面的电荷或电容的变化。人类的皮肤可以导电，电容式触摸屏利用了这一特点，连最轻微的触摸都能检测出来。苹果已经多年采用电容式触摸技术，iPod的触控轮、笔记本电脑的跟踪板还有个人电脑Power Mac Cube都有一个电容开关键。不过，这种技术还没有应用在透明的显示屏上。

此时团队又遇到了一个问题：电容性屏幕没有供应链。当时这种产品还没有形成规模化生产，而苹果找到了台湾一家叫“宸鸿”（TPK）的小厂商。这家公司采用创新的技术，但只能小批量生产，而且定点销售。乔布斯与这家公司很快达成协议，苹果承诺会买下该公司生产的所有电容性触摸屏。为满足协议要求，TPK特投资1亿美元以提高产能。TPK最终为首批iPhone提供了大约80%的使用屏幕。到2013年，该公司这项营业收入迅速增加到30亿美元。

从塑料到玻璃

苹果的运营团队在考虑如何生产iPhone时，乔纳森的设计团队却对自己最初为屏幕选择的原材料产生了怀疑。

他们开始计划使用的是塑料，最主要的原因是塑料不会摔碎。iPhone原型机的所有屏幕也都是塑料做的。但设计师们却怎么都高兴不起来。

“原始的塑料面本身太灵活，很难办，”萨茨格说，“塑料屏幕成品是哑光面，因为如果塑料屏做成光面，就会看出波浪形的纹路，那看起来真的很糟糕。”乔纳森指示团队尝试使用带有纹理的塑料，但依然行不通。接着他们铤而走险，决定试用玻璃。不过，玻璃容易破碎。而且，消费类电子设备中从未用过如此大块的玻璃。

屏幕原材料如何由塑料转换成玻璃的这段回忆出现了罗生门现象①：尽管乔纳森的团队已经在研究如何将玻璃用在手机上，但有人依然认为乔布斯是提议使用玻璃的第一人。他们说，乔布斯之前一直在使用一部iPhone的原型机，他习惯把手机和钥匙一起放在兜里。据说他发现手机屏幕上留下了钥匙的划痕之后感到非常恼火。

“我出售的产品绝不能这么轻易就被划破，”乔布斯后来说，“我希望换成玻璃屏，而且希望你们在6周内完善它。”

另一个版本的说法是，在发布以前，开发玻璃屏幕花了6个多月，而不是6周。苹果的运营团队承担着寻找最坚固玻璃的任务。他们经过一番搜索，找到了一家总部位于纽约州北部的玻璃制造商：康宁公司（Corning Incorporated）。

1960年，康宁公司创造了一种几乎坚不可摧的加固型玻璃，他们称之为“金刚玻璃”或者Chemcor玻璃。制造这种玻璃的关键是一种创新的化学工艺，即将玻璃浸入含有钾盐的热水中。比较小的钠原子离开了玻璃后，原来的位置被钾盐中较大的钾原子取代。玻璃冷却后，会被钾离子挤得更紧，这使玻璃抵御打击破坏的能力格外强。这种玻璃每平方英寸能承受10万磅的压力（普通玻璃只能承受大约7 000磅）。Chemcor的市场前景看起来似乎一片光明，但是它的销量却从未有过起色。除了用在一些飞机上和美国汽车公司（American Motors）的Javelin汽车上之外，这种材料销路不畅，康宁公司于1971年将其停产。

2006年，苹果的运营团队联系康宁公司时发现，这家公司几年前就已打算重新生产强化玻璃这种老产品。康宁公司发现，摩托罗拉公司在ZARA V3手机上使用玻璃之后就开始探索让Chemcor更薄的方法，以使玻璃的厚度适

① 罗生门现象，是指每个人为自己的利益而编造自己的谎言，令事实真相不为人所知。——编者注

合手机使用。

乔纳森的工业设计团队对产品规格提出了要求：要符合iPhone的设计，玻璃的厚度必须是1.3毫米。乔布斯给了康宁公司的CEO温德尔·威克斯（Wendell Weeks）6周的时间，让他们在这期间内尽可能大量制造这种玻璃。威克斯回应道，他们的能力达不到要求，而且事实上，Chemcor从未以这种方式制造过数量这么多的玻璃。他告诉乔布斯："现在我们的工厂都不再生产这种玻璃。"但乔布斯给这位CEO送上一番甜言蜜语。"开动脑筋，好好想想，"他说，"你能做到的。"

几乎在一夜之间，康宁公司的生产工艺焕然一新。这家公司的生产基地设在肯塔基州，旗下几个生产液晶显示屏的工厂改造成了强化玻璃的加工厂。当时，强化玻璃已更名为哥斯拉玻璃（Gorilla Glass）——2007年5月，康宁公司生产了数千码长的哥斯拉玻璃。

有了康宁生产的玻璃，再结合铝制后壳，乔纳森的设计语言又迎来了一次新的转变。这种结合体非常抢眼，几乎可以称得上视觉冲击，是硬金属和玻璃创造的极简主义作品的代表。

为了把玻璃屏幕放在恰当的位置，乔纳森的团队提出要制造一种闪亮的不锈钢边框，而且同时给一部机做两个，让它们共同成为手机的结构部件。双重边框固然能让iPhone更稳固，但它也需要外形上的美观。

乔纳森的团队担心，如果手机掉落在地上，玻璃就会摔碎。萨茨格说："我们把玻璃放在离硬化钢最近的位置。"他同时指出："如果（你的手机）掉了，你不必担心落地会碰坏玻璃，你倒是得担心，环绕玻璃的钢条会不会撞到玻璃。"

解决的方法是，在玻璃屏幕和不锈钢边框之间垫一层薄薄的橡胶垫。可橡胶垫产生了缝隙，一些设计师出于私人原因在最初很讨厌这种橡胶垫。"因为我们大多数工业设计团队的成员都很少刮胡子，所以留有胡茬。如果我们把手机贴到脸旁，那种缝隙就会夹住脸上的胡子，”萨茨格笑着这样说。设计团队又在缝隙的大小上下了一番功夫，直到把它弄得合适为止。

“我们设计了多种填充物，要把它塞在金属和玻璃之间的缝隙中，最后终于挑出一种填进去，以后我们的胡子再也没被夹过。”

Macworld大会倒计时

2006年秋天的一个早上，乔布斯在苹果的董事会议室召集了iPhone的领导者开会，讨论iPhone的开发。《连线》杂志的编辑弗雷德·沃格尔斯坦（Fred Vogelstein）描述了当时的场面，称其为一场为坏消息准备的恐怖演出。

“很显然，原型机依旧很糟糕。问题很严重，可不只是出几个漏洞修修补补那么简单，而是根本就无法运行。电话通话时经常自动挂断，电池还没充满电就不能继续充了，数据和应用常常崩溃，无法使用。问题没完没了。演示结束的时候，乔布斯平静地盯着屋里的十几个人说，‘我们还没造出产品。’”

乔布斯看起来很镇定，没像平时那样火冒三丈。这把屋里的其他人都吓坏了。沃格尔斯坦说起，有位高管描述当时那一刻产生的“冷彻骨髓的感觉”在他为苹果工作期间只出现过很少几次。”

几周之后，发布iPhone将是Macworld大会的主题活动，所以无论哪种拖延都会产生毁灭性的后果。“对那些制造iPhone的人来说，接下来的三个月将会是他们工作生涯中压力最大的一段时间。”沃格尔斯坦写道，“走廊里经常响起此起彼伏的尖叫声。工程师们通宵召开编码会议，疲惫至极，终于撑不住了才放松几天，但只是为了补充睡眠，然后继续回来工作。一位产品经理在关办公室的门时候用力过大，导致门把手弯曲，把自己锁在了里面。同事们花了一个多小时，用一个铝球棒在门上适当的位置一阵重击之后才把她解救出来。”

问题是每样东西都是新生事物，而且没有一样能正常运行。触摸屏是新的，加速器也是新的。近距离传感器的作用是，用户将手机拿到脸旁时，屏幕就会自动关掉，但在最新的样机中，这个传感器还出现了一个问题：大多数人使用的时候，它都是正常的；但是如果用户的头发又黑又长，传感器就辨别不清，因而无法运行。

“我们几乎要将这款手机束之高阁了，因为我们觉得，它连这些基本问题都解决不了。”乔纳森在伦敦的一次商务会议上透露，“这种手机必须能察觉各种耳朵和下巴的形状、皮肤的颜色和发型……我们真正考虑到的现实问题还有很多，这只是其中的一个例子，或许这种设计真的行不通。”

但就在距离Macworld大会开幕只剩下几周的时候，乔纳森的设计团队造出了一个运行良好的原型机，并可以向无线运行商AT&T展示。2006年12月，乔布斯赶到拉斯维加斯，向AT&T的CEO斯坦·西格曼（Stan Sigman）展示那款原型机。西格曼对这款iPhone给予了“异乎寻常的赞美”，声称“我从没见过这么好的设备”。

iPhone成功在Macworld大会登场，苹果终于迈上了又一座巅峰。这要归功于两年半左右的时间里苹果努力克服一个又一个困难、不断学习，同时秉持将iPhone推向市场的信念。一位苹果的高管总结道：“我们每走一步都在挣扎，每一步都是如此。在过去的两年半时间里，我们无时无刻不在挣扎中度过。”

2007年仲夏，在iPhone发布日当天，乔纳森和整个设计团队齐聚加州旧金山市的苹果旗舰店。“我们很兴奋，”斯特林格说，“我们创造了一件新东西，火爆得令人难以置信……外面一大群人。我们想看着他们，感受他们的热情，想看到他们拿到这些新产品时眼睛里放射出的光芒，我们还想看看哪些人先得到这些产品。店门打开的时候，真是一场大混乱，热闹的场景就像狂欢节一样。”

斯特林格情绪激动，不能自已。“我们真的非常非常骄傲。我们曾经那么辛苦地工作，有太多的人为iPhone无私奉献。今天，这些付出终于得到了回报，确定无疑的回报。真是美好的一天。”

很多业内专家此前认为，iPod的成功只不过是苹果公司运气好，苹果注定只是昙花一现。因此，当苹果进军竞争惨烈的手机市场时，人们纷纷预言：iPhone免不了会一败涂地。微软公司的史蒂夫·鲍尔默（Steve Ballmer）曾公开宣称，iPhone绝对占据不到任何市场份额。而出乎意料的是，iPhone一亮相便风靡世界，而且苹果这次沿用了老战术，迅速为iPhone添加了多种功能与型号。

第一款iPhone于2007年年中上市。截至该年年底，在短短的半年时间内，iPhone销量达到370万部。到2008年第一季度，iPhone的销量就已经超过了苹果旗下整个Mac系列的总和，而到那年年底，iPhone一个季度的销量就是Mac的3倍。同时，这也带动了苹果公司的收入和利润飞涨。

2007年1月，乔布斯在Macworld大会上揭开了iPhone的神秘面纱。发布会上，他还邀请了老朋友艾伦·凯（Alan Kay）到场。凯在施乐下属研发公司Xerox PARC（施乐帕洛阿尔托研究中心）结识了乔布斯，之后被聘为苹果的特别研究员。某种程度上说，他是苹果的元老级功臣。20世纪90年代，凯在苹果高科技研究组工作了10年。他因1968年提出平板电脑“Dynabook”的概念而闻名于世。凯当时预言，Dynabook将是一扇汇聚全球知识的窗口。

在iPhone发布会上，乔布斯不经意间问凯：“艾伦，你对iPhone的感觉如何？它值得让你评判一下吗？”乔布斯的这个问题是在影射凯大约25年前发表的一番评论，当时凯将最早那款苹果Macintosh电脑视为“第一台值得让人评判的电脑”。对乔布斯提出的这个问题，凯考虑了片刻，然后拿起他的软皮笔记本说：“让电脑屏幕尺寸不超过5乘8英寸，你就可以统治世界了。”[22]

其实，不必等多久，iPad就会出现在世人面前。

第十一章
iPad

我难以想象这样一种产品：它先是定义了整个类别，然后又在如此短的时间内实现彻头彻尾的重新设计。限制它的只有显示屏，再无他物。

——乔纳森 · 艾夫

就在乔纳森的团队秘密致力于iPad的进展时，史蒂夫 · 乔布斯却告诉媒体，苹果无意开发任何平板电脑。“只有那些已经有了PC机或者其他电子设备的富家子弟才会考虑买一台平板电脑。”他公然宣称。不过，这不过是他给外界施放的烟幕弹而已。“史蒂夫从来没放弃过对平板电脑的研发。”菲尔 · 席勒说。[1] 事实上，乔纳森的设计团队在开发iPhone的同时，也从未间断过对平板电脑的设计开发。乔布斯只是在等待一个合适的时机，让平板电脑上市。

上网本的出现是苹果加快iPad上市速度的诱因之一。上网本出现于2007年，与传统笔记本电脑相比，它体型较小、价格相对便宜，而且功率也更低。它们一上市就迅速吞噬了笔记本电脑的销售份额——到了2009年，上网本已经占到整个笔记本市场份额的20%。然而，苹果从没认真考虑过将上网本当作研发产品之一。“上网本没有什么特别之处，”史蒂夫 · 乔布斯说，“只不过是种廉价的笔记本电脑而已。"[2] 尽管如此，上网本还是不止一次成为苹果常务会议的讨论议题。

2008 年，乔纳森在一次高层常务会议上提出，尚在实验中的平板电脑可以成为苹果应对上网本的利器。他指出，平板电脑基本上是一种没有键盘的廉价笔记本电脑。这个想法吸引了乔布斯，因此他批准乔纳森将这个技术原型转化成实际产品。

关键在于，移动技术在iPhone推出后的短短几年之内已经有了大幅度的提高。因此在当时看来，2004 年开发的"035 号模型"的样机显得又大又笨重。不过，鉴于有了新型的屏幕和电池技术，所有人都明白平板电脑可以更轻薄。没有更早放行iPad的原因之一就在于，一些配件——如屏幕和电池等部件的技术——还不够成熟。"技术水平还达不到。"一位前苹果主管说。

首先，乔纳森定做了 20 个不同大小及屏幕长宽比例不同的原型机，依次将其摆放在工作室的一个展台上，供自己和乔布斯把玩。"我们就是这样确定了屏幕尺寸。"乔纳森说。[3] 之前他们用同样的方法，确定下了Mac mini和其他产品的尺寸。

"几乎对于所有的产品，史蒂夫和乔纳森都喜欢这么干。"工作组的一位前工程师说道，"他们首先做出一系列大小不一的原型机，然后从中挑选出最喜欢的一款。"

然而，回忆似乎存在偏差，事情往往是这样的。根据当时一位苹果主管的说法，屏幕尺寸还受到一个更简单部件的重大影响——标准纸张。"平板电脑正好和一页纸大小相同，"他解释道，"这个尺寸一般被公认为是比较合理的页面尺寸，因此我们觉得这个大小正合适。它针对的是教育系统、学校和电子阅读方式。"另外，硬件也是一个需要考虑的因素，因为iPad的内部装置是基于iPod touch，而不是iBook。就效果而言，iPad在早期被视为放大版的触屏iPod。

乔纳森的最终目标是做一个无须任何产品说明的完全直观的设备。它应该是个“惊人、简约且漂亮的设备，一个人们真正需要、容易上手的产品。”斯特林格说，“你拿起来就能用……就像……无须讲解。”

也就是说，要实现这种惊人的“简约”，可能需要投入大量的时间与创造力。

制作机器

和之前为iPhone设定研究方向时一样，乔纳森的设计团队探索了两个不同的iPad设计方向。

第一个版本是基于Extrudo理念设计的，其基础是一种和iPod mini类似的铝材盒子，只不过比后者更大一些，也更扁平。这一版本的设计倡导者是克里斯托斯·斯特林格，他曾经是Extrudo版iPhone的设计者。和之前设计iPhone手机时一样，斯特林格试图用一片挤压成型的铝片作为iPad的材料，另外还配备用于接收Wi-Fi和收音机信号的塑料外壳。然而，和设计iPhone不同，iPad完全不用考虑边角是否锋利的问题，因为没人会把平板电脑按在自己脸上讲话。

乔纳森的工业设计团队尝试了一种“画框”模型，这种模型做出来比iPad的一些原型机要大，这些模型有支架作为支撑（后来，在苹果与微软及其他平板电脑制造商的竞争中，这种支架同样成为突出特色）。乔纳森的团队并未继续完善这个想法。但是，支架的创意之后出现在iPad 2的磁性保护套中，该保护套折叠后可形成一个支架。

设计师们发现，斯特林格的Extrudo版iPad和同一版本的iPhone遇到了同样的瓶颈——边框的存在让屏幕的效果打了折扣。正如乔纳森所说：“我们考虑怎样解决这个问题，从而不让过多的功能和按键对显示屏的效果造成损害。”[4] 乔纳森坚持产品的“无边际泳池”设想，因为他深知，屏幕是重中之重，绝对不能有任何东西抢了它的风头。

与此同时，理查德 · 豪沃斯将“三明治iPhone”的制作经验带到了这次的原型机设计中，设计出了几个“三明治”版本的iPad。早期的“三明治”iPad模型有点类似于加长版的“035 号模型”，它与2006 年发布的塑料材质的苹果MacBook属于同一个设计系列，也是由亮白色塑料制成，形状四四方方的，看起来相当笨重。两者的大部分设计都出自豪沃斯之手，因此它们明显是来源于同一设计范畴。尽管如此，乔纳森的团队仍旧专注于如何呈现屏幕，并将边框设计得更加简单、更不起眼。

随着设计工作的不断推进，新的产品模型变得更薄，边缘也更尖锐。部分模型使用铝制后壳，但是乔纳森的团队更倾向于转向三明治式设计。然而有个问题一直困扰着乔布斯：不知是什么原因，iPad看起来好像不够休闲随性。

乔纳森指出了问题的关键所在。iPad需要一个提示，即释放某种信号，让人们感觉它操作起来很方便，还可以被单手拿起。像往常一样，乔纳森希望邀请用户去触摸设备，将设备拿起来握在手里，从而获得触觉体验。

照这样推理的话，下一步就是给iPad加一个把手。于是，乔纳森的团队开始探索这种方式，以期待它更加方便。随后的一个样机就呈现出这种效果：带着一对夸张的塑料把手，看起来像个丑陋无比的快餐托盘。后来，大家终于意识到，把手根本解决不了任何问题，因此乔纳森的团队换了一种方法，试图给iPad加一个锥形板，让板在屏幕后有一个渐变的坡度，这样手指可以在后壳上有一个移动的间隙。

乔纳森的团队一边致力于iPad的设计工作，同时又兼顾着第二代iPhone的设计。2008 年，这部新款手机以iPhone 3G的名义被推向市场，以强调它与最新的3G手机网络的兼容性。第二代iPhone摒弃了旧版本的铝制背板，而代之以硬质聚碳酸酯塑料材质。不出所料，这两个同期研发的产品有很多的共同之处：iPad同样也使用了聚碳酸酯塑料后盖，颜色也是黑白两色，并用了不锈钢的框架将屏幕与背板完美地结合在了一起。

然而，当所有设计师终于在设计方案上达成一致时，生产上的问题却让乔纳森不得不临时变更设计。

iPhone 3G的塑料背板看似简单，然而实际制造的难度很大。乔纳森的团队本来打算为iPad配置相同的外壳（由聚碳酸酯与ABS塑料组成的高强度混合物做成），然而事实证明，将这种材料加工成大尺寸的外壳难度更大，因为如果这种材料被做成大尺寸，它们从模具中出来后就会收缩变形。为了防止外壳在边缘处收缩，只能将它的模具做大，等收缩之后再用机器切割到所需尺寸。

即使在成型之后，外壳仍需进行抛光以清除分割线，然后喷漆，再次进行机器切割，以防止油漆围绕切割口收缩。这样一来，加工流程就复杂了很多，需要附加很多额外的操作步骤。切割口要反复喷漆并再次切割，然后才能安装按键、扬声器格栅和背面的Apple标志。塑料材质的使用使整个生产过程问题重重。“你必须安排好所有的这些加工工序。如果你在喷漆前就切割了，涂料里的化学品就会让塑料的表面张力变小，然后它会冲破槽体蔓延到已经切割完毕的其他区域，”萨茨格说，“如果换成铝材，加工处理就简单多了。”

于是，乔纳森的团队重新回到绘图板前，给iPad设计了一个铝制背板。对铝制外壳的设计，大家已经轻车熟路，公司也已经有了完整的生产线。新的铝制背板不像乔纳森之前设想的锥状，而且设计者们为了赋予iPad一定的硬度，不得不在机身上增加一层薄薄的侧壁。然而，尽管强度达到了，机身却比原计划的塑料版本更厚，也更笨重。

这些工作完成之后，乔纳森的团队为这台设备的极简主义风格感到异常兴奋。“我们尝试了各种各样的方法，”克里斯托弗 · 斯特林格回忆说，“但是到最后，我们意识到还是要让产品回归本质，而不是抄袭自己以前的创意。我们想要一个独特的产品……毫不突兀、卓尔不群。”[5]

与其他产品相比，他们创造的iPad别具一格。正如斯特林格所描述的那样，“它是个从未有过的全新产品”。

iPad时光

2010年1月27日，史蒂夫·乔布斯带着苹果最新的游戏颠覆者露面。在旧金山的芳草地艺术中心，他将iPad这一划时代的新产品公之于众。他将iPad定义为一个介于iPhone和笔记本电脑之间的设备，一种非常便携、配备了触摸屏界面的手持型平板电脑。但是，他将它与上网本做了区分，而且说它是“比笔记本电脑更亲密”的设备，是科技与艺术的完美结合。

iPad于2010年4月正式上市。在短短一个月的时间里，iPad的销量就达到了100万台，而当年iPhone达到这个成绩花了两倍的时间。到2011年6月，即上市一年后，iPad销量达到2 500万。无论从什么角度衡量，它都是有史以来最成功的消费类产品。根据易观国际（Canalys）的统计，iPad于2011年的出货量达到了6 300万台，这个成绩迅速超越了上网本，后者的销量还没达到3 000万。

在苹果总部，制造这场销售奇迹的人也在不断变化。2008年11月，苹果iPod部门高级副总裁托尼·法德尔辞职。当年，他从鲁宾斯坦那里接任了这一职务。根据苹果公司的新闻稿显示，法德尔和他的妻子丹尼尔·兰伯特（Danielle Lambert）——公司人力资源部副总裁——正在“隐退”，以便“把更多的时间用于和孩子们一起享受天伦之乐”。[7] 但据两位前苹果雇员透露，法德尔是乔布斯和乔纳森亲密关系的另一个牺牲品。

“托尼是被解雇的，”一位消息人士说道，“公司给了他好几年的薪水，外加数百万美金，然后就把他打发走了。他之所以被解雇，是因为和乔纳森不和。他曾多次找到史蒂夫，向他抱怨乔纳森。但是史蒂夫十分看重乔纳森，也很珍视他们之间的友谊。最终，他选择了站在乔纳森一边。”[8]

iPad的演变

2011年3月，iPad首发不满一年，苹果即宣布发布新版本，这让全世界都吃了一惊。新的iPad不仅在硬件性能上进行了显著的升级，而且在整个设计上也有了极大的变化。

与第一代iPad相比，iPad 2更轻薄，而且在机身上添加了一些新的关键功能——如前置与后置摄像头，此外还有更具人性化的磁性保护套，它可以控制iPad的开关。iPad 2的设计标志着苹果制造技术（采用一体成型工艺）的巨大进步，这让乔纳森可以用金属实现斜面式背板的制作。“在第二代iPad中，背板的三个面被减少到两个，产品外围的结构壁也去掉了，从而消灭了棱角。这样不仅让人们拿着更舒服，而且由于一体成型技术上的突破，产品本身也变得更加坚硬、稳固，甚至更精细。”[9]

乔纳森又一次为整个团队的成果感到自豪。“我难以想象这样一种产品：它先是定义了整个类别，然后又在如此短的时间内实现了彻头彻尾的重新设计。限制它的只有显示屏。再无他物。”[10]

2012年3月，苹果继续推出了第三代iPad，这款新产品增加了高密度的视网膜显示屏，芯片更快，摄像头性能也更高。同年10月，第四代iPad紧跟其后上市。相比iPad 3，它的处理器和电池连接速度有了大幅度的提升。另外，新产品还淘汰了老式的技术遗产——原始的30针连接器，而代之以最新的闪电连接器（Lighting connector）。

通过不停地更新换代，苹果在自己的主场痛击了无数的“跟风者”。所谓的“跟风者”指的是这么一批公司：对市场上比较成功的产品采用“拿来主义”，然后降低生产成本，造出仿制品并快速推向市场。有时候，它们制造出的产品不过是低廉的冒牌货，不过也有可能是高质量的、具有竞争力的产品。这就像市场上数不清的安卓手机之间的较量一样。然而，苹果公司源源不断地对iPad进行产品升级，且每一次升级后的新版本都会有质的飞跃，因此在竞争对手面前，苹果从来都是赢家。

2012 年，iPad mini紧随iPad 4 上市。它将屏幕缩小到不足 8 英寸，引发了消费者的疯狂抢购。“mini 集iPad的精华于一身，而且尺寸更方便操控，真是太棒了。”《纽约时报》的著名科技评论员戴维 · 波格（David Pogue）写道，“你甚至可以说，iPad mini是iPad一直以来的目标。”[11]2013 年第一季度，iPad mini的销量就达到了iPad总销量的 60%。

iPad自首发开始，几乎是一夜之间就出现在了大大小小的咖啡馆和飞越全国的航班上。苹果的高管们曾经多次预计，iPad总有一天会取代个人电脑，然而谁也没有想到，这个变化发生得如此之快。在iPad发布的第一年里，苹果卖出了大约 1 500 万台iPad，到 2011 年的第四季度，苹果比任何一个竞争对手卖出的个人电脑都要多。根据互动数据公司（Interactive Data Corporation）的市场调查与估测，到 2015 年，平板电脑（iPad占了大部分）的市场占有率将超越传统的个人电脑。乔纳森和苹果所引领的后个人电脑时代即将来临。

JONY IVE

The Genius Behind
Apple’s Greatest Products

第十二章
一体成型无处不在

从设计与工程的角度来看，苹果绝对处于打造完美产品的顶峰。

——丹尼斯·博伊尔

2008 年，在苹果的一个活动中，乔纳森出席并做了发言。其中，他谈论了一件特别的事情：苹果最新的“一体成型”加工工艺。在这次活动中，他的现身就已经发出了一个明确的信号，即这个设计的突破性意义的确是举足轻重。

首先，乔纳森谈到了老款的MacBook Pro。在当时的市场上，这款机器已经算是最轻薄而且最坚固的产品之一，其高强度得益于内部框架的复杂结构，外加拧合并焊接在一起的加固板。乔纳森演讲的同时，一系列幻灯片在他身后播放着，展示了多个部件叠加成层、黏合并最终与一个贯穿中间的塑料衬垫结合在一起的过程。

“多年以来，”乔纳森告诉在场的观众，“我们一直在寻找制作笔记本电脑更好的方式，”他停下来微微一笑，然后继续说道，“我们认为，我们已经找到了。”[1]

然后，乔纳森给大家解释了苹果的最新超薄笔记本——MacBook Air的制作工艺。不同于以往堆砌多种金属片材的制作方式，新的制作过程使用了一种比较厚的金属块。并且，与以前的工艺恰恰相反，它是将这块厚的金属块慢慢掏空为一个整体的框架，而不是进行材料的堆砌。单独一个部件取代了多部件——“一体成型”由此得名。

乔纳森的幻灯片对新工艺制作的不同阶段进行了说明。也用英式口音把单词aluminium说成了aloo-min-ium，并笑着说：“铝材的一个妙处就是其回收利用率高。所以在不同的生产阶段，我们要不停地收集材料、清洁材料，然后再循环利用。”[2]

他虽然没有透露这道工序的核心机密，却明显陶醉在这种由机器人控制生产的奇妙方式之中。“我们一开始使用高品位的实心铝材，但却导致整机重量超过了2.5磅。最后我们使用这种非常精密的零件，它的重量只有0.25磅。不仅重量减轻了，材料也非常非常地坚固。”

这个过程代表着科技能够实现某种设计构想，这与乔纳森的设计理念不谋而合。苹果公司将伟大的设计与一流的生产制造技术相结合，生产出了卓尔不群的新型产品。乔纳森接着说：“一个零件，一个小小的零件就构成了MacBook Air笔记本电脑的主体结构。正是有了精密的铝合金一体成型外壳，我们才能生产出这件产品。”

当时，MacBook Air是苹果公司唯一一款使用一体成型外壳的产品，但是那时苹果公司已经计划将其所有的主流产品，包括麦金塔电脑、iPhone手机和iPad平板都换成一体成型机壳。

此项改变是苹果公司历史上的分水岭，但是当时人们都沉浸在发布各种产品的兴奋中，多数人在很大程度上并没有意识到这个改变。

做出改变

几个月之前，乔纳森将MacBook Pro电脑的所有零件都拆下来，摆放到苹果设计工作室的大陈列桌上。他还在旁边的桌子上摆放了新款一体成型

MacBook电脑的零件。

他将MacBook Pro的零件摆放整齐，零件几乎占据了整张桌子。与此相比，一体机的零件就少了很多，对比效果十分明显。乔纳森把手下的设计师都叫过来欣赏两者之间的不同。

乔纳森一直在以自己独特的方式推动产品的简化进程，他想减少零件数量，进而减少零件间的接口。在这之前，工业设计团队也分拆过一台原始的iPhone，他们还记下了零件接口的数目，大概有30个。而在iPhone采用了“一体成型”技术后，零件接口缩减到仅仅5个。

乔纳森及其团队启动的产品简化进程使得一体机提前出现。2001年，在制造Power Mac G4 Quicksilver的过程中，他们首先探索了机械加工程序——通过用钻孔、旋转、凿挖等方式移除原材料来制造零件的一种制造工序，并在后来的Cube、Mac mini以及铝壳iPod等多种后续产品中慢慢增加了机械加工的比重。2005年，乔纳森的团队对加工iPhone的工作非常慎重。那时，他们拜访了许多手表制造商，以观察手表这种精密而又持久的计时工具是如何制作出来的。

萨茨格回忆说：“为了了解机械加工金属、金属精加工和产品组装的工序，我们开始研究手表公司。”[3]研究结果发现，手表有着非常高的制作标准。最重要的是，他们认识到手表行业在高端产品中使用了高度机械化零件。

这个结论合情合理，但苹果公司的调查员们还了解到手表都是小批量生产的。但如今苹果公司计划逐步改进所有产品的制造过程，苹果的所有主流产品都将以机械加工作为主要的制造工序。

“一体成型”是一系列机械加工活动的统称。总的来说，机械加工需要耗费大量的时间和劳动力。它依赖于钻机、铣床等大型笨重机械，但是现代的数控铣床已经大大地提高了生产速度，实现了工序的自动化。

就传统意义而言，机械加工很少用于大批量生产。我们更倾向于使用快速高效的制造方法，比如冲压和成型技术。机械加工一般用于一次性产品或小批量生产。乔纳森设计工作室制作的原型机就是用机械加工的，用数控铣床进行单独雕刻。在工业生产中，只有要求奇高、财大气粗的专业生产厂家才会使用机械加工。只要想想航空、国防、高端手表还有阿斯顿马丁一类的名牌跑车就知道了。这种方法能制造出最优质的零件，并不断精益求精，但是也需要花费大量的时间和金钱。

乔纳森说："机械加工能保证一定程度的精确性，其程度之高在我们的行业中闻所未闻。我们对这些产品的加工制造方法非常着迷，从很多方面来看，我认为它的内在比外在更美。这表明了我们的认真程度，表明了我们有多么在乎。"[4]

乔纳森将"一体成型"视为缩小iPhone、iPad和MacBook体积的关键。一个单独的部件就构成了产品的背板和主体框架。为了将其他零件粘贴在主板上，要钻出所有的螺丝孔，将多个零件浓缩在一个主板上。"一体成型"使得乔纳森团队制作的iPhone5 比之前的iPhone 4s薄了 3 毫米。这个数字乍听起来好像没什么，但让原本就已经很薄的产品厚度又减少了大约 30%，也的确是个惊人的成就。

至于笔记本的主体，"一体成型"的第一部分就是用金属坯子（一个巨大的圆管）挤压出一块铝材板。将坯子放入巨大的热压机中挤压成片，就像将一团面压成扁扁的面条一样。

然后，铝板要经过 13 道不同的工序才能变成它最后的形状。将金属切割成笔记本大小的长方形方块，并放入第一台数控铣床，用激光钻机在铝板上钻出一系列定位孔，以便引导下一步切割操作。只要粗略地"掰开"金属板，就能将大部分不需要的材料移除。

这一步之后，铝材再经历一系列精确的铣削研磨才能成为最后的成品。切割出了功能键和输入端口，钻出螺丝孔，并塑造内部主体框架。

下一步是用激光钻孔机钻出指示灯的孔。机壳内部放置指示灯的位置已经被磨得很薄，用激光钻孔机能在金属上打出小孔。激光钻孔机位置找得准、打孔速度快，一次就能使金属汽化。钻孔口径非常小，从表面上看金属还很坚固，但实际上，小孔的口径已经足够大到让后面的LED灯光透过。这项创新实践将科技的魔法融入到产品之中，大大提高了产品的精确性。

设计师克里斯 · 莱夫特瑞说："这个小设计在哪些方面特别吸引人呢？那就是它的与众不同。一般来说，我们会使用显而易见的方法，也就是在金属板上打出一个孔，插入LED灯，然后在它上面再放一片塑料。虽然这样做也能完成任务，但苹果公司却是在电脑机身上加工出许多肉眼看不见的小孔，以便突然出现的强光能穿过小孔。这在工业生产中采用了手工艺水准的方法。"[5]

激光打孔机也用于制作扬声器格栅和其他小端口，打孔后用液体清洗掉残渣碎片。苹果公司用激光在机壳上蚀刻产品序列号和其他技术信息，还在iPod后盖刻上个人题字。由于打孔机与铝材并没有实际接触，所以进行这道工序的钻头也就不会迟钝或磨损，并且通过数控铣床智能控制可以很容易进行配置或重置。

激光打孔之后，一体成型机要求用数控铣床的磨床来磨平毛边，修复粗糙不平或表面有缺陷的地方。然后机壳经过"喷砂抛光"——在高压下喷上陶瓷、氧化硅、玻璃或金属颗粒——赋予机壳表面磨砂的质感。接下来，根据零件的光滑程度，他们还会对部件进行电镀、涂上透明涂层或抛光处理。

整个一体成型工艺都是巨大的商业机密，所以苹果公司没有对外公布细节。虽然部分装配作业是机器人完成的，但仍不清楚有多少工序是采用自动化程序的。尽管大多数苹果产品都由大批工人手工装配而成，但"一体成型"工艺似乎可以让公司的装配方式向自动化方向改进。

一位前机械工程师曾为工业设计、产品研发、产品运营部门做过联络人，还曾在工厂工作过几个月，他说："人们很关注机器人和机器人控制。"虽然他以保密协议为由拒绝详细说明，但他说苹果公司的许多产品都主要由数控铣床制作完成，而机器人在整个加工环节中间移动零件。"[6]

2005 年至 2010 年间在苹果公司担任产品设计工程师的乔达姆 · 巴克斯说："在富士康的几栋大楼里，真的到处都能看到正在进行雕刻操作的机器，它们专门为苹果公司制作零件。主要是铝材。我们视线所及之处，到处都是机器。"[7]

"一体成型"的今天

"一体成型"工艺在高科技制造行业引起了一场革命。在苹果公司，向机器人工作流程转变的举动在某种程度上唤起了史蒂夫 · 乔布斯长久以来的梦想。20 世纪 80 年代，他参观旧金山湾区麦金塔工厂的自动生产线时就产生了这种想法。过去有严格规定，机械加工只用于原型机的制造，没有人将其应用于大规模工业生产，直到乔纳森开创了这一先河。但是其他人很快就意识到它的重要性，艾迪欧的创始人之一丹尼斯 · 博伊尔说，大规模采用机械加工是"产品设计师的梦想"。[8]

他说："公司总会习惯性地避免机械加工，因为这种方法比其他技术成本更高。但是苹果公司证明了一件事：如果一个公司能拿出业内最高标准的投资，采纳艾夫及其团队的设计方案而且坚持不动摇，对设计的感观不妥协，那么它就能创造出备受追捧、美丽优雅的产品，并且大获成功。从设计师和工程师的角度看，苹果达到了产品创造的绝对巅峰，他们将尽全力将产品雕琢得近乎完美。"

"一体成型"代表了苹果公司一次巨大的财富豪赌。苹果在 2007 年左右开始正式投资，并与一家日本制造商签订合约，预定了工厂未来 3 年内生产的所有铣床。据估算，每年会出产两万台数控铣床，有些价值超过 25 万美元，有的超过 100 万美元甚至更高。这项支出还没有停止，苹果又进一步购置了所能找到的每一台数控铣床。一个知情人说："他们买下了整个供应链的产品，其他人无法对这项技术进行窥测。"[9]

随着iPhone和iPad的出现，苹果在工具方面的支出与日俱增，因为这两种产品每次更新换代对机械加工的要求都更高。根据分析公司Horace Dediu of Asymco的报告，第一代iPhone在设备上的投资达到4.08亿美元。但是到了 2012 年，由于iPhone 5 和iPad 3（都是一体成型产品）的投入生产，苹果公司的资本支出一下子暴增到了难以置信的地步。公司资本支出高达 95 亿美元，其中大部分都花在了产品的生产工具和工艺上。相比之下，公司在零售商店上只花费了 8.65 亿美元。因此，苹果公司在工厂上的投入几乎是专卖店的 11 倍，即便专卖店的地理位置都是豪华地段（也就是昂贵地段）。[10]

乔纳森的设计欲望成就了另一项制造业革新。2012 年生产的iMac边缘跟刀尖一样薄——它使用的是摩擦焊接。既然要将iMac电脑的外壳做得很薄，就不能使用传统的焊接方法焊接正面和背面，这样就有了引进所谓的搅拌摩擦焊接[friction stir welding（FSW）]的需要。这就是 1991 年发明的固态焊接工艺。与其说是焊接还不如说是重新结晶，因为当高速变压器沿着两片金属边缘移动时，会产生摩擦力，将材料软化到接近熔点。在超强的黏合力作用下，两片焊接金属的原子就联合到一起。在巨大的外力作用下将可塑性材料压到一起，再使用旋转的变压器搅拌，最终以强大的黏合力使其达到无缝焊接的目的。

过去，搅拌摩擦焊接的机器成本需要 300 万美元以上，所以只限于制造火箭和飞机零部件。近年来的科技进步使得数控铣床得到改造，能够以较低的成本实施搅拌摩擦焊接。这项技术对苹果敞开了大门，苹果有许多台数控铣床可供使用。

除了这些优势，搅拌摩擦焊接还不会产生有毒气体，焊接成品也不需要填充材料才能进行再加工，比传统焊接更加环保。

苹果环保化？

引进新制造工艺的部分原因，是乔纳森想推进苹果的环保进程。2005 年，他开始有了这个想法，当时苹果公司与国际绿色和平组织打了一场口水仗。全球环保主义者抨击苹果缺乏回收计划，生产环节使用了很多有毒化学物质。史蒂夫 · 乔布斯一开始没把他们的指控放在眼里，却在 2007 年宣布苹果要开始一系列全面的环保行动。从那时开始，公司就改善了环保形象，减少制造过程中的有毒物质，包括汞、砷、溴化阻燃剂和聚氯乙烯。

为了进一步改善环保形象，苹果降低了许多产品的功耗需求，赢得了“能源之星”最高评分和“电子产品环境评估工具”（EPEAT）的金奖。后者旨在评估产品生命周期对环境的影响，会考虑到耗费的能源、回收率和产品的设计制作方法。苹果还缩小了包装的尺寸，使货运过程能装载更多的包装以节省燃料。最近一代的MacBook号称 100% 可回收，因为苹果产品一般使用铝材和玻璃，这些都是容易回收再利用的材料。

即便这样，苹果仍然没有得到国际绿色和平组织的最高评分。2012 年，国际绿色和平组织给了苹果 4.5 分（满分是 10 分），将苹果置于众多科技公司的中游（确实比以前有了进步，因为它之前垫底）。总的来说，绿色和平组织肯定了苹果的环保责任感，但同时也指出“苹果没拿到的分数是因为其汇报的温室气体排放量不够透明，缺乏清洁能源宣传，缺乏有毒化学物质的管理信息和售后塑料回收的使用细节。”[11]

乔布斯因为苹果的环保行动获得了大众的认可，但公司内部的一个知情人说乔纳森才是那个巨大的推动者，一开始他就因绿色和平组织的批评而

“深受刺激”。

知情人说：“乔纳森觉得苹果公司在环保事业上非常积极。”乔纳森为制作卓越产品所做的贡献将他置于更强的环保立场上：他的产品可以使用并珍藏很多年，与一次性产品直接对环境造成的恶劣影响刚好相反。

对乔纳森和苹果公司的另一个批评涉及密封产品。意思就是大多数情况下，用户自己不能维修苹果的产品，他们需要特殊工具甚至是特殊技术才能更换电池。iFixit公司的凯尔·威恩斯（Kyle Wiens）等环境活动家们指出，比起非专业人士就能轻松维修的产品来说，密封设备更容易被丢弃。

威恩斯说iPad“非常不道德——四周封闭严实，电池充电放电次数超过500次以后就不能再使用。它的设计非常明确，就是为了被扔掉。维修根本不是考虑的问题，设计师们根本没有把维修纳入考虑的范围之内”。[12]

苹果内部人员不同意这个观点。他们指出苹果的产品当然考虑到维修的设计，只是消费者不能自己维修。萨茨格解释说：“苹果有一套特殊的服务。不是所有公司都有能力为自己的产品提供服务，所以设计时指定像百思买这样的地方作为服务网点。”

萨茨格说实际上这意味着苹果的设备更加耐用。“维修时，苹果公司回收需要维修的产品，在网点进行维修。产品设计一开始就考虑到了维修和服务……苹果产品的服务非常完备。”[13]

作为世界上资产最雄厚、最具实力的公司之一，苹果公司显然在制造业发挥着领导作用。如果他们在全球劳动力和环境保护方面的努力不够坚定，那乔纳森·艾夫必然会进行呼吁并在可预见的未来中加入这些政策。

JONY IVE

The Genius Behind
Apple's Greatest Products

第十三章
苹果公司最有价值的专家

在苹果，他比除我之外的所有人管理权都大，没人能指使他或干预他做任何事。我就是这么规定的。

——史蒂夫·乔布斯

2004 年 7 月，史蒂夫·乔布斯因胰腺肿瘤接受外科手术。在他跟癌症斗争完第一个回合还在恢复期时，就要求见两个人，一个是他的妻子劳伦·鲍威尔·乔布斯，另一个就是乔纳森·艾夫。

一起日日夜夜工作了 8 年后，乔纳森和乔布斯建立起一种特殊又亲密的关系。他们两个几乎形影不离，一起参加各种会议，一起共进午餐，在很多个下午，他们一起在工作室研究未来的项目。

在接受第一次手术之后，乔布斯没能痊愈，他在 2009 年 5 月请假前往田纳西州的孟菲斯市进行第二次手术，接受肝脏移植。乔布斯和妻子搭乘私人专机飞回家时，乔纳森和蒂姆·库克就在圣何塞机场等候他们。乔布斯请假的这段时间，众多媒体都在猜测没有了乔布斯，苹果公司是不是就完了，关于苹果公司未来发展的问题悬而未决。公众似乎一致认为，苹果公司的命运完全掌握在乔布斯的手上。

乔纳森驱车送乔布斯回家。从机场返回的途中，他对乔布斯坦言，新闻报道称苹果公司的存亡取决于乔布斯，这一说法让他焦虑不安。

乔纳森对乔布斯说："我真的感到很痛苦。"他为乔布斯的健康担心，同时也为他们两人深爱的公司的状况而担心。乔纳森跟《史蒂夫·乔布斯传》作者沃尔特·艾萨克森说，乔布斯就像苹果公司追求创新的发动机，但这一看法是很危险的。他说："作为一个公司，这种观点使得我们很脆弱。"[1]

乔纳森并不总是高尚到为了乔布斯或是苹果公司牺牲自己，这种想法不足为奇。还有一次，乔纳森抱怨乔布斯经常盗用他的想法。乔纳森告诉艾萨克森："他会再看一遍我的想法然后说，'这个想法不好，很不好，我喜欢那个想法。'然后我就会成为一个观众，听他在那里高谈阔论，就好像那是他的想法一样。我会狂热地关注一个创意源于哪里，甚至会让整台电脑都装满我的各种创意。所以当他因为我的某一设计而受到赞誉时，我真的很痛苦。"[2]

尽管如此，乔纳森还是承认，如果没有乔布斯，他不可能拥有现在的一切。他说："在许多其他的公司里，伟大的想法和设计往往在创作过程中就迷失了。如果不是乔布斯一直支持着我们，跟我们一起工作，冲破层层阻力让我们的想法变成产品，那么我和整个团队的想法就完全没有意义，也没有用武之地。"[3]

2011年，在乔布斯休假期间（结果这成了他最后一个假期），大量的新闻报道声称乔纳森威胁说要在股票交易3年期满之际离开苹果公司。据报道称，乔纳森和他的妻子想让他们的双胞胎儿子回英国接受教育。英国的《卫报》发表了一篇关于乔纳森即将离职的新闻报道，题为"苹果公司最糟糕的噩梦"；[4]伦敦的《星期日泰晤士报》也发表了一篇文章，说乔纳森想从库比蒂诺回到英国萨默赛特的家，原因是与苹果公司不和。一篇报道暗示乔纳森经常在英国和加利福尼亚州之间往返。[5]

"威胁"这个词用得很准确，因为乔纳森并没有真正辞职。根据英国新闻报道中所引用的一位未透露姓名的朋友所言，乔纳森"对于苹果公司来说太重要了，他们明确地告诉他，如果他重返英国，公司不会为他保留职位。”据报道，为了巩固乔纳森和苹果的联系，公司给了他 3 000 万美元的奖金，另外给了他市值 2 500 万美元的股票。据估算，乔纳森那时候的个人资产约为 1.3 亿美元。

现在回想起来，事实上乔纳森并没有离开苹果公司的打算。他卖了位于萨默赛特的别墅，这栋别墅虽然离父母家很近，但是他很少去住。乔纳森表现得比以往任何时候都更忠于苹果公司。乔纳森经常接到其他公司和猎头的电话，为他提供很有诱惑力的机会，邀请他设计各类产品，从汽车到鞋子。但是对于他离开苹果公司的问题，他断然否认。他说：“问题在于，就算你可以把我和整个设计团队移到另一个地方，我们也无法正常工作。”[6]

2011 年 8 月 24 日，苹果公司宣布史蒂夫 · 乔布斯辞去CEO一职，但将继续担任公司的董事长。蒂姆 · 库克正式接手公司的日常运营工作。

这一新闻本不应该让人们意外，但人们对此还是很吃惊。从 1 月份开始，乔布斯就一直在休病假，而且显然病得很重，在那一年仅有的几次公开露面中，他看上去特别憔悴。但是，即使面临着这样严峻的现实，大家还是难以想象苹果公司没有乔布斯会是什么样子。

许多权威人士都对此进行了权衡，他们认为更应该由乔纳森来接任公司CEO一职。因为他具有很好的公众形象（而库克并不具备）：这一方面是由于他经常出现在各种宣传视频中，另一方面是由于他获得了各类设计大奖。但是，几乎没有一个苹果公司的观察员会认为他将成为公司的下一任CEO——甚至就连他自己也从来没有这样想过。正如一位乔纳森设计团队的前成员在谈起乔纳森接任CEO一事时说的那样，“乔纳森根本不关心如何去经营一家公司”。他解释道，乔纳森对于苹果的商业经营活动根本不感兴趣，正如之前在橘子设计公司一样，他很讨厌商业活动。这位设计师总结道：“他只想将精力集中在工业设计上。”

乔纳森对一位采访者说：“我一直想做的就是设计和制造，那才是我真正喜欢做的事情。能够找到自己喜欢的事情，这非常棒。但是，找到自己喜欢的事情是一码事，能够全神贯注地不断进行实践则是另外一码事。”[7]

事实上，作为苹果公司全球供应链的领导者，蒂姆·库克理应成为公司的继承者。仅仅13年间，库克就已经为公司建立起了十分复杂的机构，可以让公司以前所未有的速度、规模和效率来生产极其出色的产品（尽管产品是乔纳森设计出来的），并使其获得高额利润。库克可能没有乔布斯那种非凡的领导力，但他绝对是一个后勤管理天才，在乔布斯因病离开苹果的时候，他一直使公司保持着高效运转。库克也有着丰富的经验，在2004年和2009年乔布斯不在的时候，他曾临时担任CEO。根据接受本书采访的苹果内部人员透露，一般情况下，库克都是个和蔼可亲的人，他善于听取不同意见并希望得到每一个人的理解，这使得员工们跟他一起工作更简单，因为他不像乔布斯那样固执。

2011年10月5日，乔布斯与世长辞，这距离他辞职仅有一个多月。他曾在斯坦福大学的演讲中说“死亡可能是生命唯一的最好发明”。他享年56岁，受到了人们的交口称赞。两天之后，他的葬礼在Alta Mesa纪念公园举行，只有4位苹果公司的同事参加，其中包括：副董事长埃迪·克尤（Eddy Cue，软件部门）、凯蒂·克顿（Katie Cotton，通讯系统）、库克（CEO）和乔纳森。10天之后，斯坦福大学举办了乔布斯追悼会，虽然这只是一个私人追悼仪式，还是吸引了包括美国前总统比尔·克林顿、美国前副总统阿尔·戈尔、比尔·盖茨、谷歌CEO拉里·佩奇、U2主唱博诺和新闻集团CEO鲁珀特·默多克在内的知名人士前来参加。在乔布斯去世三周之后，乔纳森终于有机会公开悼念他的导师兼好友。在苹果公司库比蒂诺园区举行的员工追悼会上，乔纳森发表了最真诚的（也是最轻松的）演讲，演讲长达8

分钟，通过一些私人轶事，向他“最好最忠诚的朋友”——乔布斯致敬。乔纳森讲述了乔布斯的激情与热忱，他的幽默感，还有他把事情做到极致时表现出的极大愉悦感。演讲时而风趣幽默，时而感人肺腑，时而发人深省。

乔纳森的悼词以一段旁白开始，他说：“史蒂夫跟我说得最多得就是，‘嘿，乔纳森，你这个主意太笨了！’有时，那些创意确实太笨；有时候，那些想法简直糟糕透了；但是有些时候，这些话好像抽走了整个屋子的空气一般，让我们彻底无语。”

乔纳森记得乔布斯“经常质疑他的作品，‘这样够好吗？这样对吗？’”，他把乔布斯的胜利看作是“庆祝为全人类制造出伟大产品，享受击败冷嘲热讽的快感……拒绝人们说了上百次的‘你不可能做到’的否定评价”。

在演讲的最后，他对参加追悼会的苹果公司员工说：“我们在一起工作了近 15 年，在我说‘铝’这个字时，他还是会嘲笑我的发音。最近两周内，我们一直在努力寻找一个合适的告别方式。最后，我只想说，‘谢谢你，史蒂夫。感谢你非凡的想象力，团结并激发了我们这个杰出团体的所有成员，感谢我们从你身上学到的一切，感谢我们将从彼此那里学到的一切。史蒂夫，感谢你。’”

苹果公司机遇大增

乔布斯去世的前一天，库克在旧金山芳草地艺术中心首次推出了iPhone 4s。乔布斯没有参加，他的椅子上写着“预留”两个字。值得注意的是，乔纳森也缺席了这一仪式。

iPhone 4s是乔纳森的第三代设计产品，以理查德 · 豪沃斯早期的“三明治”理念为基础，它是当时最高级的iPhone。虽然iPhone 4s的外形与之前的产品很相似，但是它具有经过改良的内部构件，绝对是设计界的精品。在

11 月 4 日，当这款新 iPhone 上市的时候，一些评论家称它吹嘘过头了，不过是之前产品的复制品，但从销量来看，公众完全不同意这一观点。新产品上市第一周就打破了销售记录，在一周的时间内，就创下了 400 万台的销量，iPhone 4s 很快成为了全球最热销的智能手机。

在后乔布斯时代，苹果公司推出新产品所取得的首次成功引起了华尔街的关注。苹果公司的股票开始大涨。2012 年 1 月 3 日，苹果的股票价格达到每股 407.61 美元，并通过 1 000 亿美元的现金反映在资产负债表上，是一笔日益增加的巨款。截至 1 月末，苹果公司股票的价格为每股 447.61 美元。

苹果公司发展迅猛，已经超过埃克森美孚，成为全球最有价值的上市公司。

乔纳森・艾夫爵士

虽然乔布斯去世了，但 2012 年对于乔纳森・艾夫和苹果公司来说，都是很幸运的一年。乔纳森的名字进入了英国女王新年表彰名单，由于对设计事业做出了突出贡献，乔纳森被封为“大英帝国二等高级爵士”（KBE）。这已经是他第二次受到这样的表彰。早在 2005 年，他就曾获得“大英帝国二等勋位爵士勋章”（CBE）。作为骑士级别中的第二顺位，“大英帝国二等高级爵士”头衔赋予了乔纳森一个全新的称号：乔纳森・艾夫爵士。

乔纳森称这一荣誉“绝对让人喜出望外”，他说自己“受之有愧但也由衷感激”。在一次《每日电讯报》的采访中（乔纳森难得接受一次采访），乔纳森说自己是“典型的英国式教育的产物”。他还补充道：“甚至在读高中的时候，我就清晰地知道英国在设计和制造方面卓越的传统。要知道英国是世界上第一个开始工业化的国家，所以我认为这有力地证明了英国是我的职业开始的地方。”[8]

在 2012 年伦敦夏季奥运会期间，乔纳森曾遇到他的第一个老板——罗

伯茨 · 韦弗集团的菲利普 · 格雷。格雷说："我问乔纳森成为爵士的感受如何，他答道，'你知道吗？在旧金山的时候，这一头衔几乎没有任何意义，但是回到伦敦后，它就变成了一种负担。'"[9] 乔纳森指的是英国很注重等级制度。成为爵士之后，他不再是普通人了，这让他很尴尬。

借伦敦之旅的机会，乔纳森与他的校友——诺森比亚大学的同学们进行交谈。他让伦敦的一家苹果店暂时停业，邀请学生们去那里进行私人会谈。一位消息人士称："乔纳森喜欢让别人了解自己的观点，这一点毋庸置疑。但是对于他来说，给同学们提供一些帮助是很重要的。我猜这就是他回馈母校的方式。"

作为诺森比亚大学最著名的毕业生，乔纳森被校友们认为是一笔价值连城的财富。他被授予客座教授称号，经常回学校做演讲。乔纳森是诺森比亚大学营销材料中的亮点，但是为了保护他们之间的特殊关系，学校拒绝谈论有关乔纳森的事情或是泄露他在校学习的任何信息。

乔纳森经常回到自己的祖国，每年都要回伦敦三四次。有人看到他曾出席伦敦时装周（the London Fashion Week）和一年一度的古德伍德速度节（Goodwood Festival of Speed），这个节日是专门为喜欢外国跑车的人们准备的。他曾担任古德伍德速度节的裁判，还被拍到跟他的两个好朋友——设计师马克 · 纽瑟姆和作曲家尼克 · 伍德（Nick wood）——一起参加这个节日。乔纳森和英国的服装设计师保罗 · 史密斯（Paul Smith）也是好朋友，在史密斯生日的时候，乔纳森曾送给他一个粉红色的巨型iPod Nano。

有些时候，设计是一个孤独寂寞的过程，但乔纳森还是不定期在全世界旅游。虽然有时候他会和亚洲的供应商一起待上几周，但大多数时候都能很快返回公司。2013 年，他去阿姆斯特丹待了一天，而且他登上了史蒂夫 · 乔布斯的船［这艘船由菲利普 · 斯达克（Philippe Starck）设计，在荷兰定制］，并在那里开了一家新的苹果专卖店。

2012年，乔纳森夫妇和他们的一对双胞胎儿子搬到了位于旧金山的新家，新家在“黄金海岸”，也就是著名的“亿万富翁街”（Billonaire Row），耗资1 700万美元。尽管他对外的形象就是一个穿着牛仔裤和T恤衫、说话温和的普通人，但是他也经常被拍到跟其他大亨一样，穿得特别讲究，出现在一些特殊场合。他在旧金山时，人们知道他会参加交响音乐会，还会参加硅谷精英们的社交活动。他曾被拍到和一些硅谷的大人物们一起出席名人晚宴，比如雅虎公司CEO玛丽莎·梅耶尔（Marissa Mayer），推特CEO迪克·科斯特洛（Dick Costolo），以及Yelp、Dropbox和Path公司的CEO。

乔纳森偶尔也会参与一些计划外的小项目。他为哈曼卡顿设计了一些引人注目的Soundstick音箱，这一作品成为现代艺术博物馆的永久收藏。在2012年，莱卡（Leica）委托他设计拍立得相机，相机拍卖所得将用于慈善事业。乔纳森和乔布斯都是这家传奇相机制造商的粉丝，iPhone 4发布的时候，乔布斯把它比作是“一台漂亮的旧式莱卡相机”。[10]

各种迹象表明，尽管偶尔有负面的谣言，但乔纳森一直忠于苹果公司。据传闻，他正在撰写关于他在苹果公司工作的著作。

苹果公司继续前行

2012年，尽管没有乔布斯在身边对自己形成挑战，乔纳森仍然诸事缠身。3月，苹果公司发布了第三代iPad——简单为它命名为“New iPad”，并为它举行了有史以来最盛大的新品发布会。New iPad在第一个周末就销售了300万台。

几个月之后，在2012年9月，苹果公司推出了iPhone 5。iPhone 5的视网膜显示屏更大，有4英寸。菲尔·席勒说：“iPhone 5是我们创造出来的最漂亮的个人消费品。”iPhone 5的发布消息后不到24个小时，预订量就达到 200 万。等到 9 月 21 日正式发行时，它创下了新的周末销售记录——超过 500 万部，并在几周之内供不应求。

iPhone 5 推出一个月之后，苹果公司又在同年发布了第 2 款 New iPad——iPad mini。和之前的 New iPad 相比，iPad mini 显示器更小，只有 7.9 英寸。11 月份，这两款新的平板电脑在 34 个国家同时上市，在仅仅 3 天之内，销售量就达到 300 万台。这款令人吃惊的 iPad 销售业绩很不寻常，因为苹果公司的商品发布时间表并没有做出大的改动，新产品发行并不比以往更快。

新的产品给苹果公司的股票带来了更多的利益。在新产品上市几天之内，苹果公司股票的价格从 505 美元涨到 568 美元，涨幅超过 12%，而且从那之后一直在继续攀升。

苹果公司似乎正在不断积蓄力量——没有任何迹象表明公司因为失去乔布斯而遭受损失。相反，这正是一个财力和创造力迅速增长的阶段。但是在 2012 年 10 月 29 日，苹果宣布了令人相当意外的行政改组计划。

苹果公司蓄意模糊事实真相，在新闻发布会上公布了行政部门的主要人事变动，根据苹果公司提供的官方通讯稿：斯科特 · 福斯特尔被炒了，不再担任 iOS 部门的负责人，而乔纳森被提拔为所有创意部门的总负责人。

乔纳森将继续担任工业设计部的高级副总裁，但从此以后他也要“领导整个公司的人机交互界面。”[11] 换句话说，乔纳森将掌管所有重要产品的软硬件界面，这在以前是乔布斯的职责。库克在随后发给员工的邮件中说：“乔纳森对设计拥有不可思议的审美观，在过去的十多年中，他一直是我们产品外观和质感背后的推动力。我们许多产品的外在表现就是我们的软件，乔纳森在这个领域的技术发挥将会大大拉开苹果公司与竞争对手之间的差距。”[12]

如果仔细分析库克所说的话，他的意思简单来说就是：一直负责苹果公司硬件部门的人，将有权策划苹果的软件。之前就有传言说福斯特尔被取代，由乔纳森接手用户界面的设计，但当时苹果公司对此既不承认也不否认。

福斯特尔的离开和乔纳森的升职，有力地暗示了福斯特尔在这场权力之争中败北。

主流观点认为福斯特尔喜欢拟物设计，他喜欢现实生活中物体的界面，因为它们非常形象。在福斯特尔的带领下，苹果公司的用户界面倾向于成为模仿现实生活中物品的副本。比如，在iBookstore程序中使用虚拟的木制架子来陈列电子图书；播客程序看起来就像卷盘式的磁带录音机；iOS的多人游戏服务——游戏中心（Game Center），是拉斯维加斯赌桌的风格。人造皮革和木制花样已经成为苹果公司众多著名设计程序的模版。

这种拟物化的设计能够让初学者立刻熟悉新产品，让他们产生这样的想法：没有什么界面能比与现实物体相似的操作界面更简单的了。比如最原始的麦金塔电脑，就是根据之前看到的一台办公桌设计出来的，因为人们都知道如何在现实生活中使用传统办公桌上的用品。因此，这种经验同样可以在无形中应用到对应的电子部件上去。

然而，对于苹果这种“俗不可耐”的仿真元素，外界最近发出了各种质疑声。有些人认为，在视觉上模仿老掉牙的办公和音频设备已经是一种过时的、即将被淘汰的方式。因此，在乔布斯死后，传说中苹果仿真设计的主要倡导者福斯特尔自然而然地成了外界口诛笔伐的对象，甚至在苹果内部也有很多人与他针锋相对。

一位未透露姓名的苹果设计师对《纽约时报》说：乔纳森 · 艾夫向来不是仿真式设计的热衷者。[13] 有一次，英国《每日电讯报》采访乔纳森时谈到了这个话题。当时，乔纳森皱了皱眉头，拒绝进一步的讨论。“我的工作重心和职责在于和其他团队一起研究设计思路，并做一些硬件的开发，”他说，“关于你说的这些东西，我不怎么接触。”[14] 然而，库克的大洗牌改变了这一切。

人事改组之后，苹果的软件设计焕然一新。2013 年，苹果发布了iOS7，其中，大部分福斯特尔式的仿真设计已经消失不见了。

手机软件的图标被设计成了扁平的形状，充满了现代派的风格。而且，之前的毛毡质感设计以及高光和阴影等3D效果也没有了。发布会上，软件开发部的高级副总裁克雷格·费德里吉（Craig Federighi）向人们展示iOS7上的日历应用时开玩笑地说："在制作这个东西时，可没有伤害到任何一头虚拟奶牛。"他还补充道，其他的应用图标也更简洁了，因为"毛毡和木头都被用完了，这对环境保护也是一件好事。"[15]iOS7的设计非常简约。21世纪头十年，乔纳森的团队为iPhone和iPad设计硬件时，临时使用了一个虚拟的操作系统，这个操作系统与iOS7有着奇妙的相似之处。它们看起来都是扁平的，毫无立体感，而且一些图标也非常相似。这种回归暗示人们，或许乔纳森和福斯特尔之间存在着一种敌对关系。因为福斯特尔，乔纳森的软件设计天分在好多年都没有受到重视，没有得到发挥的空间。

另一方面，这种变化还考虑到乔纳森对iOS的全面翻新与硬件的设计理念是一致的。他对硬件的设计总是相当直白，严格奉行了简约及实用主义。他摒弃了一切装饰——正如他所说，每一个小螺丝的使用都要有原因，其目的是抹去一切设计的痕迹。而仿真式设计恰恰相反，它要让软件看起来像某个其他的东西，比如一张轮盘赌桌或者一张黄色便签。在这种设计中，装潢是必不可少的。因此，乔纳森简约主义的硬件和仿真式软件是对立的：一个想把所有用不着的东西统统去掉，而另一个则是把这些都拿回来。

在iOS7中，原先的矛盾被化解了。乔纳森的软件将各种装饰抽离出来，只剩下一些不可或缺的要素来协调产品本身的硬件。另外，iOS7的设计品位也相当令人满意，尤其是其排字样式。它精选了一种叫Helvetica Neue的字体，这种字体应用于最新苹果设备中的精细视网膜显示屏上，由瑞士设计师设计，既细致又精美。这种对印刷体设计的崇尚贯穿于整个操作系统中。

随着苹果移动设备的逐渐成熟，公司让乔纳森兼管硬件与软件，这个人事调动意义重大。在未来的日子里，乔纳森和他的团队会继续致力于产品硬件的升级，但是这个过程只会慢慢推进，而不会做大刀阔斧的修改。仅仅一块薄薄的玻璃方块，是没有太多打造空间的。当今的设计前沿在于软件，而非硬件。

曾于 20 世纪 90 年代中期与乔纳森共事的英国人萨利 · 格里斯戴尔说，乔纳森在软件方面是个老手了。“乔纳森非常适合做操作系统的设计，”她说，“这种设计要完成硬件和软件的整合……这是一个非常刺激的舞台，而在某种程度上，乔纳森好多年都是这个舞台的主导者。他在这方面可不是新手了，只不过是规模和范围的不同而已。他绝对是最佳人选。”[16]

拉里 · 巴贝拉是乔纳森设计部的老同事，他同样表示，乔纳森绝对有能力让苹果的软件焕然一新。他同时也指出，乔纳森必须和程序员们搞好关系。他说，尽管乔纳森已经和软件方面的事务打了多年的交道，但是“他必须得创造一个愿景，让所有软件部的伙计们都买他的账。我敢肯定，他一半的精力不得不花在收买人心上”。[17]

乔纳森在软件部走马上任时，正是一个关键的时期。苹果的竞争对手们后来居上，日趋成熟的安卓系统吸引了一批渴望得到更多掌控和灵活选择的用户。同时，微软的 Windows 8 操作系统以其简洁却极具野心的触摸界面赢得了大批赞许之声。“这是一个决定性的时刻，一个硬件已经完成其使命、慢慢地退出历史舞台的时刻。”旧金山的广告公司 Say Media 的设计与创意总监亚历克斯 · 施莱弗尔（Alex Schleifer）写道，“硬件仅仅是作为一种体验的容器存在。而用户界面——它的外观或者它的交互反应——则决定了我们是否喜欢这个设备。以后，它们会出现在我们的汽车里、客厅里，变成我们家居和生活景观的一部分。它会影响到我们消费的媒体类型、看待世界的方式，以及学习和交际的途径。用户界面的时代来临了。”[18]

在《彭博商业周刊》的一期访谈中，库克没怎么提到苹果高层的变动和方向，而是用标准的库克式回答将询问转移到另一个话题：“创造和创新是一种你无法规划的东西，再小的团队凝聚在一起也可能完成不可思议的成果。合作是创新必不可少的因素。”

不过，他倒是热情地表示：“我认为，这个世界上很少有人能拥有乔纳森·艾夫一样的品位。”他接着说，“乔纳森和我都热爱苹果。我们都希望苹果能做出一番大事业。”[19]

“不可替代的乔纳森”

乔布斯去世之前，曾公开乔纳森在公司内的权力级别。“在苹果，他比除我之外的所有人管理权都大，”乔布斯说，“没人能指使他或干预他做任何事。我就是这么规定的。”[20]

不过，乔布斯并没有对这句话做出进一步具体的解释。根据苹果公司的组织层次图，乔纳森需要向库克汇报；而按照乔布斯的意思，库克无权给乔纳森下达指令。如果这种安排看起来不太寻常，原因可能在于乔纳森拥有的管理大权。他的工业设计团队在整个公司里影响力巨大，可以对工程与制作部门发号施令。乔纳森一直对制造工艺要求甚严，公司为了满足其要求不惜投资数十亿。他的设计团队从来不用为预算经费与项目可行性操心，因为这些都是由库克的工作小组负责和实现的。

由于与史蒂夫·乔布斯非同一般的合作关系，很多年来，乔纳森的角色不仅局限为工业设计团队的领头人。乔布斯一直将他视作真正的合作者和创新者。

“他懂得经营理念和营销理念。正是因为拥有这些理念，他完成了很多产品的制作，”乔布斯告诉艾萨克森，“他比任何人都明白我们产品的精髓是什么。如果说我在苹果有精神伴侣，这个人非他莫属。大多数产品都是先由我们两个一起构想出来，然后再问别人，‘嗨，你们觉得这想法怎么样？’

他设计产品的大致轮廓，但不会忽视微小的细节，而且他懂得，苹果是个产品公司。乔纳森不止是一位设计师。”[21]

乔纳森的朋友们透露说，尽管一直以来，乔纳森用心地将自己的形象维护成一个说话轻声细语的英国绅士——但同时，他也是个具有竞争意识的人。虽然他对自己的工业设计团队慷慨大度，一直充当着保护者的角色，但乔纳森也很有自我意识，从来不怯于张扬自己在想法和创意上的功劳。在与福斯特尔以及鲁宾斯坦的竞争中，他也展露了性格中的另一面：完全不惧怕与主管们较量。在一些曝光了的公司事故中可以看出，当乔纳森决定进入诸如此类纠纷时，他不仅有决心，也有足够的实力让自己成为赢家。

毫无疑问，乔纳森在创新领域得到了乔布斯的精心栽培，尽管没有CEO的头衔，但他在这方面是乔布斯真正的接班人。整个公司的正常运营是库克负责的，而乔纳森作为产品的推介人，则在管理方面实际操纵着公司上下。

这种模式造成的结果是，公司在很多方面和以前没什么改变。“我们研究产品的方式和两年前、五年前甚至十年前是一模一样的，”乔纳森说，“工作模式没有发生变化的员工不在少数。”[22]

很明显，乔纳森试图保留乔布斯的价值观：对他俩来说，创造出“卓越的产品”远远比收支清单更重要。“我们的目标不是赚钱，”2012 年 7 月，在英国大使馆的创新峰会（Creative Summit）上，乔纳森告诉一位吃惊的观众，“在苹果，我们的目标绝对不是赚钱。这听起来可能有点不切实际，但事实的确如此。我们的理想是做出伟大的产品，这让大家感到激动不已。我们相信，如果能达到这一目标，人们就会喜欢我们的产品；如果能做到良好运营，我们就能赚到钱，但是我们心里很清楚自己真正的目标是什么。”[23]

乔纳森解释说，在苹果进入低谷期时，他在乔布斯身上学到了这一课。“苹果曾经濒临破产。但是，就像人们通过死亡能够学会更好地生活一样，我在一个濒临死亡的公司中明白了关于大企业的道理，”他在会上说道，“你可能会认为，当公司因为资金问题不得不破产时，你必须将注意力集中在赚钱上，才能救公司于水火之中。但是乔布斯却没有把这当成当务之急。他发现，问题在于产品还不够好。因此，他给出的救急方法是，‘我们需要做出更好的产品。’这与之前救助公司的方式完全不同。”

另一方面，乔布斯著名的专注精神也是乔纳森试图传承的重点。乔布斯总是说，所谓专注，并非是指认同产品，而是对产品说不。在乔纳森的带领下，对仅仅达到了“不错”而非“卓越的”的产品，苹果总是高度一致地“说不”。

“在很多时候，当我们一直准备某个产品的大批量生产时，却总是突然意识到，我们太过于将注意力集中在某些优点上了。在办公室讨论时，我们总是将优点讲得太大声。对我来说，这永远是危险的所在，因为当我大声谈论某事时，我同时也在不断说服自己，事实确实如此，产品确实很棒。”他说。[24]

乔纳森的第一个业务搭档克莱夫·格尼耶尔表示，他对乔纳森很有信心，认为他能带着苹果跨上更高的平台。

“在公司里，乔纳森的角色从来不只限于一位设计师，”格尼耶尔说，“而是更具战略性的角色。包括对于用户界面在内的设计，他也曾是决策者之一……乔纳森位于颇具战略性的地位上。我一向对苹果的前景非常乐观，因为公司很大一部分成绩都归功于乔纳森。史蒂夫把乔纳森的潜力都挖掘出来了，他不局限于只让他做一名设计师，而是给他更能施展才华的工作……史蒂夫给了乔纳森信心，让他的设计才华有了用武之地，创造出了令人惊叹的作品。而且从现在开始，他会一如既往地做下去。”

“苹果确实是一个不可思议的公司，但是在过去的10年里，他们之所以能取得如此好的成绩，是因为他们有乔纳森。由于史蒂夫委之以重任，苹果才能创造出一系列如此惊艳的作品。”[25]

格尼耶尔进一步阐述他的论证：“信不信由你，失去乔纳森可能会比失去乔布斯带给公司的损失更大。乔纳森是不可替代的。如果他不在了，很难再找到第二个像他那么有人情味、有眼光、性格冷静又能带给团队凝聚力的人了。没有他，苹果就不会是现在的苹果。”[26]

乔纳森说：“你看待世界的方式定义了你的身份。而一名设计师的职业病是，你会一刻不停地盯着某种东西思考，‘为什么？为什么这东西要设计成这个样子？为什么不做成其他样子呢？’”[27]

作为一个“每时每刻都在设计”的人，乔纳森很可能会继续保持这种状态，并在未来源源不断地为苹果贡献新的设计方案和新的产品，以及一些令人快乐的惊喜。

新的使命

在乔纳森的生活与职业中，存在着很多有意思的巧合。他的父亲一直致力于教育改革，这直接影响了乔纳森的设计教育。乔纳森的第一个校园项目是用白色塑料制造未来主义的手机，而他进入苹果的敲门砖则是一个平板电脑的样机。

一些人脉关系（格尼耶尔、布伦纳）和巧合（布伦纳来到苹果）成了乔纳森职业生涯中的标志性事件。但是，如果说其中真有运气的成分，实际上这些运气也是乔纳森自己创造出来的。

乔纳森对设计的痴迷从未间断。从小时候开始，他就是个很有天分的孩子，简直就是个设计奇才。期间，他的父亲一直致力于将设计热情灌输给英国学生，这给他带来了很大的帮助。另外，纽卡斯尔综合性工程技术学院的教育锻炼了他的动手能力，也发展了他对制作的长期兴趣，这在他后来对样机制作的热爱和对批量生产方式的探索中，能够很明显地看出来。

早年在橘子公司的工作经历构建了乔纳森顾问式思维方式和工作流程，而这些统统被他带到了苹果。在苹果，他把设计工作室弄得像一个咨询公司，只不过是放在了一家大公司的内部而已。

“我一度担心，自己很难改变以往独立为大批客户做不同产品的工作方式，”他曾提到，“出乎意料的是，这并不是什么大问题，因为实际上我们在苹果是在设计整个系统，其中包含了各种不同部件——耳机、遥控设备、鼠标、喇叭和电脑。”[28]

乔纳森早年在苹果的设计——包括牛顿掌上电脑和TAM机——都是先锋式产品。在苹果最困难的时期，他招兵买马，并在那段黑暗的日子里保护并培养了一大批团队核心成员。在接下来的几十年里，正是这批人造就了这么多了不起的产品。

iMac的设计让乔纳森与史蒂夫·乔布斯首次成为合作者，并从此成为历史上最成功的创新搭档之一。在他们的共同努力下，工程驱动的公司文化被改写，取而代之的是一种更为紧密整合的设计驱动的公司文化。在这种文化的熏陶中，公司的每一件产品都洋溢着“设计”的元素（即富有创造性的制作，不管是在硬件、软件还是广告宣传中）。

为了寻找更好的产品制作方式，乔纳森在之后的作品中开始深入挖掘新的生产材料和生产方法。iPod就是乔纳森利用精简哲学创造出来的成果。和市场上的同类产品一样，iPod本来可以设计成为另一个复杂的MP3播放器，但是乔纳森却独辟蹊径，把它做成了苹果标志性的设备，并为苹果后来的移动设备开拓了新的设计模式。而另外两个让人惊喜的产品——iPhone和iPad则是创意性思维的成果，设计师们在多个层次上解决了两者的设计合理性问题，并在产品的制作方式上有了创新。

“一体成型”工艺是乔纳森简化精神在制造工艺上的运用。从制造加工的角度来看，说他在工业规模方面达到了制造顶峰绝不为过。难怪2012年英国设计与指导协会（D&AD）称，苹果是过去50年来的最佳设计工作室与最佳品牌。D&AD大奖是创意工业界的奥斯卡，而乔纳森已10次获得该项大奖，这在设计界的历史上是绝无仅有的。

简化工艺是设计的基础学问，每一位设计专业的学生在校期间都曾受到过这种思维方式的训练。但是，并非每个设计师都会使用它，而且在乔纳森所倡导的那种严谨的设计规则之下，也很少会使用到简化工艺。事实上，如果乔纳森 · 艾夫有什么所谓的秘诀，那就是亦步亦趋地因袭简化哲学。正是因为这个方法，苹果造就了很多突破性的产品，但也包括很多失败的或并未发布的产品。自从上大学开始，乔纳森就培养出了一种标志性的行事风格，那就是对产品的任何问题，不管花费多少时间和心血，他都会小心翼翼地将其纠正并解决。

乔纳森的终极目标就是，从产品上彻底抹除设计的痕迹。如果用户使用他的产品时能完全不会被产品本身所分心，这个来自辛福特的羞涩男孩就会感到由衷的高兴。“或许这些话从一个设计师嘴里出来会让人觉得奇怪，但是，当我意识到设计师的痕迹在产品中无处不在时，我就会恼羞成怒，”他说，“我们的目标是一种简单到极致的作品……达到了这个目标，你在使用时就会与之更贴近、精力也就更集中。比如在新版的iPad中，我们设计了新的iPhoto，这个应用会让你全神贯注，以至于你完全忘记自己是在使用一个iPad。”[29]

安德鲁 · 哈格顿（Andrew Hargadon），加州大学戴维斯分校的设计与创新领域的教授，在乔纳森之前曾在苹果的设计工作室工作。他说，乔纳森不仅让电脑和智能手机变成了人们生活中不可或缺的一部分，也驱动了设计界向更好的文化转向。

“当年，前所未有的糖豆色iMac发布到市场上，随之而来的很多产品也跟风做成了各种糖豆色，甚至还有糖豆色的订书机。iMac将消费者们都变成了设计狂，这是他们从来没尝试过的角色，”哈格顿说，“这造成的最大的影响就是，现在人们对产品的设计比以前的期待更高了。自从有了苹果，我们开始将那些蹩脚的手提电脑和手机与真正的好产品进行比较。我们可以看到，以苹果时代为分水岭，这一时期前后的设计作品形成了鲜明的对照。这种变化不是隔代发生的，不过是在几年之间，甚至是一夜间，6亿人都用上了比以前好得多的手机。这让我们整个设计文化都焕然一新。”[30]

如今，继续保持苹果的活力与创新是乔纳森最大的挑战。在乔布斯回到苹果前的黑暗日子里，最大的风险就是没有风险。如果后来苹果没有铤而走险的话——虽然有几次让他们付出了很大代价——在这个竞争激烈的社会，它早就已经被淘汰出局了。而如今，苹果已经是个羽翼丰满的成功企业，其产品在很多市场上都已经占据了主导地位。危险已经成为过去，如今苹果产品的每一次更新换代都预示着更大的成功，风险也越来越小。

然而，苹果的成功以及乔纳森给公司创造的系列产品同时也意味着，在消费者的心里，苹果的新产品不再那么神秘。因此，产品的新鲜感消失了，它们也不会像以前一样，总是能让人眼前一亮。“苹果精心创造了一个品牌的基因，但这也变成了一种枷锁。他们不得不被设定好的模式牵着鼻子走，无法改变也无法挣脱，”亚历克斯·米尔顿教授警告说，“苹果已经不再是一个创新者，而是已经成为了主流的象征。”[31]

米尔顿希望借此给乔纳森敲响警钟，因为他在教学中发现，在一些设计学院的毕业生中间，乔纳森式的审美已经不再那么受欢迎。“艾夫是设计界的当权派，”米尔顿说，“然而他的挑战在于，他是否能在当前基础上继续革新？还是只能就此一成不变？”

“苹果必须找到一种新的设计语言，但关键是，那会是种什么样的设计语言呢？尽管我对乔纳森·艾夫充满了信心，他绝对有能力让苹果继续前进，但是苹果必须去完成这个新的使命，这是目前为止最大的难点。”

致 谢

首先，我要感谢我的经纪人特德 · 温斯坦（Ted Weinstein），是他让我有了完成这本书的动力。Portfolio出版社的团队，包括老板阿德里安 · 扎克海姆（Adrian Zackheim），都非常棒。娜塔莉 · 藿尔巴柴夫斯基（Natalie Horbachevsky）和布鲁克 · 凯里（Brook Carey）的编辑工作也做得十分出色；休 · 霍华德（Hugh Howard）重新调整了叙事，在后期的编辑上令人惊叹。

何塞 · 加西亚 · 福尔莫索（Jose Garcia Fermoso）和我的哥哥亚历克斯 · 卡尼（Alex Kahney）帮我寻找、联系和采访愿意提供信息的人。对于本书的完成，他们起到了不可估量的作用。

我想感谢约翰 · 布朗利（John Brownlee）在我忙于其他事务的时候，帮我撰写博客，并维持其运转；也感谢我的同事查理、伯斯特、基里安、亚历克斯、罗布和艾尔弗，帮忙照看商店，而且商店运营很好。

本书的完成也大大得益于其他人的报道，尤其是保罗 · 昆克尔的《苹果设计》，卢克 · 多尔梅尔（Lukc Dormchl）的《苹果革命》，以及沃尔特 · 艾萨克森所著的《史蒂夫 · 乔布斯传》。

去苹果园区时，你可以在公司的内部商店买一件T恤，上面写着“我来过苹果园区，仅此而已。”这也就是关于苹果报道的全部内容了。

试图说服人们讨论苹果，这并非易事。苹果人习惯于三缄其口，即使对发生在30年前的事都不愿多说。这家公司太神秘，员工即使向外界泄露一丁点儿信息，都会面临被解雇的危险。每一个和苹果有联系的人，不管是员工，还是承包商、合伙人，都要签订一大摞保密协议，其中的威胁不只是解雇这么简单，更是要在法律允许的最大范围内予以起诉。员工对当前的产品计划守口如瓶，这本无可厚非，但是如果他们连过去的计划也不愿讨论，这就让人难以理解。苹果做的每一件事都蒙上神秘的色彩，而内部流程尤甚，因为苹果将其视为商业秘密。很显然，不管泄露任何信息，比如竞争者们如果知道了苹果怎样组织会议，都将置苹果于不利位置。

我们太需要了解苹果的文化了。它的运作像一个间谍组织。员工们除了他们手上的事情，对于他们所做的高度专业化的工作知之甚少，只有几个管理人员和高级副总裁们知道整体计划，但是他们通常也不知道其他部门发生的事情，也不知道普通员工在做的事情。

保密在苹果的文化中根深蒂固，守口如瓶已经变得和呼吸一样自然。苹果的员工住在苹果创造的世界之中。他们不参加会议，也不进行演讲，而且几乎不和硅谷的专业人员交流，也不加入硅谷的社交圈子。不要问在苹果工作的朋友工作上的事情，这已成为共识。如果员工的朋友们提起来这个话题，他们只会得到充满歉意的微笑。员工们甚至不会跟自己的配偶分享信息。本书采访的一位女设计师说，她十分谨慎，注意不和她的丈夫谈论工作上的事情，因为每个人都准备着洗耳恭听。为此他们可谓煞费苦心。

为这本书我们采访了两百多人，大多数都是苹果当前的员工，或者是刚离职的。有一些人愿意公开他们的名字，但多数人都不愿意。我们曾提出一些需要做出评论的请求，但苹果并没有予以回应。尽管如此，我和我的科研伙伴们依然让很多人开口讨论起苹果、乔纳森 · 艾夫，还有他们独特的工作文化。值得一提的是，我们甚至从一些重要人物那里得到了信息，其中包括曾和乔纳森一起密切合作数十年的人。他们带我们进入工作室，也带我们了解了苹果背后的智囊团。在此之前，从没有人受过这样的礼遇。他们提供的信息，以及他们透露的公司这么多年的秘密，有着不可估量的价值。非常感谢他们接受我们的采访。结合我们广泛的研究，可用的视频、文字记录、档案、书籍、文章，以及苹果产品本身，我们尽可能细致地展现了乔纳森 · 艾夫在苹果公司的职业生涯及其影响力背后的真实全貌。

Page 1: NTI
Page 2: Weaver Design London UK
Page 3, top: Weaver Design London UK
Page 3, middle and bottom: © Jim Abeles. Photo by Jonathan Zufi
Page 4: Hartmut Esslinger / frog design
Page 5: ©Rick English Pictures
Page 6, top: ©Rick English Pictures
Page 6, bottom: Associated Press / Susan Ragan
Page 7: Copyright LANCE IVERSEN/San Francisco Chronicle/Corbis
Page 8, top: Copyright ©2013 Ian Larkin
Page 8, middle: photography by Kevin Coté, all rights reserved
Page 8, bottom: Copyright 2008 Dave Lawrence. Photo courtesy of Dave Lawrence (davelawrence8 on Flickr)."
Page 9, top and middle: © Jim Abeles
Page 9, bottom: Aaron Payne
Page 10, top: "Photo of a Power Mac G5 1.8 Dual, open case. Photo by User:Grm_wnr. Reproduced here under Creative Commons Attribution 2.0 Generic License."
Page 10, middle: Anonymous
Page 10, bottom: © Jim Abeles
Page 11: © Jim Abeles
Page 12, top: Associated Press/Paul Sakuma
Page 12, bottom: Josh Lowensohn/CNET
Page 13: Associated Press/Rex Features
Page 14: Associated Press/Paul Sakuma
Page 15: Kyle Wiens/iFixit
Page 16: Noah DaCosta, www.noahdacosta.com

第一章 学生时代

1. London Design Museum, interview with Jonathan Ive, http://designmuseum.org/design/jonathan-ive, last modified 2007.
2. Interview with Ralph Tabberer, January 2013.
3. Ibid.
4. Design and technology curriculum of UK schools, http://www.education.gov.uk/schools/toolsandinitiatives/a0077337/design-and-technology-dt, updated November 25, 2011.
5. Interview with Malcolm Moss, January 2013.
6. Interview with Ralph Tabberer, January 2013.
7. Rob Waugh, "How Did a British Polytechnic Graduate Become the Design Genius Behind £200 Billion Apple?" *Daily Mail*, http://www.dailymail.co.uk/home/moslive/article-1367481/Apples-Jonathan-Ive-How-did-British-polytechnic-graduate-design-genius.html, last modified 3/19/13.
8. John Coll and David Allen (Eds.), *BBC Microcomputer System User Guide*. http://regregex.bbcmicro.net/BPlusUserGuide-1.07.pdf
9. Waugh, "How did a British polytechnic graduate become the design genius behind £200 billion Apple?"
10. Shane Richmond, "Jonathan Ive Interview: Apple's Design Genius Is British to the Core," *Telegraph*, http://www.telegraph.co.uk/technology/apple/9283486/Jonathan-Ive-interview-Apples-design-genius-is-British-to-the-core.html, May 23, 2013.
11. Walter Isaacson, *Steve Jobs* (Simon & Schuster, 2011), Kindle edition.
12. Paul Kunkel, *AppleDesign*, (New York: Graphis Inc., 1997), p. 253.
13. David Barlex, "Questioning the Design and Technology Paradigm," Design & Technology Association International Research Conference,

April 12–14, 2002, pp. 1–10, https://dspace.lboro.ac.uk/dspace-jspui/bitstream/2134/3167/1/Questioning%20the%20design%20and%20technology%20paradigm%20.pdf.
14. Mike Ive OBE, keynote address 1, "Yesterday, Today and Tomorrow," NAAIDT Conference 2003 Wales, Developing Design and Technology Through Partnerships, archive.naaidt.org.uk/news/docs/conf2003/MikeIve/naaidt-03.ppt.
15. E-mail from a former schoolmate, October 2012.
16. Interview with Craig Mounsey, March 2013.
17. Interview with Dave Whiting, September 2012.
18. Interview with Phil Gray, January 2013.
19. Ibid.
20. "Provisional GCE or Applied GCE A and AS and Equivalent Examination Results in England," http://www.education.gov.uk/researchandstatistics/datasets/a00198407/a-as-and-equivalent-exam-reults-2010-11.
21. John Arlidge, "Father of Invention," *The Observer*, http://observer.guardian.co.uk/comment/story/0,6903,1111276,00.html, December 21, 2003.

第二章 英国的设计教育

1. Northumbria University, About Us page, http://www.northumbria.ac.uk/sd/academic/scd/aboutus/.
2. Interview with David Tonge, January 2013.
3. Interview with Paul Rodgers, October 2012.
4. Interview with Craig Mounsey, March 2013.
5. Design for Industry, BA (Hons), Course Information, 2013 entry, http://www.northumbria.ac.uk/?view=CourseDetail&code=UUSDEI1.
6. Industrial Placement Information Handbook, Northumbria University School of Design, Placement Office, 2011–2012, http://www.northumbria.ac.uk/static/5007/despdf/school/placementhandbook.pdf.
7. Octavia Nicholson, "Young British Artists," from Grove Art Online, Oxford University Press, http://www.moma.org/collection/theme.php?theme_id=10220.
8. Interview with Penny Sparke, September 2012.
9. Interview with Alex Milton, October 2012.
10. Ibid.

11. Carl Swanson, "Mac Daddy," *Details*, February 2002, volume 20, issue 4.
12. Nick Carson, first published in Issue 5 of *TEN4:* Jonathan Ive: http://ncarson.wordpress.com/2006/12/12/jonathan-ive/, Jonathan Ive in conversation with Dylan Jones, editor of British *GQ*, following his award of honorary doctor at the University of the Arts London, November 16, 2006.
13. Ibid.
14. Rob Waugh, "How Did a British Polytechnic Graduate Become the Design Genius Behind £200 Billion Apple?" *Daily Mail*, http://www.dailymail.co.uk/home/moslive/article-1367481/Apples-Jonathan-Ive-How-did-British-polytechnic-graduate-design-genius.html, last modified, March 19, 2013.
15. Clive Grinyer, History, http://www.clivegrinyer.com/history.html.
16. Luke Dormehl, *The Apple Revolution: Steve Jobs, the Counter Culture and How the Crazy Ones Took Over the World* (Random House, 2012), Kindle edition.
17. Interview with Clive Gryiner, January 2013.
18. Interview with Peter Phillips, January 2013.
19. Interview with Phil Gray, January 2013.
20. Dormehl, *The Apple Revolution*, Kindle edition.
21. Ibid.
22. Peter Burrows, "Who Is Jonathan Ive?" *Businessweek*, http://www.businessweek.com/stories/2006-09-24/who-is-jonathan-ive, Septermber 26, 2006.
23. Dormehl, *The Apple Revolution*, Kindle edition.
24. Jonathan Ive, Travel and attachment report, http://www.thersa.org/about-us/history-and-archive/archive/archive-search/archive/r31382, 1987–1988, 1988–1989.
25. The Royal Society for the Encouragement of Arts, Manufactures and Commerce, History, http://www.thersa.org/about-us/history-and-archive.
26. Interview with Craig Mounsey, March 2013.
27. Interview with Barry Weaver, January 2013.
28. Ibid.
29. Interview with David Tonge, January 2013.
30. The Design Council Collection, The Design Council/The Manchester Metropolitan University, Design Council, Design Centre, Haymarket,

London. Young Designers Centre Exhibition 1989. Radio hearing aid designed by Jonathan Ive of Newcastle Polytechnic. http://vads.ac.uk/large.php?uid=114262&sos=0.

31. Burrows, "Who is Jonathan Ive?"
32. Dormehl, *The Apple Revolution*, Kindle edition.
33. Melanie Andrews, "Jonathan Ive & the RSA's Student Design Awards" RSA's Design and Society blog, http://www.rsablogs.org.uk/category/design-society/page/3/, May 25, 2012.
34. London Design Museum, interview with Jonathan Ive, http://designmuseum.org/design/jonathan-ive, last modified 2007.
35. Ibid.

第三章 伦敦的生活

1. Robert Brunner Facebook page, https://www.facebook.com/robertbrunnerdesigner/info.
2. Interview with Robert Brunner, March 2013.
3. Ibid.
4. Ibid.
5. Ibid.
6. Melanie Andrews, "Jonathan Ive & the RSA's Student Design Awards" RSA's Design and Society blog, http://www.rsablogs.org.uk/category/design-society/page/3/, May 25, 2012.
7. Interview and e-mails with Barrie Weaver, January 14, 2013.
8. Interview with Phil Gray, January 2013.
9. Ibid.
10. Interview and e-mails with Barrie Weaver, January 2013
11. Interview with Clive Grinyer, January 2012.
12. Ibid.
13. Documents provided by Martin Darbyshire, May 2013.
14. Ibid.
15. Luke Dormehl, *The Apple Revolution: Steve Jobs, the Counter Culture and How the Crazy Ones Took Over the World* (Random House, 2012), Kindle edition.
16. Interview with Paul Rodgers, October 2012.
17. Interview with Clive Grinyer, January 2012.

18. Dormehl, *The Apple Revolution*, Kindle edition.
19. Interview with David Tonge, January 2013.
20. Interview with Peter Phillips, January 2013.
21. Paul Kunkel, *AppleDesign*, (New York: Graphis Inc., 1997), 254.
22. Ibid.
23. Interview with Clive Grinyer, January 2013.
24. Ibid.
25. Kunkel, *AppleDesign*, 254
26. Interview with Clive Grinyer, January 2013
27. Documents provided by Martin Darbyshire, May 2013.
28. Peter Burrows, "Who is Jonathan Ive?" *Bloomberg Businessweek*, http://www.businessweek.com/stories/2006-09-24/who-is-jonathan-ive, September 26, 2006.
29. Design Museum interview, http://designmuseum.org/design/jonathan-ive.
30. Interview with Phil Gray, January 2013.
31. Interview with Robert Brunner, March 2013.
32. John Sculley on Steve Jobs, YouTube, www.youtube.com/watch?v=S_JYy_0XUe8.
33. Harry McCracken, "Newton Reconsidered," *Time*, http://techland.time.com/2012/06/01/newton-reconsidered/, June 1, 2012.
34. Kunkel, *AppleDesign*, 237–38.
35. Ibid.
36. Dormehl, *The Apple Revolution*, Kindle edition.
37. London Design Museum, interview with Jonathan Ive, http://designmuseum.org/design/jonathan-ive, last modified 2007.
38. Kunkel, *AppleDesign*, 236–46.
39. Interview with Robert Brunner, March 2013.
40. Dormehl, *The Apple Revolution*, Kindle edition.
41. Interview with Martin Darbyshire, May 2013.
42. Kunkel, *AppleDesign*, 254.
43. Dormehl, *The Apple Revolution*, Kindle edition.
44. Interview with Robert Brunner, March 2013.
45. Ibid.
46. Dormehl, *The Apple Revolution*, Kindle edition.
47. Ibid.
48. Interview with Robert Brunner, March 2013.

49. Kunkel, *AppleDesign*, p. 255.
50. Dormehl, *The Apple Revolution*, Kindle edition.
51. Interview with Peter Phillips, January 2013.
52. Peter Burrows, "Who Is Jonathan Ive?" *Businessweek*, originally in Radical Craft Conference, the Art Center College of Design in Pasadena, California., http://www.businessweek.com/stories/2006-09-24/who-is-jonathan-ive
53. Design Museum, http://designmuseum.org/design/jonathan-ive.
54. Ibid.
55. Interview with Peter Phillips, Spring 2013.

第四章 初到苹果

1. John Markoff, "At Home with Jonathan Ive: Making Computers Cute Enough to Wear," http://www.nytimes.com/1998/02/05/garden/at-home-with-jonathan-ive-making-computers-cute-enough-to-wear.html, published Feruary 05, 1998.
2. Paul Kunkel, *AppleDesign*, (New York: Graphis Inc., 1997), p. 81.
3. Interview with Robert Brunner, March 2013.
4. Ibid.
5. Ibid.
6. Interview with Rick English, December 2012.
7. Ibid.
8. Paul Kunkel, *AppleDesign*, 229–30.
9. Ibid.
10. College of Creative Arts, Massey University, http://creative.massey.ac.nz.
11. Kunkel, *AppleDesign*, 253.
12. Interview with Robert Brunner, March 2013.
13. Ibid.
14. Ibid.
15. Kunkel, *AppleDesign*, 253–56.
16. Ibid.
17. Ibid.
18. Ibid.
19. Ibid., 256.

20. Ibid.
21. Ibid.
22. Kunkel, *AppleDesign*, 258.
23. Interview with Rick English, December 2012.
24. Poornima Gupta and Dan Levine, "Apple Designer: iPhone Crafters Are 'Maniacal'," http://www.reuters.com/article/2012/08/01/us-apple-samsung-designer-idUSBRE87001O20120801, July 31, 2012.
25. Kunkel, *AppleDesign*, 266.
26. Ibid., 265.
27. Interview with Don Norman, September 2012.
28. Paul Kunkel, *AppleDesign*, 272.
29. Ibid., 274.
30. Ibid., 275.
31. Ibid., 272–77.
32. Interview with Clive Grinyer, January 2013.
33. Jim Carlton, *Apple: The Inside Story of Intrigue, Egomania and Business Blunders* (HarperBusiness, 1997), p. 412.
34. Kunkel, *AppleDesign*, p. 65.
35. Daniel Turner, *MIT Technology Review* 2007, http://www.technologyreview.com/Biztech/18621/, May 1, 2007.
36. Ibid.
37. Ibid.
38. Rachel Metz, "Behind Apple's Products is Longtime Designer Ive," Associated Press, http://usatoday30.usatoday.com/tech/news/story/2011-08-26/Behind-Apples-products-is-longtime-designer-Ive/50150410/1, updated 8/26/2011.
39. Isaacon, *Steve Jobs*, Kindle edition.
40. Interview with Jon Rubinstein, October 2012.

第五章 乔布斯重返苹果

1. Walter Isaacson, *Steve Jobs* (Simon & Schuster, 2011), Kindle edition.
2. Steve Jobs at Apple's Worldwide Developers Conference 1998, video, http://www.youtube.com/watch?v=YJGcJgpOU9w.
3. Apple 10K Annual Report 1998: http://investor.apple.com/secfiling.cfm?filingID=1047469-98-44981&CIK=320193; and Apple 10K Annual

Report 1995: http://investor.apple.com/secfiling.cfm?filingID=320193-95-16&CIK=320193.

4. Isaacson, *Steve Jobs*, Kindle edition.
5. Ibid.
6. Rob Walker, "The Guts of a New Machine" *New York Times*, http://www.nytimes.com/2003/11/30/magazine/the-guts-of-a-new-machine.html, November 30, 2003.
7. Paul Kunkel, *AppleDesign* (New York, Graphis Inc., 1997) p. 21.
8. Ibid., 24.
9. Ibid., 26.
10. Isaacson, *Steve Jobs*, Kindle edition. Named after the Bob Dylan song "Stuck inside of Mobile with the Memphis Blues Again." The group's leader was a fan.
11. Bertrand Pellegrin, "Collectors Give '80s Postmodernist Design 2nd Look," *San Francisco Chronicle*, http://www.sfgate.com/homeandgarden/article/Collectors-give-80s-postmodernist-design-2nd-look-2517937.php, January 15, 2012.
12. Andy Reinhardt, "Steve Jobs on Apple's Resurgence: Not a One-Man Show,"*Businessweek*, http://www.businessweek.com/bwdaily/dnflash/may1998/nf80512d.htm, May 12, 1998.
13. Bill Buxton, *Sketching User Experiences: Getting the Design Right and the Right Design* (Morgan Kaufman, 2007) 41–42.
14. Ibid.
15. Peter Burrows, "Who is Jonathan Ive?" *Bloomberg Businessweek*, http://www.businessweek.com/stories/2006-09-24/who-is-jonathan-ive.
16. Isaacson, *Steve Jobs*, Kindle edition.
17. Interview with Doug Satzger, January 2013.
18. Alan Deutschman, *The Second Coming of Steve Jobs* (Random House, 2001), 251.
19. Isaacson, *Steve Jobs*, Kindle edition.
20. Jennifer Tanaka, "No More Beige boxes," *Newsweek*, http://www.thedailybeast.com/newsweek/1998/05/18/what-inspires-apple-s-design-guru.html, 05/18/1998.
21. Kunkel, *AppleDesign*, 280.
22. Delphine Hirasuna, "Sorry, No Beige," *Apple Media Arts*, vol. 1, no. 2: p. 4, http://timisnice.blogspot.com/2011/02/interviewing-jonathan-ive-delphine.html, Summer 1998.

23. Ibid.
24. Interview with Paul Dunn, July 2013.
25. Mark Prigg, "Sir Jonathan Ive: The iMan Cometh," *London Evening Standard*, http://www.standard.co.uk/lifestyle/london-life/sir-jonathan-ive-the-iman-cometh-7562170.html, March 12, 2012.
26. Interview with Marj Andresen, December 2012.
27. Interview with Roy Askeland, July 2013.
28. Interview with Paul Dunn, July 2013.
29. Isaacson, *Steve Jobs*, Kindle edition.
30. Dike Blair, "Bondi Blue," Interview with Jonathan Ive for *Purple* #2, Winter 98/99, 268–75.
31. Isaacson, *Steve Jobs*, Kindle edition.
32. Benj Edwards, "The Forgotten eMate 300—15 Years Later," originally in *Macweek*, December 21, 2012.
33. Interview with Doug Satzger, January 2013.
34. Isaacson, *Steve Jobs*, Kindle edition.
35. Apple brochure from 1977, noted in Walter Isaacson, *Steve Jobs*.
36. David Kirkpatrick, reporter associate Tyler Maroney, "The Second Coming of Apple Through a Magical Fusion of Man—Steve Jobs—and Company, Apple Is Becoming Itself Again: The Little Anticompany That Could," *Fortune*, http://money.cnn.com/magazines/fortune/fortune_archive/1998/11/09/250834/, November 9, 1988.
37. Blair, "Bondi Blue."
38. Isaacson, *Steve Jobs*, Kindle edition.
39. Ibid.
40. Interview with Don Norman, September 2012.
41. Leander Kahney, "Interview: The Man Who Named the iMac and Wrote Think Different," *Cult of Mac*, http://www.cultofmac.com/20172/20172/, November 3, 2009.
42. Ibid.
43. Ibid.
44. Ibid.
45. Ibid.
46. Interview with Amir Homayounfar, April 2013.
47. Isaacson, *Steve Jobs*, Kindle edition.
48. Ibid.
49. Jodi Mardesich, "Macintosh Power Play $1,299 PC: A Combination of

Techno-Lust and Fashion Envy; It'll Be Available in 90 Days," *San Jose Mercury News*, May 7, 1998.

50. Steve Jobs, Apple Special Event, introduction of the iMac, May 6, 1998. http://www.youtube.com/watch?v=oxwmF0OJ0vg.
51. Interview with Doug Satzger, January 2013.
52. Hiawatha Bray, "Thinking Too Different," *Boston Globe*, May 4, 1998
53. Matt Beer, "New Unit Built with Users, Not Engineers, in Mind," *Vancouver Sun*, August 13, 1998.
54. "Will iMac Ripen Business for Apple?" *Associated Press*, published on Cnn.com, http://www.cnn.com/TECH/computing/9808/15/imac/, August 15, 1998.
55. "Apple Computer's Futuristic New iMac Goes on Sale," Associated Press, http://chronicle.augusta.com/stories/1998/08/15/tec_236131.shtml, August 15, 1998.
56. Jon Fortt, "New iMac Friendlier, but Apple Falls Short," *San Jose Mercury News*, January 14, 2002.
57. Theresa Howard, "See-Through Stuff Sells Big: iMac Inspires Clear Cases for Other Gadgets," *USA TODAY*, December 26, 2000.
58. Interview with Penny Sparke, September 2012.
59. Howard, "See-Through Stuff."
60. CNET News.com staff, "Gates Takes a Swipe at iMac," CNET, http://news.cnet.com/Gates-takes-a-swipe-at-iMac/2100-1001_3-229037.html, July 26, 1999.
61. James Culham, "Forever Young: From Cars to Computers to Furniture, the Current Colourful, Playful, Almost Toy-like Design Esthetic Owes More to the Playhouse Than the Bauhaus," *Vancouver Sun*, February 10, 2001.
62. Isaacson, *Steve Jobs*, Kindle edition.
63. Hirasuna, "Sorry, no beige."

第六章 捷报频传

1. Lev Grossman, "How Apple Does It," *Time*, http://www.time.com/time/magazine/article/0,9171,1118384,00.html, October 16, 2005.
2. Interview with Doug Satzger, January 2013.
3. Walter Isaacson, *Steve Jobs* (Simon & Schuster, 2011), Kindle edition.

4. Interview with a former Apple executive, December 2012.
5. Phil Schiller testimony during *Apple v. Samsung* trial, trial transcript online at Groklaw (but behind paywall).
6. Interview with a former Apple executive, December 2012.
7. Interview with Sally Grisedale, February 2013.
8. Grossman, "How Apple Does It."
9. Neil Mcintosh, "Jobs Unveils the G4 Super Mac," *Guardian*, http://www.guardian.co.uk/technology/1999/sep/02/onlinesupplement1, September 1, 1999.
10. Isaacson, *Steve Jobs*, Kindle edition.
11. Interview with Jon Rubinstein, October 2012.
12. Mark Prigg, "Sir Jonathan Ive: The iMan Cometh," *London Evening Standard*, http://www.standard.co.uk/lifestyle/london-life/sir-jonathan-ive-the-iman-cometh-7562170.html.
13. Jonathan Ive in Apple iBook G3 Introduction, 2007, video, http://www.youtube.com/watch?v=_X9PWjUD9gU
14. Henry Norr, iBook Looks Less Different: This Time, Enternal Features Distinquish Apple's Noebook, *San Francisco Chronicle*, http://www.sfgate.com/business/article/REVIEW-iBook-looks-less-different-This-time-2920054.php, May 17, 2001.
15. Steve Gillmor, "Off the Record," *Infoworld*, http://www.infoworld.com/d/developer-world/record-937 October 21, 2002.
16. Interview with Jon Rubinstein, October 2012.
17. Jonathan Ive, "Celebrating 25 Years of Design" Design Museum 2007, http://designmuseum.org/design/jonathan-ive.
18. Christopher Stringer testimony during *Apple v. Samsung* trial, trial transcript online at Groklaw (but behind paywall).
19. Ibid.
20. Simon Jarry, "2001MW Expo: Titanium G4 PowerBook stunner," Macworld UK, http://www.macworld.co.uk/mac/news/?newsid=2323, January 10, 2001.
21. Jonathan Ive in Apple iBook G3 Introduction, 2007.
22. Ibid.
23. John Siracusa, "G4 Cube & Cinema Display," http://archive.arstechnica.com/reviews/4q00/g4cube_cd/g4-cube-3.html, October 2000.
24. Andrew Gore, "The Cube," Macworld.com, http://www.macworld.com/article/1015641/buzzthe_cube.html, October 1, 2000.

25. John Siracusa, "G4 Cube & Cinema Display."
26. Apple.com press releases, "Apple to Report Disappointing First Quarter Results," http://www.apple.com/pr/library/2000/12/05Apple-To-Report-Disappointing-First-Quarter-Results.html, December 5, 2000.
27. Brad Gibson, "Macworld: Numbers Tell the Story for Apple Sales," *PC World*, http://www.macworld.com/article/1021753/apple.html, January 19, 2001.

第七章 铁幕背后的设计工作室

1. Charles Piller, "Apple Finds Its Design Footing Again with iMac" *LA Times*, http://articles.latimes.com/1998/jun/08/business/fi-57794, June 8, 1998.
2. Marcus Fairs, "Jonathan Ive," *ICON*, http://www.iconeye.com/read-previous-issues/icon-004-|-july/august-2003/jonathan-ive-|-icon-004-|-july/august-2003, July/August 2003.
3. Lev Grossman, "How Apple Does It," *Time*, http://www.time.com/time/magazine/article/0,9171,1118384,00.html, October 16, 2005.
4. Interview with a former Apple engineer, June 2013.
5. Interview with Jon Rubinstein, October 2012.
6. Interview with Doug Satzger, January 2013.
7. Christopher Stringer testimony, *Apple v. Samsung* trial, San Jose Federal Courthouse, July 2012.
8. Ibid.
9. Ibid.
10. Interview with Gautam Baksi, June 2013.

第八章 iPod的设计之道

1. Steven Levy, *The Perfect Thing: How the iPod Shuffles Commerce, Culture, and Coolness* (Simon & Schuster, 2006), 36.
2. Ibid., 38.
3. Ibid., 133.
4. Sheryl Garratt, "Jonathan Ive: Inventor of the decade," *The Guartdian*,

http://www.guardian.co.uk/music/2009/nov/29/ipod-jonathan-ive-designer, November 28, 2009.

5. Leander Kahney, "Straight Dope on the IPod's Birth," http://www.wired.com/gadgets/mac/commentary/cultofmac/2006/10/71956, October 26, 2006.
6. Interview with Tim Wasko, April 2013.
7. Rob Walker, "The Guts of a New Machine," *New York Times Magazine*, http://www.nytimes.com/2003/11/30/magazine/the-guts-of-a-new-machine.html?pagewanted=all&src=pm, November 30, 2003.
8. Jonathan Ive, "iPod—2001 and 2002," Design Museum Online Exhibition,http://designmuseum.org/exhibitions/online/jonathan-ive-on-apple/ipod-emac
9. Interview with Chris Lefteri, October 2012.
10. Levy, *The Perfect Thing*, 78.
11. Ibid., 99–100.
12. Jonathan Ive in Apple Original iPod Introduction, 2006, video, http://www.youtube.com/watch?v=TSqNHGJw2qI
13. Levy, *The Perfect Thing*, 50.
14. Macslah Forum post, found on "Apple's 'breakthrough' iPod," Brad King and Farhad Manjoo, Wired.com, http://www.wired.com/gadgets/miscellaneous/news/2001/10/47805, October 23, 2001.
15. Apple—"Introducing the First iPod," http://www.youtube.com/watch?v-BCYhrt_PF7Q
16. Levy, *The Perfect Thing*, 51.
17. Johnny Davis, "Ten Years of the iPod," *The Guardian* (UK), http://www.guardian.co.uk/technology/2011/mar/18/death-ipod-apple-music, March 17, 2011.

第九章 生产、材料和其他事

1. Walter Isaacson, *Steve Jobs* (Simon & Schuster, 2011), Kindle edition.
2. Ibid.
3. Garry Barker, "The i of the Beholder," interview with Jonathan Ive, *Sydney Morning Herald*, http://www.smh.com.au/articles/2002/06/19/1023864451267.html, June 19, 2002.

4. Henry Norr, "Apple's New iMac: Team Develops Unique Ideas," *San Francisco Chronicle*, January 8, 2002.
5. Ibid.
6. Barker, "The i of the Beholder."
7. Isaacson, *Steve Jobs*, Kindle edition.
8. Apple iMac G4 , 2011, video, http://www.youtube.com/watch?v=0Ky_vxFBeJ8
9. "Apple Takes a Bold New Byte at iMac," *New Zealand Herald*, http://www.nzherald.co.nz/technology/news/article.cfm?c_id=5&objectid=787149, January 21, 2002.
10. Email from Ken Segall, April 2013.
11. Interview with Dennis Boyle, October 2012.
12. Steven Levy, "The New iPod" *Newsweek*, http://www.thedailybeast.com/newsweek/2004/07/25/the-new-ipod.html, July 25, 2004.
13. Steven Levy, *The Perfect Thing: How the iPod Shuffles Commerce, Culture, and Coolness* (Simon & Schuster, 2006) 102.
14. Jonathan Ive in conversation with Dylan Jones, editor of British *GQ*, following his award of honorary doctor at the University of the Arts London, © Nick Carson 2006. First published in issue 5 of *TEN4*, http://ncarson.wordpress.com/2006/12/12/jonathan-ive/, November 16, 2006.
15. IDEA, www.idsa.org/award
16. *ICON* 004, http://www.iconeye.com/read-previous-issues/icon-004|-july/august-2003/jonathan-ive-|-icon-004-|-july/august-2003, July/August 2003.
17. Neil Mcintosh, "Return of the Mac," http://www.guardian.co.uk/artanddesign/2003/jun/04/artsfeatures.shopping, June 3, 2003.
18. Ibid.
19. Garry Barker, "Hey Mr. Tangerine Man," *Sydney Morning Herald*, http://www.smh.com.au/articles/2003/06/11/1055220639850.html, June 12, 2003.
20. Nathalie Atkinson, "That New White Magic," *Saturday Post*, Canada, http://www.nationalpost.com/search/site/story.asp?id=1378CAFA-0509-4389-8B7E-4333915AF45A, August 2, 2003.
21. Larry Elliott, "Better Design Requires Better Product," http://www.guardian.co.uk/business/2005/nov/21/politics.economicpolicy, November 20, 2005.
22. Ibid.

23. Jonny Evans, "Apple Design Chief Jonathan Ive Collects CBE,"Macworld, http://www.macworld.co.uk/mac/news/?newsid=16510, November 17, 2006.
24. Marcus Fairs, *ICON*, http://www.iconeye.com/read-previous-issues/icon-004-|-july/august-2003/jonathan-ive-|-icon-004-|-july/august-2003, July /August 2003.
25. Dick Powell, "At the Core of Apple," Innovate, issue 6, Summer 2009, http://www.innovation.rca.ac.uk/cms/files/Innovate6.pdf
26. Phil Schiller, *Apple v. Samsung* trial testimony.
27. Isaacson, *Steve Jobs*, Kindle Edition.
28. Apple Press info, "Tim Cook Named COO of Apple," http://www.apple.com/pr/library/2005/10/14Tim-Cook-Named-COO-of-Apple.html, October 14, 2005.
29. Interview with Jon Rubinstein, October 2012
30. Leander Kahney, *Inside Steve's Brain*, expanded edition (Portfolio, 2009), 96.
31. Joel West, "Apple Computer: The iCEO Seizes the Internet," http://www.scribd.com/doc/60250577/APPLE-Business, October 20, 2002.
32. Adam Lashinsky, "Tim Cook: The Genius Behind Steve," *Fortune*, http://money.cnn.com/2011/08/24/technology/cook_apple.fortune/index.htm, August 24, 2011.
33. Interview with Doug Satzger, January 2013.
34. Walter Isaacson, *Steve Jobs*, Kindle edition
35. Ibid.

第十章 iPhone的诞生

1. Walter Isaacson, *Steve Jobs* (Simon & Schuster) Kindle Edition.
2. Ibid.
3. Ibid.
4. John Paczkowski, "Apple CEO Steve Jobs Live at D8," http://allthingsd.com/20100601/steve-jobs-session/, June 1, 2010.
5. Scott Forstall, *Apple v. Samsung* trial testimony.
6. Ibid.
7. Kevin Rose, "Matt Rogers: Founder of Nest Labs interview," *Foundation 21*, 2012, video, http://www.youtube.com/watch?v=HegU77X6I2A

8. "On the verge," *The Verge*, April 29, 2012, video http://www.theverge.com/2012/4/30/2987892/on-the-verge-episode-005-tony-fadell-and-chris-grant.
9. Isaacson, *Steve Jobs*, Kindle Edition.
10. Scott Forstall testimony at *Apple v. Samsung* trial.
11. *Apple v. Samsung* trial, deposition of Jonathan Ive,
12. Ibid.
13. Ibid.
14. Ibid.
15. Charles Duhigg and Keith Bradsher, "How the U.S. Lost Out on iPhone Work," *New York Times*, http://www.nytimes.com/2012/01/22/business/apple-america-and-a-squeezed-middle-class.html, January 21, 2012.
16. Bryan Gardiner, "Glass works: How Corning Created the Ultrathin, Ultrastrong Material of the Future," Wired.com, http://www.wired.com/wiredscience/2012/09/ff-corning-gorilla-glass/all/, September 24, 2012.
17. Isaacson, *Steve Jobs*, Kindle edition.
18. Fred Vogelstein, "The Untold Story: How the iPhone Blew Up the Wireless Industry," Wired.com, http://www.wired.com/gadgets/wireless/magazine/16-02/ff_iphone, January 1, 2008.
19. Katherine Rushton, "Apple Design Chief Sir Jonathan Ive: iPhone was 'Nearly Axed,'" http://www.telegraph.co.uk/technology/apple/9440639/Apple-design-chief-Sir-Jonathan-Ive-iPhone-was-nearly-axed.html, July 31, 2012.
20. Vogelstein, "The Untold Story."
21. *Apple v. Samsung* trial, testimony of Christopher Stringer.
22. Janko Roettgers, "Alan Kay: With the Tablet, Apple Will Rule the World," Gigaom.com, http://gigaom.com/2010/01/26/alan-kay-with-the-tablet-apple-will-rule-the-world/.

第十一章 iPad

1. Walter Isaacson, *Steve Jobs* (Simon & Schuster, 2011), Kindle edition.
2. Brian Heater, "Steve Jobs Shows No Love for Netbooks," http://www.pcmag.com/article2/0,2817,2358514,00.asp, January 28, 2010.
3. Isaacson, *Steve Jobs*, Kindle edition.

4. Ibid.
5. *Apple v. Samsung* trial, testimony of Christopher Stringer.
6. Charles Arthur, "Netbooks Plummet While Tablets and Smartphones Soar, says Canalys," The *Guardian*, http://www.guardian.co.uk/technology/blog/2012/feb/03/netbooks-pc-canalys-tablet, February 3, 2012.
7. Apple Press info, "Mark Papermaster Joins Apple as Senior Vice President of Devices Hardware Engineering," http://www.apple.com/pr/library/2008/11/04Mark-Papermaster-Joins-Apple-as-Senior-Vice-President-of-Devices-Hardware-Engineering.html, November 4, 2008.
8. Fadell declined to comment.
9. Jonathan Ive in Apple iPad 2 official video 2011, video, http://www.youtube.com/watch?v=fjlvmbJEUmk, March 2011.
10. Ibid.
11. David Pogue, "This Year, Gift Ideas in Triplicate," *New York Times*, http://www.nytimes.com/2012/11/01/technology/personaltech/presenting-the-nook-hd-ipad-mini-and-windows-phone-8-review.html, October 30, 2012.
12. Gartner Inc., "Gartner Says Worldwide PC, Tablet and Mobile Phone Shipments to Grow 5.9 Percent in 2013 as Anytime-Anywhere Computing Drives Buyer Behavior," http://www.gartner.com/newsroom/id/2525515, June 24, 2013.

第十二章 一体成型无处不在

1. Apple special event video, Oct 14. Apple Notebook Event 2008, New Way to Build 2-/6, 2008, video, http://www.youtube.com/watch?v=7JLjldgjuKI.
2. Ibid.
3. Interview with Doug Satzger, January 2013.
4. Apple special event video, Oct 14.
5. Interview with Chris Lefteri, October 2012.
6. Interview with a former Apple engineer, June 2013.
7. Personal interview, June 2013.
8. Interview with Dennis Boyle, October 2012.
9. Interview with a former Apple engineer, June 2013.
10. Horace Dediu, "How Much Do Apple's Factories Cost?" http://www

.asymco.com/2011/10/16/how-much-do-apples-factories-cost/ October 16, 2011.

11. Interview with Gautam Baksi, June 2013.
12. Greenpeace, "Guide to Greener Electronics 18," http://www.greenpeace.org/new-zealand/en/Guide-to-Greener-Electronics/18th-Edition/APPLE/, November 2012.
13. Interview with Kyle Wiens, June 2013.
14. Interview with Doug Satzger, January 2013.

第十三章 苹果公司最有价值的专家

1. Walter Isaacson, *Steve Jobs* (Simon & Schuster, 2011), Kindle edition.
2. Ibid.
3. Ibid.
4. Jemima Kiss, "Apple's Worst Nightmare: Is Jonathan Ive to Leave?" http://www.theguardian.com/technology/pda/2011/feb/28/apple-jonathan-ive, February 28, 2011.
5. Maurice Chittenden and Sean O'Driscoll, "I Created the iPad and iClaim my £18m," http://www.thesundaytimes.co.uk/sto/news/uk_news/Tech/article563855.ece, February 27, 2011.
6. Martha Mendoza, "Apple Designer as Approachable as His iMac," Associated Press, April 8 1999.
7. Shane Richmond, "Jonathan Ive interview: Apple's Design Genius is British to the Core," *Telegraph*, http://www.telegraph.co.uk/technology/apple/9283486/Jonathan-Ive-interview-Apples-design-genius-is-British-to-the-core.html, May 23, 2012.
8. Ibid.
9. Interview with Phil Gray, January 2013.
10. Apple WWDC 2010—iPhone 4 Introduction, 2010, video, http://www.youtube.com/watch?v=z__jxoczNWc.
11. Apple Press info, "Apple Announces Changes to Increase Collaboration Across Hardware, Software & Services," http://www.apple.com/pr/library/2012/10/29Apple-Announces-Changes-to-Increase-Collaboration-Across-Hardware-Software-Services.html, October 29, 2012.

12. Mark Gurman, "Tim Cook Emails Employees, Thanks Scott Forstall, Says Bob Mansfield to Stay On for Two Years," http://9to5mac.com/2012/10/29/tim-cook-emails-employees-thanks-scott-forstall-says-bob-mansfield-to-stay-on-for-two-years/, October 29, 2012.
13. Nick Wingfield and Nick Bilton, "Apple Shake-Up Could Lead to Design Shift," *New York Times*, http://www.nytimes.com/2012/11/01/technology/apple-shake-up-could-mean-end-to-real-world-images-in-software.html, October 31, 2012.
14. Shane Richmond, "Jonathan Ive Interview: Simplicity Isn't Simple," *Telegraph*, http://www.telegraph.co.uk/technology/apple/9283706/Jonathan-Ive-interview-simplicity-isnt-simple.html, May 23, 2012.
15. Apple 2013 Worldwide Developers Conference, keynote video: http://www.youtube.com/watch?v=qzUH9PJA1Ro, June 10, 2013.
16. Interview with Sally Grisedale, February 2013.
17. Interview with Larry Barbera, June 2013.
18. Alex Schleifer, "The Age of the User Interface," http://saydaily.com/2013/02/design-really-is-everything-now.html, February 15, 2013.
19. Josh Tyrangiel, "Tim Cook's Freshman Year: The Apple CEO Speaks," *Bloomberg Businessweek*, http://www.businessweek.com/articles/2012-12-06/tim-cooks-freshman-year-the-apple-ceo-speaks, December 6, 2012.
20. Isaacson, *Steve Jobs*, Kindle edition.
21. Ibid.
22. Richmond, "Jonathan Ive Interview: Simplicity Isn't Simple."
23. Katherine Rushton, "Apple Design Chief: 'Our Goal Isn't to Make Money,' " *Telegraph*, http://www.telegraph.co.uk/technology/apple/9438662/Apple-design-chief-Our-goal-isnt-to-make-money.html, July 30, 2012.
24. Katherine Rushton, "Apple Design Chief Sir Jonathan Ive: iPhone Was 'Nearly Axed,' " *Telegraph*, http://www.telegraph.co.uk/finance/newsbysector/mediatechnologyandtelecoms/9440639/Apple-design-chief-Sir-Jonathan-Ive-iPhone-was-nearly-axed.html, July 31, 2012.
25. Interview with Clive Grinyer, January 2013.
26. Ibid.
27. Jonathan Ive, speaking in Objectified documentary, 2009.
28. London Design Museum, interview with Jonathan Ive, http://designmuseum.org/design/jonathan-ive, last modified 2007.

29. Mark Prigg, "Sir Jonathan Ive: Knighted for Services to Ideas and Innovation," *The Independent*, http://www.independent.co.uk/news/people/profiles/sir-jonathan-ive-knighted-for-services-to-ideas-and-innovation-7563373.html, March 13, 2012.
30. Interview with Andrew Hargadon, October 2012.
31. Interview with Alex Milton, October 2012.